Oder
die Entdeckung
der Welt

Zu Händen von Barbara und Stefan

Autoren & Autorinnen, Künstler & Künstlerinnen

Jürg Amann
Walter Astor
Martin Auer
Verena Ballhaus
Max Bartholl
Jutta Bauer
Regine Beckmann
Rotraut Susanne Berner
Franziska Biermann
Kornelia Birkenfeld
Wolfgang Bittner
Richard Bletschacher
Thomas Böhme
Harald Braem
Christine Brand
Sophie Brandes
Jutta Bücker
Dagmar Chidolue
Susanne Corva
Rosita Davidson
Matthias Duderstadt
Werner Dürrson
Henry Düx
Angelika Ehret
Klaus Ensikat
Heiner Feldhoff
Günther Feustel
Ingeborg Feustel
Karlhans Frank
Frederike Frei
Carl Friedmann
Roswitha Fröhlich
Sebastian Goy
Harald Grill
Erwin Grosche
Josef Guggenmos
Ingrid Gündisch
Herbert Günther
Mustafa Haikal
Wolf Harranth
Peter Härtling
Nikolaus Heidelbach
Manfred Peter Hein
Egbert Herfurth
Susann Hesselbarth
Sigrid Heuck
Norbert Höchtlen
Franz Hodjak
Franz Hohler
Ingrid Huber
Max Huwyler
Janosch
Gerald Jatzek
Hanna Johansen
Sabine Jörg
Norman Junge
Hanne F. Juritz
Julia Kaergel
Uwe Kant
Susanne Kilian
Simone Klages
Margarete Klare
Michail Krausnick
Max Kruse
Hanne Kulessa
Reiner Kunze
Michèle Lemieux
Hans Georg Lenzen
Paul Maar
Peter Maiwald
Hans Manz
Friederike Mayröcker
Ingrid Noll
Christine Nöstlinger
Papan
Gudrun Pausewang
Monika Pelz
Ludek Pesek
Walther Petri
Benno Pludra
Lutz Rathenow
Jutta Richter
Andreas Röckener
Gerhard Roth
Wolfgang Rudelius
Simon & Desi Ruge
Günter Saalmann
Henriette Sauvant
Brigitte Schär
Axel Scheffler
Hubert Schirneck
Karla Schneider
Wolfdietrich Schnurre
Jürg Schubiger
Regina Schwarz
Alfons Schweiggert
Fritz Senft
Nasrin Siege
Hannelies Taschau
Nazif Telek
Cordula Tollmien
Hans Traxler
Anja Tuckermann
Fredrik Vahle
Manja Vogelsang
F. K. Waechter
Philip Waechter
Irmela Wendt
Juli A. Wittkamp
Klaus-Peter Wolf
Reinhold Ziegler
Arnulf Zitelmann
und viele andere mehr.

Oder die Entdeckung der Welt

Geschichten · Bilder · Märchen
Lebensbilder · Gedichte
Ausgewählt von
Hans-Joachim Gelberg

Meine Landkarte Seekarte entspricht
Nicht den wirklichen Längen und Breiten
Entferntes
Liegt nah beieinander
Marie Luise Kaschnitz

Büchergilde Gutenberg

10. Jahrbuch der Kinderliteratur
Herausgegeben von Hans-Joachim Gelberg

Die veränderte Rechtschreibung hat den Satz dieses Buches beeinflusst. Das neue Regelwerk wurde meistens angewandt, jedoch nicht in allen Fällen. Dies gilt besonders bei lyrischen Texten; darüber hinaus sind einige Texte streng nach Vorgabe der Autoren gesetzt. So wird eine Vielfalt von Möglichkeiten des Ausdrucks und der Betonung sichtbar.

Lizenzausgabe für die Büchergilde Gutenberg,
Frankfurt am Main und Wien,
mit freundlicher Genehmigung
des Beltz Verlags, Weinheim und Basel

Programm Beltz & Gelberg, Weinheim

Typograpische Gestaltung und Umbruch von Bettina Feser
Gesamtherstellung Druckhaus Beltz, 69469 Hemsbach
Printed in Germany
ISBN 3 7632 4698 3

Erzählte Welt

Geschichten liegen doch auf der Straße! Das ist wahr. Sie sind sozusagen über die ganze Welt verstreut. Wer erzählt, fügt etwas hinzu – und jeder, jede erzählt anders, ohne sie alle wäre die Welt öde. Glücklicherweise gibt es viele Erzähler (in diesem Buch sind es 157); ihre Geschichten sind Wind in den Segeln. Das Buch der Welt heißt Erfahrung. Wir schlagen es auf und finden uns darin wieder. Jeder entdeckt die Welt auf seine Weise. Columbus und Darwin haben enträtselt, was inzwischen jedes Kind in der Schule lernt. Freud und Einstein haben die Welt verändert: vieldeutig und folgenreich. Und jene, die unsere Gene studieren, werden sie die Menschheit retten? »Die Welt ist ein Druckfehler«, heißt es einmal bei Günter Eich. Doch die Kinder, wenn sie lesen lernen, sagen: »Die Welt hört nicht auf!« Gulliver auf seinen Reisen, Alice im Wunderland, Robinson auf der einsamen Insel – vielleicht wussten sie mehr über sich und die Welt, auch ohne die Wissensfülle un-

»Erzählte Welt« *Nikolaus Heidelbach*

serer Tage, und sie leben noch, obwohl sie doch nie wirklich gelebt haben. So lässt sich die Welt in Geschichten finden, so ist zu erfahren, dass die Erde ein Vogel ist, mit Gras und buntem Gefieder, und dass es früher, in den längsten aller Zeiten, noch keine Menschen gab.
Keine Geschichte ist sozusagen von schlechten Eltern. Wer in diesem Buch auf Entdeckung geht, ist gut beraten, sich auf einen längeren Zeitraum einzustellen. Was früher selbstverständlich war, wird hier wieder aufgenommen: Erzählen, Entdecken als gemeinsames Vergnügen, Alter spielt keine einschränkende Rolle. Alle Geschichten, kurze wie lange (auch Gedichte sind Geschichten), fangen an mit Ich und Du, alles Weitere wird hinzugegeben. Wer die Welt entdecken will, muss sie lesen.
In diesem Buch kann man blättern und viele Bilder anschauen. Die Bilder haben ein Eigenleben. Überhaupt wird in diesem Buch oft gegensätzlich geordnet, manchmal sogar widerborstig – wie im wirklichen Leben auch. So ist manches Nebeneinander kühn und ungewöhnlich, jedenfalls anregend. Mit Texten und Bildern habe ich versucht, Vergangenheit-Gegenwart-Zukunft bewohnbar vorzustellen. Das geht nicht ohne Katastrophen ab. Aber es überwiegen – das ist mir wichtig – die heiteren, hoffnungsvollen Geschichten. Nicht jede davon ist für jeden geeignet, jeder kann wählen, und manches wird einem erst später klar. Dies gilt auch für die biographischen Porträts. Gesammelt wurde alles in zwei Jahren; die meisten Texte sind für dieses Buch geschrieben, weitere habe ich hinzugefügt. Der Ablauf der fünf Kapitel ist fast zufällig, aber nie leichtfertig, eher spielerisch:

Schließlich und endlich: neugierig, ja mutig muss man schon sein, will man die Welt entdecken.

Hans-Joachim Gelberg

1. Kapitel
Zur Welt kommen

Philip Waechter

Uwe Kant

Die Geschichten liegen doch auf der Straße

Jeden Morgen geht der Geschichtenmacher ein bisschen spazieren. So sieht es aus. In Wirklichkeit geht er Geschichten suchen.
Die Leute haben gesagt: Die Geschichten liegen doch auf der Straße.
Der Geschichtenmacher möchte sie finden und einsammeln.
Er nimmt auch immer eine große Tüte mit.
Ach was, sagt der Geschichtenmacher, die Tüte ist für die frischen Brötchen da.
Einmal hat der Geschichtenmacher wahrhaftig ein ganzes Fünfmarkstück gefunden – aber eine ganze Geschichte noch nie.
Einmal haben ihn eine uralte Frau und ein uralter Mann nach dem Weg zum Hochzeits-Büro gefragt.
Er hat gesehen, wie vier Feuerwehrleute einen angefrorenen Schwan vom Fluss geholt haben.
Er hat einen großen starken Mann auf einer Bank sitzen und weinen sehen.
Zu Hause jedoch waren jedes Mal nur Brötchen in Geschichtenmachers Tüte. Aber im Kopf hat er überlegt:
Wer hat das Geld verloren?
Was wollten die Uralten auf dem Hochzeits-Büro?
Haben vier Feuerwehrleute nichts Wichtigeres zu tun?
Warum hat der Mann geweint?
Manchmal bekommt er etwas heraus und schreibt es auf. So machen es die Geschichtenmacher schon lange und überall. Deshalb gibt es so viele Geschichten auf der Welt. Und eben – hast du gehört – ist vielleicht eine neue dazugekommen.

F. Biermann

Jürg Schubiger
Die Sonne, der Mond, die Menschen

Vor langer Zeit, beinahe der längsten von allen Zeiten, gab es nur den blauen Himmel und Sonne und Mond, die darin schliefen wie in einem Himmelbett. Einmal erwachten sie und guckten sich um. Da war aber nicht viel zu sehen. Die Sonne zündete mit ihrem großen Licht auf den Mond, der Mond zündete mit seinem kleinen Licht auf die Sonne. Sonst war nichts, das sie hätten beleuchten können. Sie langweilten sich.
Was sollen wir tun?, fragte die Sonne.
Weiterschlafen, schlug der Mond vor.
Die Sonne hatte eine bessere Idee: Wir machen die Welt!
Wie?, fragte der Mond. Wir haben ja keine Hände.
Dann halt mit den Füßen.
Die haben wir auch nicht.
Dann halt irgendwie, sagte die Sonne.
Die Welt ist den beiden schließlich gelungen. Sonst wäre sie ja nicht da. Sie machten das Wasser, das Wetter, die Berge, die Bäume, das Gemüse, die Früchte und verschiedene Tiere, solche mit zwei, vier, sechs, acht Beinen und so weiter. Die Sonne machte die Sonnenblumen, der Mond machte die Mondblumen. Dabei wurden sie aber müde, und die Welt war noch lange nicht fertig.
Was sollen wir tun?, fragte der Mond.
Wir machen die Menschen, sagte die Sonne, mit zwei Händen und zwei Füßen. Sie sollen unsere Gehilfen sein.
Und so kam es. Die Menschen fingen an, Brücken und Tunnel zu bauen, Eisen- und Autobahnen. Es war eine gute Zusammenarbeit. Die Menschen stellten die Häuser und Türme her, Sonne und Mond die Haustiere und Turmfalken. Sonne und Mond machten die Kräuter und den Sand, die Menschen den Kräutertee und die Sanduhren. Dabei ergab sich auch viel unnützes Zeug und viel Abfall.
So also ist die Welt entstanden. Aus einer Langeweile und damit ein großes und ein kleines Licht etwas zu beleuchten hatten.

Thomas Böhme

Ankunft der Tiere

(In Noahs Hafenspelunke)

Das erste Tier hatte in seinen gelben Kragen den Namen seines Ernährers gestickt.
Das zweite Tier trug zwei linke Pantoffeln.
Das dritte Tier war etwas kurzsichtig.
Das vierte Tier wollte nicht unter der hölzernen Malerleiter hindurchgehen. Das dreizehnte Tier hinkte und zog einen Sack Kartoffeln hinter sich her.
Das zweiundvierzigste Tier war noch ohne Namen. Es bekam den Namen Europa verpasst und fing sogleich an, mit den anderen Tieren zu streiten. Das neunzigste Tier war verschneit, sodass man nur seine feurigen Augen aus einem Berg von Weiß funkeln sah.
Das hundertundelfte Tier wurde als Junggeselle disqualifiziert. (Seitdem gilt es als ausgestorben.)
Das tausendunderste Tier spielte wunderbar Klavier. Aber niemand hörte ihm zu. Einige Pinguine gossen aus purer Bosheit sogar Meerwasser über die Tastatur.
Das zweitausendsiebenundzwanzigste Tier hatte Probleme technischer Art. Es bekam seinen Motor nicht an. Und weil es mit seiner Muskelkraft nicht so weit her war, fragte es jeden, der es einholte und an ihm vorbei wollte, ob er es ein Stück tragen würde. Leider fand es nur sehr selten unter den anderen Tieren etwas Solidarität. Weshalb es auf Position Achtzigtausendneunhundertfünfzig zurückfiel.
Das neunundneunzigtausendzweihundertachtundachtzigste Tier gehörte zu jenen Tieren, die immer alles besser wissen. Es behauptete stets, Startnummer Einhunderttausend zu besitzen, obwohl diese Nummer an die Probiermade im gläsernen Käse vergeben war.
Das millionste Tier war eine noch nicht entdeckte Rüsselmaus. Es gab Schwierigkeiten mit der Ausstellung ihrer Papiere. Aber schließlich musste es ihr gelungen sein, sich unter der Obhut eines anderen Rüsseltiers an der Passkontrolle vorbeizuschmuggeln.
Dann wurde die Zählung kurzerhand eingestellt. Denn man hatte be-

merkt, dass sich einige Tiere mehrfach angestellt hatten, wohl um mehrere Male in die Proviantliste aufgenommen zu werden. Allein das als genügsam geltende Gnu tauchte zwanzigmal auf und auch etliche Affen hatten, weil man sie sowieso nicht auseinander halten konnte, die Gunst der Stunde genutzt. Ganz zu schweigen von jenem Tier, dessen Name zum Schimpfwort geworden ist, obwohl es einst als die Krone der Schöpfung galt.

Christine von dem Knesebeck

Ob ich ihr sag, dass ich sie mag …

Ein schüchternes Liebeslied (zum Text gibt es auch Noten)

Ich mag wie sie lacht
und wie sie schaut.
Was sie auch macht,
was sie auch tut,
ich seh sie an
und mir geht es gut.
Ob ich ihr sag,
dass ich sie mag?

Ich möchte laut singen,
ich möchte laut pfeifen,
möchte hoch oben
nach Sternen greifen.
Wär es nicht schön
zusammen zu sein?
Wär es nicht schön,
mit ihr zu gehn?
Ob ich ihr sag,
dass ich sie mag?

Ich möchte laut singen,
möchte vor Freude
am liebsten zerspringen.
Wohin ich schau:
die Welt steht Kopf
– alles ist neu.
Ob ich ihr sag,
dass ich sie mag?

Ich mag wie sie lacht
und wie sie schaut,
was sie auch macht,
was sie auch tut.
Sie sieht mich an
und ich fühl mich gut.
Wär es nicht schön,
mit ihr zu gehn?
Sie sieht mich an
und ich fühl mich gut.

Ob ich ihr sag,
dass ich sie mag?

Bilder von Verena Ballhaus

Tier-ABC von Axel Scheffler

Hans Manz
Elefantentraum

Manchmal habe ich Heimweh nach meinen Freunden im Süden. Und wenn ich allzu lange nicht zu ihnen reisen kann, wird die Sehnsucht so groß, dass sie meine Träume besetzt. So träumte ich einmal vom Hof, auf dem Erminio, der nächste meiner Freunde, wohnt. Er hatte eben – so gaukelte mir der Traum vor – ein Schwein geschlachtet, es gebrüht, geschabt, zerlegt, während Agostina, seine Frau, die Kräutermischung für die Würste vorbereitete. Und als sie die Schinken einsalzen wollte, merkte sie, dass zu wenig Salz vorhanden war.

Erminio und ich fuhren auf der asphaltierten Straße ins Dorf, luden zwei der Leinensäcklein, voll gestopft mit dem kieselfarbenen Meersalz in den Kofferraum, nahmen den holperigen Rückweg mitten durch die Felder. Als wir an der Wiese vorbeikamen, auf der alljährlich der Zirkus Meraviglia, der »Wunderbare«, gastierte, stand hier dicht gedrängt viel Volk, obwohl doch kein Zeltmast in den Himmel stach. Nur ein Mann ragte, auf einem Podest stehend über die Köpfe der Leute hinaus, schrie und lärmte, fuchtelte mit einem Hammer durch die Luft.

»Der Zirkus hat Pleite gemacht«, sagte einer am Straßenrand, »wird versteigert. Alles.«

Viel war nicht übrig geblieben. Wohn-, Tier und Materialwagen hatten Abgesandte anderer Zirkusunternehmen bereits in Beschlag genommen. Zu haben waren noch Bolzen, Ketten, Seile, unnützer Kleinkram und – ein alter, verrunzelter Elefant.

»Eine Schande!«, ereiferte sich eine Frau neben uns. »Die arme Elefantendame! Ich habe sie noch gesehen, wie sie in der Arena drei Runden drehte. Auf einem Fahrrad, wohlverstanden. Die dritte Runde schaffte sie freihändig. Und noch im letzten Sommer schritt sie majästetisch rundum, nahm einem beliebigen Zuschauer den Hut vom Kopf, hob ihn auf den eigenen, ging weiter und setzte ihn schließlich dem rechtmäßigen Besitzer wieder auf.«

»Und hier!«, lärmte der Versteigerer, »ein schöner, kluger indischer Elefant. Unbezahlbar, aber käuflich!«

»Hunderttausend Lire*!«, brüllte einer. Interessierte sich wohl für die Füße des Elefanten, um daraus Papierkörbe zu machen. Denn Elfenbeinzähne hatte die Elefantin nie gehabt.

»Schändlich!« Auch ich regte mich auf. »So schmählich verschachert man alt gediente Künstler!«

»Weißt du was«, sagte Erminio, »wir treiben den Preis in die Höhe, die letzte Reverenz, die wir der Elefantin noch erweisen können.«

»Dreihunderttausend!«, schrie ich. Der an den Füßen Interessierte pfeilte böse Blicke auf mich ab und konterte: »Vierhunderttausend!« Aber Erminio, völlig hingerissen von seiner Mission, die Haut der Artistin so teuer wie möglich zu verkaufen, brüllte: »Eine Million!« Dann Stille. Und der Versteigerer rief nach dem dritten, nicht allzu lange hinausgezögerten Hammerschlag: »Der Elefant gehört den beiden Herren. Gratuliere.«

Wir schauten uns verdutzt an. Erminios Hand zitterte, als er sich in die Inventarliste eintrug. »Das Salz!«, erinnerte er sich, »Agostina wartet längst darauf. Ich fahre voraus. Nimm du inzwischen das Tier.«

Die Elefantenkuh trottete hinter mir her, zahm wie eine Hauskuh. Als wir dem Bach entlang gingen, wollte sie saufen. Und beim Einbiegen in den Feldweg zu Erminios Haus riss sie einen Maisstengel aus, zermalmte, verschlang ihn gemächlich.

Erminio erwartete mich draußen, schien nervös. »Alle sitzen am Tisch, warten auf dich. Bind den Elefanten mit dem Strick ans Tor.«

Wir löffelten die Suppe. Ancilla, Erminios Schwiegermutter, alt aber irgendwie allwissend, fixierte uns: »Warum so schweigsam? Sonst läuft's doch auch immer munter von den Lippen?«

»Ein unvorhergesehener Zwischenfall«, murmelte Erminio und duckte sich über den Teller.

»Ah, den Wagen womöglich zu Schanden gefahren. Zuvor in der Bar getrunken! Heraus mit der Sprache!«

»Nein, nein, nichts von Bedeutung«, beruhigte ich. »Wir haben nur einen Elefanten gekauft.« Erleichtertes Gelächter. »Possenreißer, Lügenbarone, alle beide, stets zu Späßen aufgelegt.«

* 100 DM

Agostinas Blick – sie trug jetzt die Nudeln aus der Küche herein – schoss schräg durchs Fenster. »Mein Gott, da steht er wahrhaftig«, sagte sie. Und Ancillas Stimme erhob sich wieder: »Und wo wollt ihr ihn unterbringen, diesen Elefanten?«

»Fürs Erste im Schuppen, neben dem Traktor. Morgen sehen wir weiter.«

»Morgen, morgen! Immer hübsch von der Hand in den Mund.« Die Alte stutzte, krümmte sich plötzlich und prustete: »Und morgen … morgen findet ihr ihn im Maisfeld, samt dem Schuppendach auf dem Rücken.« Ihr zahnloses Lachen glitt hinüber in meines und seine Heiterkeit erwärmte mein allmähliches Erwachen.

Paul Maar

Nazif Telek

Sesamring-Verkäufer

Einige Kinder sind Schuhputzer
von morgens bis abends.
Einige sind Sesamring*-Verkäufer
auf den Straßen.
Einige sind Schneiderhelfer
in Schweiß gebadet bei der Arbeit.
Einige sind Teppichweber,
auch wenn sie krank sind.
Einige sind verkauft worden
für die Lust einiger Leute.
Welche sind Obstpflücker
in heißen Obstfeldern.
Einige sind im Krieg,
können gar nicht spielen.
Einige Kinder sind gestorben,
denn sie hatten nichts zu essen.
Einige haben von allem zu viel.

* Brotring mit Sesamkörnern

Regina Schwarz

Bitte an Gott

Lieber Gott,
mach,
dass Mama und Papa
nicht andauernd Krach haben.

Hilf,
dass sie sich wieder vertragen,
einander etwas Liebes sagen
und sich in die Arme nehmen.

Mach,
dass sie wieder lachen
und Unsinn machen
mit mir.
Diese Bitte schicke ich dir.

Nachfolgende Doppelseite von R. S. Berner

»Wie Kinder die Welt entdecken«

Cornelia Augustin

Entdeckung der Welt vom Boden aus

(Meinem Sohn Philipp gewidmet)

Ich lieg im Bett und seh,
dich kleinen Entdecker am Boden.
Stolz sitzt du da
und fasst ganz hart
die Tür am Rande an.
Gibst ihr einen kleinen Stoß.
Nichts.
Gibst ihr nochmal einen Stoß.
Nichts.
So lange sitzt du da und übst,
bis sich endlich die Türe schließt.

Stolz sitzt du da und schaust hinauf,
siehst mich an und lachst.
Greifst hoch mit den Händen,
immer höher hinauf,
strahlst und stellst dich ganz alleine auf.
So sitzt du da und siehst so viel,
so viel mehr als ich.
Die Katzen am Fenster so rot,
sie haben es dir angetan.
Die Schranktür ebenso.

Stolz sitzt du da
und faßt ganz zart
die Tür am Rande an.
Gibst ihr einen kleinen Stoß.
Nichts.
Gibst ihr nochmal einen Stoß.
Nichts.
So lange sitzt du da und übst,
bis sich endlich die Türe schließt.

Fenster, Türen, Telefon,
Abfalleimer, Mikrofon,
alles interessant.

Philip Waechter

Walther Petri

Umwelt

das Wort ist falsch
das Wort ist dumm
als ginge die Welt
um uns herum

wir sind jedoch
ein Teil der Welt
was wir auch tun
es fällt
auf uns zurück

es fällt auf Ozeane
auf den Schnee
auf Tiere
Pflanzen
nah und fern

was wir auch tun
trifft unsern Stern

Simon und Desi Ruge
Der Pelikan und die Schleiereulen

Man merkt es gleich an der Überschrift: Diese Geschichte spielt im Zoologischen Garten. Und zwar auf der linken Seite, vom Eingang aus gesehen. *Ziemlich* weit hinten links sogar. Am *Rande* des Gartens. Da, wo der Schilfteich liegt, mit den Enten drauf. Es sind übrigens sehr sehenswerte Enten. Spießenten, Brautenten, Mandarinenten und andere bunte Sorten. Aber sie spielen in dieser Geschichte keine besondere Rolle.

Mitten in diesem Teich befindet sich eine Insel. Und auf der wohnt der Pelikan. Und zwar allein, weil er Gesellschaft nicht schätzt. Er watschelt auf seiner Insel herum wie der Fürst in seinem Reich und wölbt dabei gewaltig die Brust vor. Und wenn er im Teich zu schwimmen geruht, machen ihm natürlich alle Enten schleunigst Platz. Denn erstens ist er beträchtlich größer als sie. Und zweitens hat er einen Schnabel, in dem eine ganze Ente verschwinden kann, wenn er ihn aufreißt. Er frisst zwar vermutlich gar keine Enten, aber man muß ihm ja nicht unbedingt direkt vor dem Schnabel herumschwimmen.

Hinter dem Teich läuft ein Weg. Und hinter dem Weg befinden sich die Eulenkäfige. Es wohnen dort zur Zeit nur vier Schleiereulen, seit der alte Uhu gestorben ist, und es ist auch nicht zu erwarten, dass noch einmal andere Eulen einziehen werden. Die Käfige liegen zu abseits. Es verläuft sich kaum jemand in diesen Winkel. Und will man eigentlich Eulen im Zoologischen Garten sehen? Sie machen einen am Ende traurig. Manche Leute graulen sich auch. Da geht man doch lieber zu den Affen!

Es handelt sich bei diesen Schleiereulen um vier Damen. Drei in mittlerem Alter, eine etwas jünger. Und es ist natürlich ein Skandal, dass sie ihr restliches Leben jetzt in so einem Käfig verhocken müssen. Die vier Eulendamen sagen das auch frei heraus. Mehrmals am Tag. »Es ist ein *Skandal*!« Und knappen dabei mit den Schnäbeln. Und danach blinzeln sie wieder melancholisch in den Tag hinaus, schneiden hin und wieder Grimassen und seufzen leise. Und bei jedem Lufthauch bewegen sich

ihre feinen Schleierfederchen. Und wenn dann der Abend kommt und es dunkel wird zwischen den großen Bäumen am Gartenrand, stimmen sie plötzlich zusammen ein herzzerbrechendes Geheule an.
Den einzigen Besuch, den sie von Zeit zu Zeit erhalten, macht ihnen der Pelikan. Gelegentlich nämlich braucht auch der Pelikan etwas Gesellschaft und seine Enten kommen dafür nicht in Frage. Sie sind ihm zu klein und zu dumm und zu spießig. Klein sind die Eulendamen zwar *auch*, aber sie sitzen höher und sehen vornehmer aus. Vornehm und merkwürdig. Der Pelikan steigt also in so einem Falle, meist am späten Nachmittag, das Teichufer hinauf, überquert langsam und gewichtig den Weg und besichtigt alsdann den Eulenkäfig.
»Nein«, sagt er anschließend. »Das wär nichts für mich. So ein Käfig.«
Er sagt das fast jedes Mal, um das Gespräch zu eröffnen. Die Eulendamen ärgern sich schwarz darüber im Stillen. »Unsereiner braucht Bewegung und frische Luft. Und Wasser unter den Bauch. Man muss den freien Himmel über sich haben und kein Gitter. In so einem Käfig würde ich meinen Appetit verlieren.« Alles das sagt er mit lauter, knarrender Stimme. Und nach jedem Satz ächzt er wohlig, weil er die Watschelei vom Teich herauf gut überstanden hat.
»Was für eine liebenswürdige Bemerkung!«, sagen die vier Eulendamen boshaft. »Wie aufmerksam Sie zu Damen sein können!« Und sitzen da auf ihrer Stange eng beieinander und halten die Köpfe etwas schief.
Der Pelikan kümmert sich gar nicht um das, was die Eulen sagen. »Weil wir gerade vom Appetit reden«, fährt er fort. »Was haben Sie denn heute über Tag gespeist?«
»Jeder eine tote Maus und etwas Schweinsgulasch«, sagen die Eulendamen.
»Ja. Jeder nach seinem Geschmack«, sagt der Pelikan, obwohl er gar nicht zugehört hat. »Ich hingegen hatte einen ganzen Kabeljau. Ohne Kopf. In drei Teile geschnitten.« Und dabei wölbt er gewaltig die Brust vor und lässt seinen langen Schnabel darauf ruhen. »Haben Sie mich schon einmal speisen gesehen?«
»Allerdings«, sagen die Eulen und ärgern sich immer mehr. »Einmal. Von weitem. Es war ein fürchterlicher Anblick.«

Aber der Pelikan hört nicht hin. Er ist ganz mit *sich* beschäftigt. »Also zuerst lege ich mir das Fischstück zurecht, packe es dann und werfe es mir mit einem Ruck hinten in den Schnabel. Das erfordert natürlich einiges Geschick.« Und nun macht er tatsächlich die Sache vor, reisst seinen unmäßig großen Schnabel auf und tut so, als hätte er sich gerade einen Fischbrocken hineingeworfen. »Jetzt hängt es mir schwer im Unterschnabelkehlsack. Gott sei Dank ist er dehnbar«, fährt er fort und ist kaum zu verstehen mit dem aufgesperrten Schnabel. »Und nun befördere ich das Stück durch Schnabelheben und Halsstrecken ... und Schlucken ... und Würgen ... in den Magen. – Und da liegt es und wird verdaut.«
Die Eulendamen können unmöglich zusehen bei dieser ordinären Vorführung. Sie drehen sofort das Gesicht nach hinten, als es mit der Würgerei losgeht. Eulen können bekanntlich den Kopf vollständig herumdrehen, bis die Augen im Nacken stehen. Es ist eine seltene Begabung. Man muss einen sehr biegsamen Hals dazu haben. Sie sitzen da wie vorher, Brust, Bauch und Füße nach vorne, und währenddessen sehen sie stracks nach hinten. Die vier Eulendamen machen zur Sicherheit auch noch die Augen zu.
Der Pelikan bemerkt so was gar nicht. »Jedenfalls«, sagt er und legt den Schnabel wieder auf die vorgewölbte Brust, »alles in allem kann man sagen, ich bin zufrieden.«
Eine der Eulen dreht jetzt den Kopf wieder nach vorn. »Und wie geht es Ihren Enten?«, fragt sie, nur so aus Höflichkeit.
»Ich nehme an, sie sind *auch* zufrieden«, sagt der Pelikan. »Gefragt hab ich sie natürlich nicht. Mit Enten kann man sich nicht unterhalten. Dazu sind sie zu dumm. Sie grüßen mich morgens, wenn ich mein erstes Bad nehme, das ist *alles*, was man von ihnen erwarten kann.« Und in dieser Art schwatzt er noch eine Weile fort. Und am Ende geht er wieder.
Jetzt können alle Eulendamen die Gesichter wieder nach vorn drehen. Und weil sie sich von diesem Besuch erst einmal gründlich erholen müssen, fangen sie an, ein bisschen mit offenen Augen zu träumen. Sie rücken noch enger aneinander und wiegen sich dann zusammen, ganz

leicht, ein wenig nach links, ein wenig nach rechts. Und ihre Schleierfederchen bewegen sich bei jedem Lufthauch.
Schließlich träumen sie von der großen, alten Eulenfee. Lautlos wie ein Schatten kommt sie in der Dämmerung herangeschwebt und setzt sich auf den Käfig. Da geht die Käftigtür auf und die vier kleinen Eulendamen kommen herausgetrippelt und knappen fröhlich mit den krummen Schnäbeln. Und dann fliegen sie ab. Schweben lautlos wie Schatten zwischen den dunklen Bäumen hindurch, immer hinter der großen, alten Eulenfee her.
Inzwischen ist es tatsächlich dämmerig geworden. Der Abend kommt. Jetzt werden die Eulendamen unruhig, reißen die Augen weit auf und schneiden heftige Grimassen. Und plötzlich, wie auf Kommando, lassen sie ein herzzerbrechendes Geheule hören.
Währenddessen schnarcht der dicke Pelikan schon unten auf seiner Insel. Er geht früh schlafen und träumt nie. So richtig zufriedene Leute nämlich brauchen nicht zu träumen.

Matthias Duderstadt
Mit anderen Augen

KAR-ST-ADT
CA-FÉ-EN-GEL
MÖ-BEL-KLIN-GEN-BERG
FL-EI-SCH-KÖN-NEC-KE
CO-MET
HUM-BOLDT-BU-CH-HAND-
LUNG
SP-ORT-STU-DIO
RE-AL-KA-UF
BÄC-KE-REI-CHR-IST
SEL-BST-BAU-MAR-KT
FLEI-SCHE-REI-SAFT
Meine Tochter
Lernt lesen.

Biermann

Axel Scheffler

Angelika Ehret
Die Entdeckung der Welt

»Jetzt kenne ich also die ganze Welt«, sagte der junge Karpfen, nachdem er zum ersten Mal rund um den Teich geschwommen war.

Jutta Richter
Die Spinne

Am schlimmsten war es immer, wenn ich Hausarrest hatte. Dann purzelten die Wörter in meinem Kopf herum wie ein zusammenbrechender Bauklotzturm.

Ich war ganz allein zu Hause und lag in meinem Zimmer auf dem Bett. Papa war im Büro und Mama war »sich aussprechen« bei Tante Ulli. »Wehe, du gehst raus!«, hatte sie zu mir gesagt. »Du weißt ja, ich werde mich erkundigen!« Ja, ich wusste, dass sie das tun würde. Sie würde Frau Niermann fragen oder Frau Pfeiffer.

Die Rolladen waren heruntergelassen und durch die Ritzen fielen Sonnenstreifen. Ich sah die tanzenden Staubkörnchen im Licht. Draußen hörte ich die anderen: »Fischer, Fischer, wie tief ist das Wasser?« und »Deutschland erklärt den Krieg gegen Frankreich!« Das Wasser wurde ohne mich überquert, die Kriege ohne mich verloren. Und am lautesten dabei war Herberts Stimme: »Ich hab ihn!«, rief er und »Mein Land«, rief er. Ich hätte alles getan, um bei ihnen auf der Straße zu sein. Die Straße gehörte nämlich uns Kindern. Wir hatten sie heimlich in Abschnitte aufgeteilt. Vom Fliederbusch bis zu Niermanns Mauer war der Jägerzaunabschnitt. Der gehörte Hansi Pfeiffer, weil hinter dem Jägerzaun das neue Haus von Hansis Eltern stand mit dem großen Rasen davor, den Hansis Vater jeden Sommersamstag mähte.

Von Niermanns Mauer bis zu Pohlings Laterne gehörte die Straße Ulrike Hanke und Martina Niermann. Die waren schon neun und gehörten eigentlich zu den doofen Weibern. In der Garage neben dem Haus verkaufte Martinas Vater Jakobskaffee und Mettwürstchen. Es roch immer etwas muffig, wenn wir dort vorbeigingen, nach feuchter Pappe und Kaffeedosen aus Plastik.

Und wir gruselten uns, wenn Opa Niermann mit dem Stock aus der Haustür trat. Opa Niermann hatte nämlich ein Loch in der Glatze. Ein Granatsplitterloch vom richtigen Krieg.

Von Pohlings Laterne bis zu unserer blauen Haustür gehörte die Straße mir. Mir und Herbert. Dort kratzten wir mit Schottersteinen die Spielfelder in den Asphalt, den Strich für »Fischer, Fischer« und den Kreis für den Krieg.

An der Ecke wohnte Fräulein Fantini, die Klavierlehrerin, aber das war nicht mehr unser Gebiet, da klimperte es immer aus dem offenen Fenster und »Fischer, Fischer, wie tief ist das Wasser?« war zu laut für die feinen Ohren von Fräulein Fantini.

Ich lag auf dem Bett, sah den tanzenden Staubkörnchen zu und hörte, wie Herbert meinen Namen rief. Da stand ich auf, guckte durch die Ritze der Rollade und sah, dass er an meinem Fenster stand.

»Komm raus, Meechen«, rief er. »Wir brauchen noch eine zum Mitspielen!«

Ich stellte mich tot.

»Die hat ja wieder Hausarrest«, kicherte Martina Niermann. »Die hat doch immer Hausarrest!«

Das stimmt nicht, sagte ich und schwieg, weil Tote nicht sprechen können. Ich hatte mit Sicherheit nicht öfter Hausarrest als Martina Niermann. Denn Hausarrest gab es nur für zu spät kommen und heimlich im Bett lesen. Das hatte ich getan, und weil meine Taschenlampe keine Batterie mehr hatte, eine Weihnachtskerze unters Bett gestellt.

Papa hatte dann das Feuer mit meiner Bettdecke erstickt und »eine Woche Hausarrest« gesagt.

Das Totstellen war wahnsinnig langweilig. Ich legte mich wieder aufs Bett und starrte die Decke an.

Plötzlich entdeckte ich die Spinne. Sie war mindestens so groß wie meine Hand und sie kroch langsam die Zimmerdecke entlang, bis sie genau über meinem Gesicht verharrte. Ich wollte schreien und konnte nicht. Ich wollte aufspringen und konnte nicht. Und draußen rief Herbert immer wieder meinen Namen.

Die Spinne hatte glänzende, tote Augen, die etwas vorgewölbt auf ihrem Kopf standen. An ihren Beinen wuchsen feine schwarze Härchen. Sie saß ganz reglos und starrte mich an. Es war wirklich die größte Spinne, die ich je gesehen hatte. Es war die größte Spinne der Welt. Jetzt presste sie langsam einen schleimigen Silberfaden aus sich heraus und begann sich abzuseilen.

Ich konnte mich immer noch nicht bewegen. Ich stellte mir vor, wie sie mich einspinnen würde, so wie es mit den Fliegen passiert war, die im frühen Herbst in den tauglitzernden Spinnennetzen an Hansi Pfeiffers Jägerzaun hingen.
Ich hatte Schweißtropfen auf der Stirn und einen Kloß im Hals, an dem ich fast erstickte. Die Spinne kam immer näher. Dabei wurde sie immer größer. Und als sie fast mein Gesicht berührte, konnte ich plötzlich schreien. Ich schrie und sprang auf, zog am grauen Gurt der Rollade, die mit Schwung nach oben sauste. Gleichzeitig riss ich das Fenster auf, zerriss dabei die Gardine, und plötzlich hörte ich auch, was ich schrie, nämlich: »Herbert!«
Er zögerte nicht eine Sekunde, nahm kurz Anlauf und schwang sich über das Fensterbrett ins Zimmer.
Ich zeigte auf die Spinne.
»Wahnsinn«, sagte Herbert. »So was hab ich noch nie gesehen. Eine Monsterspinne!«
»Mach doch was«, sagte ich.
Herbert überlegte. Ich konnte sehen, wie er nachdachte, und allein, dass er das tat und neben mir war, machte mich ruhig.
Draußen standen Martina Niermann und Hansi Pfeiffer und glotzten. Ich sah, dass Martinas Mund offen stand und sie sich auf die Zunge biss. Sie sah noch blöder aus als sonst.
»Warte mal«, sagte Herbert. »Ich weiß was!«
Er zog eine Streichholzschachtel aus seiner Hosentasche, kippte die Streichhölzer aus und zog die Schachtel auseinander.
»Diese Spinne passt da nie rein!«, sagte ich.
»Abwarten!«, antwortete Herbert. »Hier steht der Spezialist für Lebendfallen und Monsterspinnen!«
Er ging langsam Richtung Bett. Er war ganz ruhig und fast glaubte ich ihm. Einer, der sich so bewegt, macht keinen Fehler. Trotzdem zitterte ich. »Und wenn sie dich beißt?« Herbert antwortete nicht.
»Klack«, machte die Streichholzschachtel. Die Monsterspinne war weg.
»Na bitte!«, sagte Herbert und grinste. Eigentlich wollte ich ihm einen Kuss geben, aber ich habe mich doch nicht getraut.

Henry Düx
Die Polizei hat in den Himmel geschossen
Deutscher Herbst 1992

»Sie haben in den Himmel geschossen, nachts, hell war es«, sagt die achtjährige Shara aus dem Iran und lacht. Sie spricht sehr gut deutsch. Shara ist mit ihrer Mutter zu Herrn Kreuz, dem Rechtsanwalt, gekommen.

Die Mutter ist mit der Tochter aus dem Iran geflüchtet. Sie war dort in einem Gefängnis, weil sie anders dachte als die Machthaber. Sie hat einen Asylantrag in Deutschland gestellt.

Herr Kreuz vertritt die Mutter in ihrem Asylverfahren.

Shara übersetzt das, was die Mutter sagt. Ein Dolmetscher ist zu teuer.

Herr Kreuz fragt: »Wie, sie haben in den Himmel geschossen? Wer? Wann?«

Zwischendurch hat Shara das erwähnt.

Die Mutter hatte zuvor nichts gesagt.

»Ja, die Polizei, gestern Abend.«

»Warum?«

»Es waren viele Leute vor unserem Haus, vor unserem Heim.«

»Welche Leute?«

»Nazis, viele Nazis, sie grölten und schrien, sie wollen, dass wir weggehen.«

»Und was habt ihr gemacht?«

»Ich war angezogen auf dem Bett, die ganze Nacht. Ich habe nicht geschlafen. Sie können kommen und uns schlagen und brennen.«

»Und deine Mutter?«

»Sie lag genauso neben mir. Erst als es hell wurde, haben wir zwei Stunden geschlafen.«

»Und dann?«

Shara wurde böse und riss ihre Augen weit auf. »Weil ich nicht schlafen konnte, konnte ich nicht in die Schule morgens. Es ist auch zu gefährlich. Vielleicht stehen sie an der Ecke.«

»Wie soll es weitergehen, was macht ihr jetzt, du musst doch in die Schule?«

»Sie haben gesagt, sie kommen heute Abend wieder.«
Herr Kreuz sagt: »Ihr könnt bei uns übernachten. Wir laden euch ein.«
Shara freut sich und übersetzt es der Mutter. Shara und ihre Mutter unterhalten sich länger.
Dann sagt Shara: »Vielen Dank für die Einladung. Aber wenn wir weggehen heute Nacht aus dem Heim, sind die anderen Bewohner alleine. Das geht nicht.«
Shara spricht wieder mit ihrer Mutter und sagt dann bestimmt: »Aber du kannst unser Gast sein bei uns im Heim. Du kannst uns dann gleich helfen, wenn was passiert.«
Herr Kreuz, der Rechtsanwalt, fand keine passende Antwort.
In dieser Nacht schlief er schlecht in seinem Bett.

Richard Bletschacher

der dumme August

den dummen August zu beschreiben
das lasse ich wohlweislich bleiben

es ist die Dummheit eine Gabe
vor der ich höchste Achtung habe

wer sagt er wird durch Schaden klug
ist eben noch nicht dumm genug

und wahre Fröhlichkeit auf Erden
will nicht durch Schaden klüger werden

die Klugheit schmeckt oft recht verderblich
nur wahre Dummheit ist unsterblich

wenn uns die Klugen Sorgen machen
dann bringt der August uns zum Lachen

drum ist er uns mit seinen Faxen
so nahe an das Herz gewachsen

Evelyn Stein-Fischer

Wir hätten …

Wir hätten
aber du wolltest ja nicht
wir hätten können
aber du trautest dich nicht
wir hätten es versuchen können
du und ich

V. Ballhaus

Ingrid Huber
Das Interview

Kind:
Mama, wärst du gern noch einmal ein Kind?

Mama:
Wie kommst du denn darauf?

Kind:
Papa, wärst du gern noch einmal ein Kind?

Papa:
Was soll diese Frage?

Kind:
Tante, wärst du gern noch einmal ein Kind?

Tante:
Wieso willst du das wissen?

Kind:
Onkel, wärst du gern noch einmal ein Kind?

Onkel:
Sonst fällt dir nichts ein?

Kind:
Opa, wärst du gern noch einmal ein Kind?

Opa:
Brauchst du das für die Schule?

Kind:
Oma, wärst du gern noch einmal ein Kind?

Oma:
Kind, Kind!

Bilder von
Verena Ballhaus

Hans Georg Lenzen
Gulliver

Einmal
fand ich in Vaters Schublade
ein Vergrößerungsglas
lief hinaus
legte mich längelang
damit ins Gras
stand auf erst nach Stunden
den Kopf voll von
Dschungeln Drachen
Kletterkünstlern
Rittern und Lastträgern
kam wie aus einer
anderen Welt

Jakob bekam
von seinem Onkel
ein altes Fernglas
zeigte mir auch
wie man's scharfstellt
wir schoben das
Dachfenster hoch
beobachteten aus der Ferne
die stummen Komiker
auf der Straße
die Vogelschwärme
über dem Rapsfeld
den kreisenden Bussard
und am Abendhimmel
die unermesslichen
Lichtpunkte

Danach sah man
auch ohne Glas
alles ganz neu

Herbert Günther
Die Erde hat eine Anziehungskraft

Als Konrad zum ersten Mal das Meer sah, war ihm ganz anders. »Schau, Konrad«, sagte sein Vater und zeigte mit ausgestrecktem Arm auf einen glitzernden Fleck weit in der Ferne. Das war ein Schiff und der Vater erklärte, dass man es nur zum Teil sehen konnte und dass der andere Teil sich hinter der Krümmung der Erde versteckte.
»Wenn die Erde krumm ist«, sagte Konrad, »warum läuft dann das Wasser unten auf der Erde nicht aus?«
»Das kommt von der Anziehungskraft«, sagte die Mutter und legte Konrad die Hand auf die Schulter. »Die Erde hat eine Anziehungskraft.« Sie redeten noch eine ganze Menge über Nordpol und Südpol und dass der Mond und die Sonne auch eine Anziehungskraft haben, mit der sie Ebbe und Flut bewirken. Dann gingen sie barfuß an der Brandung entlang und als Konrad ganz allein vor den heranbrausenden, weiß schäumenden Wellen stand, rauschte ihm das Meer in die Ohren und der Wind erfasste ihn von den Füßen bis zu den Haaren.
Konrad sah über die weite Wasserfläche, aber das Schiff konnte er nicht mehr entdecken. Er hüpfte so hoch er konnte. Dreimal, viermal. Das Schiff blieb verschwunden. So hoch konnte er nicht springen, um hinter die Erdkrümmung zu sehen.

Als Konrad zum ersten Mal die Berge sah, staunte er. Erst waren es nur kleine Zacken, Schnipsel wie ausgeschnittenes Bastelpapier, aber als der Zug immer näher darauf zufuhr, wuchsen sie zu Türmen, zu riesigen,

versteinerten Ungeheuern, deren schneebedeckte Gipfel bis in den Himmel ragten.
»Schau, Konrad«, sagte sein Vater. »Die Gletscher. Das ewige Eis.«
»Warum schmilzt es nicht?«, fragte Konrad. »Es ist doch viel näher an der Sonne.«
»Weil die Luft da oben dünner ist«, sagte die Mutter, »und viel kälter.«
Am nächsten Tag fuhren sie mit der Zahnradbahn auf einen hohen Berg. Mitten im Sommer machten sie eine Schneeballschlacht. Auf der Terrasse des Gipfelrestaurants lagen Leute in Liegestühlen und bräunten sich. Es waren nur kleine Wolken am Himmel. In der Sonne war es heiß. Aber der Schnee schmolz nicht.
Konrad blinzelte in die Sonne. Über der Schneefläche blendete das Licht in den Augen und einen Moment lang kam es ihm vor, als sei die Sonne auf den Berg gefallen. Dabei hatten seine Eltern erklärt, die Sonne ist hundertneunundvierzigtausendfünfhundertmillionen Kilometer weit von der Erde entfernt. Jajaja. Aber als Konrad zum ersten Mal auf einem hohen Berg stand, hätte er sich beinahe an der Sonne verbrannt.

Als Konrads Oma starb, war Konrad sehr traurig. Die Traurigkeit war wie ein tiefes, schwarzes Loch und eine Zeit lang hatte Konrad Angst, dass er hineinfallen und gar nicht mehr daraus auftauchen könnte. Seine Oma Anna hatte er lieb gehabt und sich überhaupt nie vorgestellt, dass sie einmal nicht mehr da sein könnte. Jetzt lag sie in ihrem Bett und sah aus, als ob sie schliefe. Aber sein Vater sagte: »Sie ist tot, Konrad. Sie hat uns für immer verlassen.«
Eine Weile saß Konrad auf dem Schemel neben dem Bett und wartete, ob Oma Anna vielleicht doch die Hand ausstrecken, seine Haare strubbeln und wieder sagen würde: »Konrad Wirrwarr, kämm dir dein Haar!«
Aber drei Tage später hatten sechs schwarz gekleidete Männer den

Holzsarg mit Oma Anna darin in das Grab hinuntergelassen und dann war das Grab mit Erde zugeschaufelt worden. Oma Anna hatte sich nicht mehr gerührt.

An diesem Abend konnte Konrad lange nicht einschlafen. Das Licht in seinem Zimmer brannte. Dann kam seine Mutter und setzte sich zu ihm. »Aber wo ist denn jetzt ihr Leben?«, fragte Konrad.

Die Mutter zog die Schultern hoch. »Ich weiß es nicht, Konrad«, sagte sie. »Vielleicht im Himmel.«

Nach einer Weile sagte die Mutter: »Aber ein bisschen von ihrem Leben bleibt auch hier auf der Erde. Ein bisschen davon ist auch in dir, Konrad. Und ein bisschen ist in mir und in Papa, in allen Menschen, die sie lieb gehabt haben. Und die sich an sie erinnern.«

Später dann, Konrad weiß nicht genau ab wann, hat sich seine Traurigkeit verändert. Wenn er jetzt an seine Oma Anna dachte, war er traurig und froh zugleich. Einmal, als er sein Zimmer aufräumen sollte und die verstaubten Kastanienmännchen vom Vorjahr nicht wegwerfen wollte, hatte sein Vater den Kopf geschüttelt und geseufzt: »Wie Oma Anna!« Darüber hatte sich Konrad richtig gefreut.

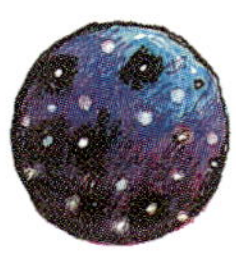

Als Konrad zum ersten Mal in einem Flugzeug saß, spürte er ein Kribbeln im Bauch. Das Flugzeug hob von der Erde ab und Wiesen und Felder, Häuser, Bäume und Flüsse, Städte und Dörfer unter ihm wurden immer kleiner. Dann flogen sie durch die schmutzig grauen Wolken, vor dem Flugzeugfenster war alles neblig feucht und auf einmal stießen sie durch die Wolken hinauf in ein unglaublich strahlendes Blau und die Wolken breiteten sich unter ihnen aus wie eine Wollflusendecke, in die Konrad sich gern hätte fallen lassen. Die Erde war darunter nicht mehr zu sehen.

Er war im Himmel.

»Warum fallen wir nicht runter?«, fragte Konrad. »Ich denke, die Erde hat eine Anziehungskraft?«

»Das liegt an der Triebkraft«, sagte der Vater. »Die Triebkraft des Flugzeugs ist stärker als die Anziehungskraft der Erde.«
Fast zwei Stunden flogen sie immer geradeaus. Irgendwann löste sich die Wollflusendecke unter ihnen auf und sie sahen Berge, Wälder, Flüsse, Seen und Städte. Dann landeten sie sicher auf ihrer Urlaubsinsel im Meer.
Aber das Kribbeln im Bauch spürte Konrad noch abends im Bett. Vielleicht werde ich einmal Flugkapitän, dachte Konrad. Das muss toll sein, so einen großen künstlichen Vogel durch die Luft steuern, ohne Wegweiser, ohne Kreuzung, ohne Verkehrsschild, nur mit Triebkraft immer geradeaus.

Als Konrad zum ersten Mal verliebt war, geriet ihm alles durcheinander. Meer- und Berggefühl, die Oma-Anna-Traurigkeit und das Flugzeugkribbeln, kein Anfang, kein Ende. Alles war nur ein einziger heißer Stich in seiner Brust, keine Ahnung woher, keine Ahnung wohin.
»Kommst du am Samstag zu meinem Geburtstag?«, fragte ihn Annika, als sie wie immer auf dem Heimweg von der Schule zusammen durch den Stadtpark gingen.
Konrad sah Annikas Spiegelbild im blaugrünen Wasser des Teichs. Er sah ihre Beine, ihr Wollkleid, ihren Schulranzen, ihre windzerzausten Haare und dachte: Sie sieht aus wie ein Fee. Zum ersten Mal hatte Annika Konrad eingeladen, zum ersten Mal hatte sie gemerkt, dass es Konrad gibt. Und auf einmal merkte Konrad, wie sehr er darauf gewartet hatte. Vor Schreck blieb ihm die Sprache weg und er konnte nur noch nicken.
Annika fasste unter die Riemen ihres Schulranzens, lächelte, dann drehte sie sich um und hüpfte über den sandigen Weg davon. Am Ausgang des Stadtparks drehte sie sich noch einmal um und rief: »Um drei!« Und Konrad nickte wieder.

Annika stand eine Weile vor der Ampel. Dann ging sie zwischen vielen anderen Menschen über die Straße. Zweihundert Meter noch auf der anderen Seite, dann musste Annika rechts ab in die Auguststraße, da war der Block, in dem sie wohnte. Konrad sah hinter ihr her.
Als hätte sie seinen Blick gespürt, drehte sich Annika, bevor sie abbog, noch einmal um und winkte zu Konrad herüber.
Konrad winkte zurück.
Dann verschwand Annika zwischen den Menschen, den Autos und den Häusern.
Konrad war ganz dumm vor Glück. Er lief in den Park zurück, griff den untersten Ast der Kletterbuche und ließ sich hin und her pendeln. Obwohl seine Hände brannten, ließ er nicht los. Dann flimmerte es vor seinen Augen und er presste sie zu. Für einen Moment war ihm, als würde er hinter die Erdkrümmung sehen: Da war es warm wie im Inneren der Sonne, die Zeit war stehen geblieben, Oma Anna unsterblich – und das Flugzeugkribbeln durchflutete ihn vom kleinen Zeh bis in die Haarwurzeln.
»Was machst du denn für Grimassen?«
Als Konrad die Augen öffnete, stand seine Mutter vor ihm auf dem Sandweg. Sie kam von der Arbeit und schob mit der rechten Hand das Fahrrad neben sich her. Zusammen gingen sie nach Hause. Die Mutter hatte Ärger im Büro gehabt und merkte nicht, was los war mit Konrad.
Im Hausflur nahm die Mutter die Post aus dem Kasten, dabei rutschte ihr die Zeitung aus der Hand und klatschte auf die Fliesen. Konrad bückte sich, nahm die Zeitung auf und murmelte: »Die Erde hat eine Anziehungskraft.«
»Was sagst du, Konrad?«, fragte seine Mutter, schon auf der Treppe.
»Ach, nichts weiter«, sagte Konrad, klemmte die Zeitung unter den Arm und ging hinter seiner Mutter her, die Treppe hinauf.

Bilder von Wolfgang Rudelius

W E L T Z E I T

Abendzeit Abfahrtszeit Abschiedszeit Abzugszeit Adventszeit Angstzeit Ankunftszeit Anzugszeit Arbeitszeit Aufbauzeit Auszeit Backzeit Badezeit Balzzeit Bauzeit Bedenkzeit Begattungszeit Bestandzeit Bestellzeit Bestzeit Betzeit Bewährungszeit Binnenzeit Blütenzeit Bohrzeit Brachzeit Bronzezeit Brotzeit Brunftzeit Brunnenzeit Brunstzeit Brutzeit Bürschzeit Dämmerungszeit Denkzeit Dienstzeit Druckzeit Ebbezeit Einkaufszeit Einrichtungszeit Eiszeit Eisenzeit Endzeit Entenzeit Entstehungszeit Entwicklungszeit Erholungszeit Erntezeit Essenszeit Eßzeit Exilzeit Fabelzeit Fahrtzeit Färbezeit Faschingszeit Fastenzeit Fegezeit Feierzeit Festzeit Feuerzeit Fischzeit Fleischzeit Flitterzeit Flugzeit Flutzeit Folgezeit Frauenzeit Freizeit Freudenzeit Friedenszeit Frühzeit Frühlingszeit Fruchtzeit Garantiezeit Gartenzeit Garzeit Gebärzeit Gebetszeit Gebrauchszeit Genesungszeit Gerinnungszeit Gleitzeit Gnadenzeit Götterzeit Grußzeit Halbzeit Halbwertzeit Heckzeit Hegezeit Heidenzeit Heldenzeit Herbstzeit Heringszeit Heuzeit Hochzeit Hundstagszeit Hungerzeit Jagdzeit Jahreszeit Jahrmarktszeit Jammerzeit Jubelzeit Jugendzeit Jünglingszeit Kaffeezeit Kalbzeit Kampfzeit Karnevalszeit Kernzeit Kinderzeit Kindheitszeit Kirmeszeit Kirschenzeit Klagezeit Knastzeit Knospenzeit Kochzeit Kolbezeit Kontrollzeit Kreditlaufzeit Kriegszeit Laichzeit Laufzeit Lebenszeit Legezeit Lehrzeit Lenzzeit Lernzeit Lesezeit Lieferzeit Liegezeit Mahlzeit Maizeit Marktzeit Marterzeit Maschinenlaufzeit Maßzeit Mausezeit Melkzeit Meßzeit Mietzeit Mittagszeit Mittelzeit Mitternachtszeit Monatszeit Morgenzeit Nachtzeit Nebelzeit Neuzeit Normzeit Notzeit Öffnungszeit Operationszeit Opferzeit Osterzeit Pachtzeit Palmzeit Paradieszeit Pfingstzeit Postzeit Probezeit Prüfzeit Prüfungszeit Rammelzeit Ranzzeit Raufzeit Rauhzeit Regenzeit Reifezeit Reisezeit Rennzeit Rollzeit Rosenzeit Rügezeit Ruhezeit Saatzeit Saftzeit Satzzeit Schafzeit Schäferzeit Schalterzeit Schlafzeit Schließzeit Schmerzenszeit Schnepfenzeit Schnupfenzeit Schonzeit Schreckenszeit Schubzeit Schulzeit Schweinehatzzeit Setzzeit Sommerzeit Sonnenzeit Spargelzeit Sperrzeit Spielzeit Springzeit Sterbezeit Sternenzeit Stiftzeit Stiftungszeit Stillzeit Strafzeit Streichzeit Strichzeit Strömungszeit Sturmzeit Tagzeit Tageszeit Tändelzeit Taumelzeit Teezeit Theaterzeit Tischzeit Tragezeit Trainingszeit Traubenzeit Trauerzeit Trockenzeit Überdenkzeit Übungszeit Uhrzeit Unzeit Unglückszeit Urzeit Urlaubszeit Väterzeit Verfallszeit Verkehrszeit Versuchszeit Verweilzeit Vesperzeit Vollmondzeit Wachzeit Wandelzeit Wanderzeit Waschzeit Wechselzeit Wehrzeit Weiberzeit Weihnachtszeit Winterzeit Wochenzeit Wonnezeit Wunderzeit Zahlungszeit Zersetzungszeit Zwischenzeit

M A X B A R T H O L L

Nebenstehendes Bild von Henriette Sauvant

Gerhard Roth
Das Loch im Himmel

»Die Sterne mögen noch so hell glitzern und leuchten, eines Tages müssen sie sterben. Woher ich das weiß? – Als Kind bekam ich von meiner Mutter, einer armen Frau, eine Zaubermühle. Drehte ich sie, konnte ich jeden einzelnen der Sterne auf dem Nachthimmel aus der Nähe sehen. Eines Tages – ich war noch in jungen Jahren – entdeckte ich ein schwarzes Loch in einem Feld, in dem sich zwei Milchstraßen überlagerten. Ich steuerte auf dieses Loch zu und sah Sterne wie von einem Sog angezogen in die dunkle Öffnung stürzen, und als ich meinen Finger hineinhielt, war er plötzlich verschwunden. Man kann sich vorstellen, wie rasch meine Hand wieder zurückschnellte, aber mein Finger blieb verschwunden, ohne dass ich einen Schmerz verspürt hätte. Als ich heiratete und ein Kind bekam, spielte es wie ich mit der Zaubermühle, ritt auf den Pferdekopfnebeln (die übrigens gutmütig sind), badete in der Milchstraße oder betrachtete Planeten und Sonne. Zu Hause spielte es mit Kometen, und es ist im Nachhinein nicht verwunderlich, dass es auch jenes schwarze Loch entdeckte. Was dann geschehen ist, kann ich nicht mit Genauigkeit sagen. Jedenfalls verschwand die Welt mit einem plötzlichen Ruck, und nur ich selbst blieb übrig. Alles andere aber: Menschen, Bäume, der Himmel, Häuser, Flüsse, Tiere wurden vom Himmelsloch verschlungen, und selbst die Zaubermühle, mit der ich alles hätte retten können, muss in das Loch im All gestürzt sein«, endet die Schilderung meiner Tante.

Michèle Lemieux

Franz Hohler
Drei zusammen geschriebene Geschichten

Wenn ich Lesungen für Kinder mache, öffentlich oder in Schulklassen, erfinde ich zum Schluss meistens mit den Kindern zusammen eine Geschichte. Ich lasse mir einen Titel vorschlagen, dann frage ich, ob jemand einen ersten Satz weiß, schreibe ihn auf die Maschine, und meistens kommt von selbst ein Vorschlag für den zweiten Satz, und dann kommen viele Sätze aufs mal, und es gibt große Diskussionen über die Fortsetzung, aber am Schluss ist immer eine Geschichte da. Für dieses Buch habe ich drei solche Geschichten ausgewählt.

Der Dinosaurier in der Schule

Es war einmal ein Dinosaurier, der kriegte zum Geburtstag von seiner Oma eine Schreibmaschine geschenkt. Darauf schrieb er sogleich einen Brief an die Schule, man solle die Schule sprengen. Als der Rektor den Brief las, sah er, dass er vom Dinosaurier kam, der immer eine Sechs hatte und dachte, der hat wohl ein Ticken. Da entwarf der Dinosaurier einen Unterschriftenbogen, ging damit durch die Schule und sammelte Unterschriften, wer dafür sei, dass man die Schule sprenge. Es gelang ihm, viele Kinder davon zu überzeugen, aber ebenso viele lehnten eine Sprengung ihrer Schule ab. Da wurde die eine Hälfte des Schulhauses gesprengt, und dadurch stürzte auch die andere Hälfte des Schulhauses ein, und endlich gab es Ferien.

Leipzig, 17. Okt. 1993
Die Kinder im »academixer«-Keller

Der dicke Fußball

Es war einmal ein Fußball, der aß zu viel. Am liebsten aß er Spaghetti mit Schokoladensauce. Das machte ihn so rund, dass er keine Luft mehr brauchte. Er wurde aber so schwer, dass der Spieler, der den nächsten Kopfball mache, bewusstlos wurde. Da zog der Schiedsrichter die rote Karte und schickte den Fußball vom Feld. Der Fußball wurde so wütend, dass er sofort die rote Karte auffraß und gegen das Tor rollte. Als der Torwart den Ball fangen wollte, aß ihm dieser die Handschuhe weg, rollte ins Tor und fraß das Netz auf. Als er auch noch die Torpfosten verschluckte, rannte der Torhüter erschrocken vom Feld, und die gegnerische Mannschaft jubelte. Aber da rollte der Ball zum andern Tor und fraß es ebenfalls mit Netz und Pfosten auf. Als die Sanitäter mit der Tragbahre aufs Feld kamen, fraß der Fußball auch die Tragbahre auf. Die Sanitäter ergriffen die Flucht und auch die Fußballspieler rannten in die Kabinen und schlossen die Türe zu. Das Publikum aber jubelte. Pommes Chips und Popcorn und Colabüchsen flogen auf das Spielfeld und begeistert fraß der Fußball alles auf, auch den Rasen, auf dem er lag; da erwachte der bewusstlose Spieler und fiel vor Schreck nochmals in Ohnmacht. Das Publikum aber wollte von da an nur noch fressende Fußbälle sehen. Der dicke Fußball wurde zum Trainer einer neuen Fressfußballmannschaft, die siegreich um die ganze Welt zog und überall Tore, Rasen, Handschuhe und ganze Stadien auffraß, und alle wollten die neue Sportart sehen, die man auf Deutsch Fußball nannte, auf Englisch aber foodball.

Gipf-Oberfrick, 21. März 1995
Die Klassen der 4. Primarschule
samt einer Gastklasse aus Ennetbaden

Raumschiff Entenscheiß

Es war einmal ein Raumschiff, das aussah wie eine Ente, und seine Besatzung bestand aus Enten. Sie schissen so viel wie möglich und mit den Entenscheißabgasen wurde das Raumschiff angetrieben.

Es war auf dem Planeten Ente zu Hause, aber eines Tages zerstörten die Menschen diesen Planeten und die Enten mussten auswandern. Sie beschlossen, auf die Erde zu fliegen.

Als sie unterwegs zur Erde waren, tauchte hinter ihnen ein feindliches Metzgerraumschiff vom Planeten Metzgerei auf. Als das Raumschiff Entenscheiß vom Metzgerraumschiff mit Würsten beschossen wurde, fuhr die Besatzung den Dotterschild aus und die Eierkanonen wurden geladen.

Da die Metzgerbesatzung ihren Wurstschild noch nicht aktiviert hatte, wurde das ganze Raumschiff durch den Eierbeschuss verklebt. Die En-

ten hatten aber in der Aufregung vergessen zu scheißen, und der Treibstoff ging ihnen aus. Da griffen die Metzger zur Bratkugelkanone und beschossen das Entenraumschiff damit. Die Enten aßen aber ganz schnell die Würste auf, damit sie wieder Treibstoff produzieren konnten und luden dann ihre Kanonen mit faulen Eiern.
Inzwischen hatte sich der Kampf herumgesprochen, und die Strauße starteten ihr Straußenraumschiff und beschossen die Metzger mit Straußeneiern, während die Metzger Hilfe von der NASA bekamen, welche die Enten und Strauße mit Nasen beschoss. Als das Metzgerraumschiff mit dem aufmontierten Stierenkopf als Rammbock auf das Raumschiff Entenscheiß zufliegen wollte, flatterte plötzlich eine himmlische Heerschar von UNO-Engeln mit blauen Flügeln dazwischen. Unter ihnen war ein UNO-St. Niklaus, der allen blaue Säcklein verteilte. So schlossen die Metzger und die Enten Frieden miteinander und flogen dann gemeinsam auf den Planeten Erde, um ihn zu erobern.

Zürich, 3. Dez. 1996
die 5. und die 6. Klasse des Turnerschulhauses

Und 1997 und 1998 und 1999?
Da könnten die Geschichten
eigentlich von euch kommen.
Ich bin jedenfalls gespannt.
Mit kollegialem Gruß
Franz Hohler

Foto Matthias Duderstadt

Dagmar Chidolue

Sterne

Die Lisa im Ruhrgebiet nahe bei Herne
wanderte offenen Auges, besah sich die Sterne.
Fiel in ein Loch,
raus kam sie doch.
Aber nun läuft sie abends nicht gerne.

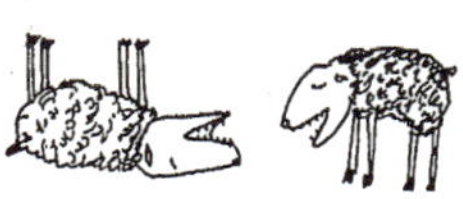

Biermann

Jürg Schubiger
Walgeschichte

Es war einmal ein Wal.
Ausgerechnet ein Wal?
Ja. Auch ein Löwe war einmal, gewiss, ein Fuchs, ein Esel, ein Wolf, sogar mehrere Wölfe, ein ganzes Rudel.
Fast alles war einmal.
Oder auch mehrmals!
Ja. Aber einmal, da war es eben ein Wal, ein Buckelwal, ein alter Buckelwal.
Ein einziger?
Einer, ja. Es gab auch andere, aber dieses eine Mal, da war es einer.
Und was ist mit ihm?
Er sang.
Das hab ich mir gedacht: Er sang!
Ja, das tat er. Er schwamm im Meer und sang.
Und?
Und schwamm und schwamm und sang. Das war's. – Und wie er sang!
Wie denn?
Lang und schön.
Du hast ihn gehört?
Nur die Geschichte. Es sei einmal ein alter Buckelwal gewesen, habe ich gehört, der schwamm und sang. Und sein Gesang sei so –
Was?
Lang und schön gewesen.

»Die alten Götter« *Sophie Brandes*

Heiner Feldhoff
Weißbärtiger Mann

Kerstin, sagen wir, Liebenswürdige, du bist doch eine erfahrene Krankenschwester. Komm, erzähl uns eine traurige Geschichte! Und Kerstin lässt sich nicht lange bitten, es ist beinahe so, als ob sie von Zeit zu Zeit ihren überreichen Vorrat an lauter zu Herzen gehenden Erlebnissen abschöpfen muss. Ein fünfundachtzigjähriger Bauer, der von Kindesbeinen an in der Grenzbachmühle unterhalb Muscheids gelebt hatte, erzählt Kerstin mit ihrer leisen, weichen Stimme, wurde in unser Elisabeth-Krankenhaus eingeliefert. Das war ein Großvater wie aus dem Märchenbuch: mit wehendem silbernem Haar und einem langen, weißen Bart! Er hatte, um es milde auszudrücken, Schwierigkeiten mit dem Wasserlassen. Begeistert erzählte uns der Alte von dem Mühlrad, das sich bis heute, vom Grenzbach gespeist, drehe und drehe, und dies nur mehr aus einem einzigen Grunde: um ihn und die wenigen treuen Grenzbachtalgänger zu erfreuen. Denn die eigentliche Ölmühle sei ja seit langer Zeit außer Betrieb. Gerne hörte ich dem alten Mann zu und sah in seine klugen Augen. Ich gewann ihn lieb und tat, worum er mich schüchtern bat: ihm jeden Morgen Haare und Bart zu kämmen. Wie zufrieden mit sich und der Welt, so Kerstin, dabei in ihrer Erzählung eine kaum merkliche Pause stillen Gedenkens einlegend, wie seelenvergnügt er dabei still hielt!

Dann konnten wir nichts mehr für ihn tun, er musste in die Pflegeabteilung eines Altenheimes verlegt werden und ich versprach, ihn bald zu besuchen. Wenige Tage später, als ich in sein Zimmer trat, glaubte ich schon, mich in der Tür geirrt zu haben, denn ein fremdes Gesicht schaute mich an. Doch, ich bin's, sagte er leise. Da saß mein alter Patient kurz geschoren auf dem Stuhl, seines Bartes beraubt, mit pflegeleichtem Kopf und schwer verletzter Seele. Ich hätte weinen können. Um es kurz zu machen: Zwei Wochen später war der Grenzbachmühlengroßvater tot, sagt Kerstin. Danke, Kerstin, sagen wir und fragen uns nach einer Weile, ob auch wir an Kerstins Stelle solche Geschichten erleben, im Herzen bewahren und Leuten wie uns erzählen könnten.

Max Huwyler
Die Geschichte von der Geschichte im Käseloch

Jedes Kind weiß, was ein Käseloch ist. Das sind die kugelrunden Höhlen im Löcherkäse, größere oder kleinere, die einfach verschwinden, wenn man den Käse isst.

Es war einmal so ein Käseloch. Das wollte mehr sein als bloß ein Loch im Käse. Also dachte es nach, wie es etwas Größeres werden könnte als bloß ein Käseloch, wie es viele andere auch gibt.

Das Käseloch befand sich in einem Käsebissen und dieser Käsebissen lag in der Auslage des Käseladens in einem kleinen Dorf.

Eines Abends, als der Käser dem letzten Kunden ein letztes Stück Käse abschnitt und das Käseloch an die Schnittfläche geriet, zwängte es sich schnell aus dem Käsebissen.

Nun war Käse, wo vorher Loch war. Das Loch war weg, schwebte frei in der Luft und man konnte es nicht sehen. Es kam sich verloren vor. Was will ein Käseloch ohne Käse drum herum?

Es wurde Nacht und der Vollmond schien wie ein Käseloch am Himmel. Aber wir wissen natürlich, dass der Mond kein Loch ist, denn dort, wo der Mond ist, ist der Mond.

Der Mond ging unter, die Sonne ging auf. Am Morgen machte der Käser Käse, am Mittag schloss er die Ladentüre auf. Das Loch schwirrte ihm um den Kopf, der Käser schlug mit der Hand in die Luft, als wollte er eine Fliege verscheuchen. Der Käser verkaufte Milch und Butter und Quark und Yoghurt und Milchschokolade und Käse mit Löchern und Käse ohne Löcher.

Das Käseloch war irgendwo.

Der Käser war ein freundlicher Mann. Besonders die Kinder mochten ihn gerne, denn er wusste immer wieder eine kleine Geschichte zu erzählen, die sie noch nie gehört hatten.

Einmal erzählte er die Geschichte von einer Milchkuh, die mehr sein wollte als nur eine Kuh, die Milch gibt. Die wurde dann tatsächlich so berühmt, dass sie auf einer Briefmarke abgebildet wurde. Ein andermal erzählte er von einem Käse, der Mond werden wollte. Aber das gelang

dem Käse nicht. Menschen brauchen sowieso keinen Käse als Mond. Den Mond brauchen sie zum Scheinen und den Käse zum Essen.
Gegen Abend, kurz bevor der Käser die Käserei schloss, kam ein kleines Mädchen in den Laden, grüßte und sagte: »Ein Pfund Käse, bitte.«
»Von welchem?«, fragte der Käser.
»Von dem mit den großen Löchern.«
»Sonst noch etwas?«
»Ja, zwei Erdbeeryoghurt und eine Geschichte, bitte.«
Der Käser verkaufte dem Kind den Käse und die beiden Yoghurt.
»Und eine Geschichte.«
Das Käseloch, das mehr sein wollte als nur ein Loch, schwebte im Raum über dem Mädchen. Als es die Bitte des Mädchens hörte, wurde es ganz aufgeregt.
Der Käser strich sich mit der Hand über den Schnurrbart. Da schien ihm, als kitzele ihn etwas am kleinen Finger.
»Also gut«, sagte der Käser.
Schnell setzte sich das Käseloch dem Käser vor den Mund und war nun eine Sprechblase, es dehnte sich aus, damit eine ganze Geschichte darin Platz finden konnte.
»Es war einmal ein Käseloch«, begann der Käser zu erzählen. »Das wollte mehr sein als bloß ein Loch im Käse. Also überlegte es sich, wie es etwas Größeres werden könnte als bloß ein Käseloch, wie es viele andere auch gibt. Das Käseloch befand sich in einem Käsebissen. Und dieser Käsebissen lag in der Auslage des Käseladens in einem kleinen Dorf …«

Es gibt verschiedene Möglichkeiten, die Geschichte zu einem Ende zu bringen. Zum Beispiel so:

- Der Käser erzählte und erzählte, bis er ein alter Mann und das Mädchen eine junge Frau war.

- Oder so: Der Käser erzählte weiter und weiter, die Sprechblase dehnte sich, bis sie die Wörter nicht mehr zu fassen vermochte und sie zerplatzte. Das Loch war weg und die Geschichte zersprang in tausend Wörter. Vielleicht wachsen aus den Wörtern irgendwann neue Geschichten …

V. Ballhaus

Eine ganz kurze Geschichte über

von Susann Hesselbarth

Vor vielen hundert Jahren lebten auf der Erde nur die Zeit, der Wind und das Licht.

Die Zeit vertrieb sich die Ewigkeit mit fröhlichem Erdwandeln und erfreute sich an ihrer Unendlichkeit.

Doch nach vielen Ewigkeiten wurde die Zeit müde. Sie machte es sich auf der Erde bequem und wollte etwas ruhen.
Aber es war so hell. Und sie war soo müde.
Vor Erschöpfung wurde sie ganz traurig.
Der Wind kam auf seinem Rad herangebraust und fragte die Zeit, warum sie denn so traurig sei. »Ich bin soo müde und kann nicht schlafen, weil es so hell ist.«

Da brauste der Wind zum Licht und sagte zu ihm, es solle etwas dunkler scheinen, weil die Zeit nicht schlafen kann und doch soo müde ist.
Das Licht meinte nur schnippisch:
»Licht ist nun mal hell, ich kann nicht dunkler scheinen.«

die Zeit, den Wind und das Licht

Wütend auf das schnippische Licht fegte der Wind über den Himmel, und die Luft wurde durch ihn immer kälter und kälter und kälter. Das Licht fror schrecklich und lief schon blau an vor Kälte.
»Ich muß doch irgendwo noch meinen alten Mantel haben ...«

So ließ es sich schon eher aushalten in dieser Kälte.
Kaum hatte das Licht den Mantel angezogen, wurde es auf der Erde dunkel wie die Nacht. Nur der Zierrat auf dem Mantel blinkte leicht.

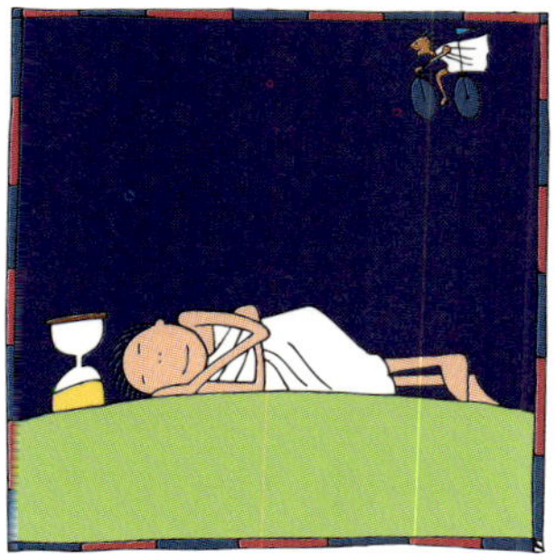

Der Zeit fielen endlich die Augen zu.
Kurz vor dem Einschlafen dachte sie schon an die nächsten Ewigkeiten.
Und an ihr Erdwandeln.
Und an den Wind.
Und das Licht.
Das schöne Licht ...

Seitdem gähnt die Zeit einmal laut, wenn sie müde ist.
Der Wind weht dann etwas heftiger, um das Licht an seinen Mantel zu erinnern, der jetzt Nachtmantel heißt.
Und wenn die Zeit ausgeschlafen hat, saust sie mit dem Licht um die Erde und der Wind pfeift ein Lied dazu.

Uwe Kant
Tiergeschichte

Einmal kam ein recht kleiner Junge zum Geschichtenmacher und fragte, ob der nicht eine Geschichte machen könnte, in welcher sein Meerschweinchen Martha mitspielen könnte.
Ja, ja, Tiergeschichten, die wollt ihr immer haben, sagte der Geschichtenmacher, ist ja auch nicht schwer – der Dackel stiehlt der Katze die Leberwurststulle und schon geht das Theater los!
O ja, schön, rief der kleine Junge, und wie geht das Theater weiter?
Weiß der Regenpfeifer, sagte der Geschichtenmacher, so einfach ist das nun auch wieder nicht. Womöglich mischt die Elster noch ein bisschen mit. Und der Fuchs kriegt Wind von der Angelegenheit, hör mir bloß auf.
Ja, ja, sagte der Junge, und der Dachs gräbt einen Tunnel!
Natürlich, sagte der Geschichtenmacher, das kann er immer machen, das geht ihm ganz leicht von der Kralle. Ich wüsste nur nicht wozu. Was für einen Tunnel denn? Einen Leberwurststullentunnel vielleicht?
Einen Leberwurststullenversteckungsgeheimtunnel, sagte der Junge.
Du lieber Himmel, sagte der Geschichtenmacher.
Da pochte es weich und leise gegen die Fensterscheibe. Draußen auf dem Sims saß ein schwarz und grau gestreifter, mit ganz wenig Braun überhauchter Kater. Er blickte aus schräg eingerahmten, runden, gelben Augen neugierig in das Zimmer.
Oh, es geht schon los, sagte der Junge.
Ach woher, sagte der Geschichtenmacher, das ist ja nur Charly Römisch Zwei, mein eigener Kater. Seine Gnaden geruhen zu erscheinen, um das zweite Frühstück einzunehmen.
Der Kater sprang leichtpfotig auf den Fußboden, stelzte auf gestreckten Beinen und mit hoch erhobenem Schwanz zwischen Jungen und Geschichtenmacher hin und her, stupste ihnen mit dem dicken Kopf gegen die Waden und schnurrte dabei wie ein kleiner Elektromotor. Dann setzte er sich auf seinen Katerhintern, hielt den Kopf schief und sagte etwas Ähnliches wie: Na ja!

Und jetzt?, fragte der Junge.
Jetzt darf ich seiner Hoheit ein wenig KrissKrass oder Wittewatt oder Schabefleisch bringen. Nun guck dir den Kerl selbst an. Bitte schön, da hast du deine Tiergeschichte.
Oh, danke sehr, sagte der Junge, und morgen kommst du zu mir und wir gucken uns die Meerschweinchengeschichte an.

Nasrin Siege

Wer ist Anaeli?

Anaeli hat kein Zuhause
Anaeli hat kein Bett
Anaeli ist allein
Anaeli ist klein
Anaeli hat Hunger
Anaeli friert
Anaeli hat Angst
Anaeli hat Wunden
Anaeli hat Schmerzen

Wer passt auf Anaeli auf?
Wer gibt Anaeli zu essen?
Wer bringt Anaeli zum Arzt?
Wer tröstet Anaeli?
Wer schickt Anaeli in die Schule?
Wer nimmt Anaeli in den Arm?

Die Leute sagen:
Straßenkinder sind schmutzig
sind kleine Diebe
sie stinken und sind faul
sie sind Abfall
zu nichts zu gebrauchen
du kannst mit ihnen machen was du willst!
kein Hahn kräht nach ihnen

Anaeli ist allein!

Susanne Kilian

Du sollst nicht

Es gibt
Worte
die soll ich nicht sagen
Fragen
die soll ich nicht fragen
Sachen
die soll ich nicht sehn
Wege
die soll ich nicht gehn
Dinge
die soll ich nicht hören
Schwüre
die soll ich nie schwören.

Lahm stumm taub und blind
werde ich
schlussendlich
ein braves Kind.

Manja Vogelsang
Nellie und das Baumhaus

Nellie ist zu Besuch bei den Großeltern auf dem Land. Ihre Eltern sind in den Urlaub gefahren. Nellie durfte sich aussuchen, ob sie mitkommen oder lieber zu Großmutter und Großvater fahren wollte.
Großmutter trägt gerne Kleider mit wilden Mustern. Wenn sie Zeit hat, sitzt sie bei Wind und Wetter vor dem Haus auf der Gartenbank und schreibt Briefe oder löst Kreuzworträtsel. Wenn Nellie sie bittet, erzählt sie auch eine ihrer spannenden Geschichten.
Großvater hat meistens dicke, schwarze Kordhosen an, die am Hosenbein eine Extratasche für einen Zollstock haben und eine Schlaufe, in die man einen Hammer stecken kann. Er ist auch bei Sonnenschein in seiner Garage, in die schon lange kein Auto mehr hineinpasst, hört laute Musik und bastelt. Irgendetwas findet er immer, woran er herumbasteln kann. Manchmal kann Nellie ihm helfen.

Bilder von Manja Vogelsang

Nellie fiel es leicht, sich für den Urlaub bei den Großeltern zu entscheiden. Diesen Sommer ist Großvater nicht nur in seiner Garage gewesen. Als Überraschung hat er im alten Apfelbaum ein Baumhaus für Nellie gebaut. Dabei hat er zu viele Zigarren geraucht, das behauptet jedenfalls Großmutter. Großvater selbst sagt, er hätte zu viele unreife Äpfel gegessen. Nun hat er jedenfalls Bauchweh und Durchfall und wenn er nicht mit der Wärmflasche auf dem Bauch im Bett liegt, dann sitzt er mit der Zeitung auf dem Klo.

Gleich am ersten Tag spielt Nellie in ihrem Baumhaus. Stundenlang klettert sie die Leiter hinauf und hinunter. Stolz sitzt sie auf der obersten Sprosse. Was man dort alles sehen kann! Wenn sie aus dem Fenster sieht, kann sie über die Felder bis zum Dorf sehen. Auch die Eisenbahn kann man von dort oben sehen und Asmuß. Asmuß ist der Briefträger. Sie guckt zu, wie er langsam mit seinem Fahrrad den Hang herauffährt. Sie klettert die Leiter hinunter und läuft zu Großmutter, die auf ihrem Lieblingsplatz sitzt. Sie erzählt ihr, dass Asmuß gleich mit der Post kommt. Weil Großmutter weiß, dass Asmuß sich immer sehr über eine Kaffeepause freut, geht sie ins Haus und kocht ihm eine Tasse. Als Asmuß kurze Zeit später mit ein paar Briefen in der Hand schnaufend durch das Gartentor kommt, ist der Kaffee schon fertig.

Die drei setzen sich zusammen auf die Gartenbank und lösen das Kreuzworträtsel zu Ende, das Großmutter angefangen hat. Nellie darf, mit Großmutters Hilfe, die Buchstaben in die Kästchen malen. Als sie das Lösungswort »Feierabend« herausbekommen haben, trägt Asmuß weiter seine Post aus und Nellie geht wieder ins Baumhaus.

Sie hat ihre Malsachen mitgenommen und malt ein paar neue Bilder für die Baumhauswände, als sie eine Idee hat. Sie will Großmutter zum Kaffeetrinken ins Baumhaus einladen. Es dauert eine Weile, bis sie die Einladung fertig gemalt hat. Weil sie ja noch nicht schreiben kann, verziert sie jedes der Phantasieworte mit einer kleinen Blume. Nellie hofft, dass es dann nicht so sehr auffällt, dass sie an Stelle richtiger Wörter nur ein paar schwarze Zeichen gemalt hat. Als sie die fertige Zeichnung noch einmal ansieht, ist sie sehr zufrieden. Sie steigt die Sprossen hinunter zu Großmutter und überreicht ihr feierlich ihre Einladung.

Großmutter faltet den Zettel auseinander und liest: 340340)(& %(%&%% Da lacht Großmutter und zieht Nellie auf ihren Schoß. Sie sagt, dass sie sich sehr freut. Nellie ist ganz glücklich darüber, sie hüpft von einem Bein auf das andere und singt: »Oma kommt zum Kaffeetrinken! Oma kommt zum Kaffeetrinken ins Baumhaus!«
»Ach«, sagt Großmutter, »steht das auf diesem Zettel?« und sieht noch einmal genau hin. »Na, dann habe ich wohl schon zugesagt!« Sie sieht ein bisschen erstaunt aus. Nellie fällt ein, dass Großmutter die Einladung gar nicht hat lesen können. Aber jetzt hat sie zugesagt und Nellie muss eine Menge vorbereiten.
Mit Großmutters Hilfe kocht sie eine Thermoskanne Kinderkaffee. Dann darf Großmutter nicht mehr helfen. Den Kaffee trägt Nellie ganz vorsichtig die Leiter hinauf ins Baumhaus. Sie läuft noch ein paar Mal zwischen Haus und Baumhaus hin und her, bis alles, was man für ein gemütliches Kaffeetrinken braucht, oben ist.
Im Baumhaus legt sie eine dicke Wolldecke auf den Boden und darauf noch zwei Sofakissen. Dann flitzt sie noch einmal in den Garten, um einen Blumenstrauß zu pflücken. Nellie hängt ein paar von den neuen Bildern auf und rückt die Becher gerade. Als sie aus dem Fenster sieht, um auf die Kirchturmuhr zu sehen – der große Zeiger musste oben sein, dann wollte Großmutter kommen – , hört sie Großmutter unten schon rufen.
Großmutter sieht etwas ängstlich aus, wie sie da unten an der Leiter steht. Aber beherzt hängt sie ihren Stock an einen abgesägten Ast und zieht sich ächzend Sprosse für Sprosse die Leiter hinauf.
»Oje!«, sagt Großmutter, als sie endlich oben angekommen ist. »Ojeoje!« Sie liegt zwischen Blumenstrauß und Kaffeekanne, betrachtet die vielen Bilder an den Wänden und behauptet, das letzte Mal in einem Baumhaus gewesen zu sein, als sie so klein war wie Nellie. Nellie nickt zwar, aber es fällt ihr schwer zu glauben, dass Großmutter einmal klein gewesen ist. Bestimmt hatte sie da noch keinen Stock, aber Großmutter ohne Stock kann sie sich nur schwer vorstellen.
Als Großmutter sich von dem Aufstieg erholt hat, setzt sie sich bequem hin und zieht aus ihrer Schürzentasche ein kleines Geschenk für Nel-

lie, einen Beutel mit Keksen, die jetzt etwas zerkrümelt sind, und eine Flasche selbstgemachten Saft. Nellie bedankt sich und platzt fast vor Neugierde. Aber bevor sie das Päckchen öffnet, schenkt sie Kaffee ein und fragt, ob Großmutter gut sitzt. Es fällt ihr sehr schwer, so höflich zu sein mit einem Geschenk auf den Knien. Als sie das Päckchen dann endlich auspacken kann, findet sie ein kleines, silbernes Fernglas. Großmutter sagt Opernglas dazu. Sie erklärt, dass man es eigentlich mitnimmt, wenn man in die Oper geht. Damit man auch aus der letzten Reihe noch sehen kann, was auf der Bühne passiert. Sie erklärt auch, dass Opern so etwas wie gesungene Theaterstücke sind, mit Opa hätten die nichts zu tun.

Nellie beschließt, später noch einmal genauer nachzufragen, jetzt guckt sie erst einmal durch das kleine Fernglas: Damit kann sie noch weiter sehen! Und was sie alles sehen kann. Abwechselnd gucken sie durch das Fernglas. Ohne das Glas kann Nellie die Menschen auf dem Dorfplatz gerade noch erkennen. Mit dem Opernglas kann sie sehen, dass Asmuß

inzwischen Feierabend hat und mit seinen Freunden auf dem Platz Boule spielt. Fast hätte sie ihn nicht erkannt ohne seine Postuniform. Eine Weile sehen sie ihm beim Spielen zu. Dann entdecken sie ein junges Kaninchen, das gerade die Möhren des Nachbarn verspeist. Wenn sie zum Haus hineinsehen, können sie Großvater sehen, wie er mit einem Krimi auf dem Klo sitzt und sich offensichtlich gar nicht so unwohl fühlt. Nellie findet das Fernglas sehr praktisch und es soll einen festen Platz im Baumhaus bekommen.

Als sie erst einmal genug gesehen haben, lehnen sie sich auf ihrem Sofakissen zurück, essen Kekse und erzählen sich Geschichten. Großmutter erzählt von Nellies Vater, der, als er noch zur Schule ging, einmal zwölf Himbeertörtchen aus der Speisekammer gestohlen hat. Seitdem hat die Großmutter immer ihren frisch gebackenen Kuchen versteckt, wenn Nellies Vater in der Nähe war. Nur die Himbeertörtchen brauchte sie nicht zu verstecken, die mochte er nicht mehr, seit er sich daran überfressen hatte.

Nellie erzählt Großmutter von ihrem Weg zum Kindergarten, in den sie geht. Oma will alles ganz genau wissen. So erzählt Nellie von den neuen Regensachen und der Brotdose, bis Großmutter sich sehr gut vorstellen kann, wie schön es ist, mit einem neuen Regenschirm und Gummistiefeln durch die größten Pfützen in den Kindergarten zu gehen.

Bei all dem Geschichtenerzählen merken die beiden überhaupt nicht, wie spät es schon geworden ist. Bis Großmutter noch einmal mit dem Fernglas auf die Kirchturmuhr sieht. Sie beschließen hinunterzusteigen. Großvater fragt sich bestimmt schon, wo seine Familie abgeblieben ist. Nellie geht vor und ist ruck, zuck unten. Aber Großmutter ist auf einmal ganz weiß im Gesicht und sieht plötzlich sehr unglücklich aus. Sie sitzt oben auf der Leiter und hat keine Ahnung, wie sie wieder runterkommen soll. Sie probiert es vorwärts und rückwärts, aber es sieht irgendwie immer falsch aus. Außerdem behauptet sie, die Leiter sei vorher nicht so hoch gewesen. Schließlich läuft Nellie zu Großvater und erzählt ihm von Großmutter, die im Baumhaus feststeckt.

Großvater möchte helfen, aber jedes Mal, wenn er unter dem Baum steht, muss er schnell zur Toilette laufen. Schließlich ruft er seinen Freund Heinrich an. Heinrich freut sich immer, wenn er helfen kann. Er verspricht Großvater, sich sofort ins Auto zu setzen und so schnell wie möglich vorbeizukommen. Und tatsächlich! Nellie ist gerade wieder zum Baumhaus gelaufen, um Großmutter Bescheid zu geben, als sie schon Heinrichs Auto die Straße raufkommen sieht.

Heinrich fährt ein Stück durch den Garten und Oma schimpft ein bisschen, weil er dabei durch eines der Gemüsebeete fährt. Aber nur ganz leise, schließlich ist er gekommen, um ihr vom Baum herunterzuhelfen. Heinrich steigt die Leiter hinauf und zeigt Großmutter, wie sie herunterklettern soll. Während Großmutter vorsichtig Sprosse für Sprosse absteigt, steht er dicht hinter ihr, damit sie nicht abrutschen kann. Ganz sicher kommt Großmutter so zurück auf den Boden. Kaum unten, bedankt sie sich bei Heinrich und lädt ihn zum Abendessen ein. Sie nimmt ihren Stock vom Ast, geht in die Küche und macht belegte Brote und Früchtebowle für alle.

Nellie zeigt Heinrich ihr Baumhaus, bis sie Großmutter aus der Küche rufen hören. Heinrich hilft, ein Tablett mit in den Garten zu tragen. Nur Großvater bekommt Zwieback und Fencheltee ans Bett, worüber er sich ein bisschen ärgert. Aber er bekommt auch einen Kuss von Großmutter und darüber freut er sich dann wieder. Außerdem ist er sehr froh, seine Frau wiederzuhaben.

Dann sitzen sie alle, außer Großvater, im Garten und essen Abendbrot. Nellie findet den Tag rundum gelungen und sehr spannend. Am liebsten wäre es ihr, wenn Großmutter gleich morgen wieder zum Kaffeetrinken und Geschichtenerzählen ins Baumhaus käme. Nur Großmutter findet die Idee nicht so gut. Sie möchte ihren Kaffee lieber wieder auf der Gartenbank trinken. Aber Heinrich verspricht, vorbeizukommen und Nellie auf ihrem Ausguck zu besuchen.

Sie sitzen noch lange und es wird schon dunkel, als Großvater, dem es ein bisschen besser geht, auch noch herauskommt, um sich zu ihnen zu setzen. Nellie schläft nach einer Weile in eine Decke gewickelt zwischen Großmutter und Großvater ein. Die drei Erwachsenen sehen dem aufgehenden Mond zu und unterhalten sich leise über Baumhäuser, in denen sie gespielt haben, als sie noch Kinder waren, und über ihre steifen Knochen.

Julia Kaergel

Margaret Klare
Der Rollstuhl

Michaela sollte in die Schule kommen.
Vorher musst du aber lernen, alleine mit deinem Rollstuhl zu fahren, sagte die Mutter.
Michaela wollte nicht. Weil sie den Rollstuhl hasste. Weil sie gehen wollte, auf ihren Beinen stehen. Oder wenigstens ihr Wägelchen wiederhaben. Darin war sie immer gefahren worden, seit sie nicht mehr laufen konnte. Jetzt wurde sie in den Rollstuhl gesetzt und sollte sich auch noch selber schieben! Nein, sie wollte nicht.
Da wurde sie verschickt: in ein Heim für behinderte Kinder. Sie sollte sich erholen, sechs Wochen lang, sagten die Eltern. Und sie sollte andere behinderte Kinder kennen lernen. Kinder, die auch im Rollstuhl saßen und sich selber fuhren.
Drei Wochen lang weinte sie jede Nacht, wollte nichts essen und wurde noch dünner als sie schon war. Wenn die Betreuer sie in ihren Rollstuhl setzten, schloss sie die Hände zu Fäusten und rührte sich nicht vom Fleck. Sie dachte an ihr Sportwägelchen, das plötzlich verschwunden war. An seiner Stelle hatte eines Tages der Rollstuhl gestanden. Du bist jetzt wirklich groß genug, hatten sie gesagt. Aber Michaela wollte nicht. Der Rollstuhl machte alles so deutlich!
Die Zeit im Heim kroch wie eine Schnecke.
Einmal machte die ganze Gruppe einen Ausflug. Wer es schaffte, fuhr alleine in seinem Rollstuhl. Manche hatten einen kleinen Motor. Michaela ließ sich schieben. Sie wäre lieber im Heim geblieben. Aber sie musste mit.
Sie fuhren auf einer asphaltierten Landstraße und waren schon weit weg vom Ort. Da schütteten sich plötzlich schwarze Wolken aus. Im Nu stand die Straße unter Wasser. Alle versuchten, schnell wegzukommen. Einer von den kleinsten Jungen rutschte wie auf einer Eisbahn mit seinem Rollstuhl an den Straßenrand und kippte die niedrige Böschung hinunter. Alle Betreuer eilten ihm sofort zu Hilfe. So stand Michaela plötzlich alleine da. Sie sah das Wasser, sah, wie die anderen mit ihren

Rollstühlen flitzten und wurde von Angst gepackt. Ich kann mich nicht retten! schrie es in ihrem Kopf. Und ihre Hände griffen wie von selbst nach den metallenen Reifen vor den Rädern. Aber die standen wie festgewachsen. Die Bremsen! dachte Michaela. Ich muss die Bremsen lösen! Rechter Hebel, linker Hebel. Da fuhr der Rollstuhl. Michaela drehte die Reifen, so schnell sie konnte, rollte weiter und weiter, hinter den anderen her. Ganz allein, mit der Kraft ihrer Arme. Eine der Betreuerinnen holte sie ein und fasste die Griffe des Rollstuhls. Ich kann! schrie Michaela in den Platzregen hinein. Ich kann alleine! Und fuhr ihr davon. Alle kamen pitschnass im Heim an.
Das war ein Abenteuer!
Besonders für dich! sagte die Betreuerin zu Michaela. Jetzt kannst du endlich laufen – auf Rädern. Das musst du deinen Eltern zeigen. Wenn du willst, können sie dich Sonntag besuchen.
Michaela drehte ihren Rollstuhl um die eigene Achse und fuhr los, als wollte sie nie mehr still stehen.
Die letzten drei Wochen im Heim waren wunderbar.
Und danach kam sie in die Schule.

Erwin Grosche

Das Fremde

Das Fremde bleibt so lange fremd
bis es begrüßt berührt bekennt:
Ich hab dich gern, du hast mich gern
wir leben auf dem gleichen Stern

Das Fremde bleibt so lange fremd
bis es begrüßt berührt bekennt:
Du bist nicht fremd, du bist vertraut
Gefühle werden aufgetaut

Das Fremde bleibt so lange fremd
bis es begrüßt berührt bekennt:
Das Anderssein ist interesssant
Probieren wir's, nimm meine Hand!

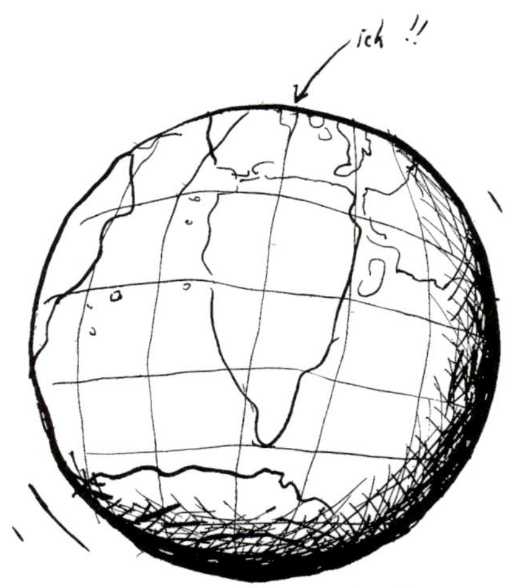

Jutta Bauer

Angelika Ehret
So fern, so nah

Ein Taschenbuch, ein schmales Bändchen, das unauffällig zwischen den anderen Taschenbüchern stand. Sein Titel so märchenhaft klingend: *Ich bin ein Stern**. Gekauft, eingepackt, mit nach Hause genommen. Noch am gleichen Abend zu lesen begonnen.

Das Wiedererkennen ist ein Schock. Das Dorf, in dem das kleine Mädchen geboren wurde und einen Teil der Kindheit verbracht hat, bevor es ins KZ geschickt wurde, liegt nur wenige Kilometer vom eigenen Wohnort entfernt. Der eigene Ehemann ist ebenfalls dort geboren und zur Schule gegangen. Die Straßen, die Häuser, die Leute, man kennt sie, man ist schon hundertmal dort gewesen, wenn man die Schwiegereltern besucht hat, über den Weihnachtsmarkt geschlendert ist, zum Essen ausging. Und jetzt diese Geschichte, die von diesem Ort aus nach Theresienstadt ins KZ führt.

Spurensuche. Langsam durch die Straßen gegangen, in der Hoffnung, das Haus wieder zu finden, in dem das kleine Mädchen mit seiner Familie gelebt hat. Dabei immer wieder auf das Schwarzweißfoto im Buch gestarrt. Einige ältere Leute, denen man unterwegs begegnete, konnten weiterhelfen. Schließlich der Augenblick, in dem man weiß, hier in dieser Straße muss es sein. Und dieses Wiedererkennen macht traurig.

Draußen vor dem Dorf der jüdische Friedhof. Kniehohes, regennasses Gras, schiefe, graue Grabsteine, die mit Moos bewachsen sind. Kein stiller Ort, nur wenige Meter entfernt rauschen die Autos vorbei.

Mitten im Dorf die Synagoge, erst vor wenigen Jahren renoviert. Vergeblich an der Tür gerüttelt. Sie ist fest verschlossen, damit nichts zerstört oder beschädigt werden kann. Wenn schon die Menschen nicht mehr da sind, soll wenigstens das Gebäude an sie erinnern. Umgekehrt wäre es besser.

**Dieses Taschenbuch gibt es:*
»Ich bin ein Stern« von Inge Auerbacher
Gulliver Taschenbuch 78136

Christine Brand

Frederike Frei

Wolpertinger und Liebe

Liebst du michel
lieb ich dichel
ganz sichel
inniglichel

Kleine Stichel
mag ich nichel
Komm mir ja nicht
auf die Schlichel

Im Geringel
und Gerangel
macht der Schlingel
mit der Schlangel

Wolpertingeltangel.

Hanna Johansen

Das Vierhornschaf

Das Vierhornschaf kannst du vergessen,
das wühlt im Gras, als wär es blind.
Du denkst vielleicht, es wär am Fressen?
Es sucht und sucht und sucht, mein Kind.
Sechs Hörner hat es einst besessen
und weiß nicht, wo die andern sind.

Peter Jepsen

Dieses kleine Gedicht

kann dir
den Kopf verdrehen:
ich

liebe dich.

Ingrid Huber
Daniel & *Daniel*

***Daniel** war im Zoo.*
Er hat viele Tiere gesehen. Elefanten und Nashörner, Schlangen und Löwen, Strauße und Eisbären, Robben und Giraffen, Affen und Hängebauchschweine, Papageien und Krokodile, Zebras und Wölfe, Dromedare und Antilopen, Tiger und Rotfeuerfische zählt er auf.

Daniel war auch im Zoo.
Er hat lange die Eisbären beobachtet. Er weiß nun, wie sie schwimmen und ahmt ihre Bewegungen nach. Er hat zugeguckt, was sie zum Fressen bekommen und gehört, wie sie vorher gebrüllt haben.
Vom Zoowärter hat er sogar ihre Namen erfragt, erzählt er.

Jürg Schubiger
Lore

In Hamburg lebte ein Mädchen, das Lore hieß, das an einem späten Nachmittag im Regen auf einer Brücke mit seiner Schultasche zur Klavierstunde unterwegs war und über dies und jenes nachdachte. Um noch besser nachdenken zu können, stand Lore still. Und an das nasse Geländer gelehnt, dachte sie: Hier stehe ich also, an diesem späten Nachmittag, auf dem Weg zur Klavierstunde, hier auf dieser Brücke und mit meiner Schultasche und im Regen, der auf Hamburg fällt: ich, ein Mädchen mit dem schönen Namen Lore, das nachdenkt über dies und jenes. Ja, sagte Lore im Weitergehen zu sich selbst, so ist es.
Ein Mädchen, sagt Lore später zur Klavierlehrerin, ein Mädchen kann nass werden, wenn es regnet. Sein Name dagegen bleibt trocken.

Axel Scheffler

Günter Ullmann
Staune

dass du bist
erlebe die welt
als wunder
jedes blatt hat sein
geheimnis
jeder grashalm bleibt ein
rätsel

verlerne das staunen nicht
wenn man dir eintrichtert
wie normal und
einfach alles ist

Jürg Schubiger

Ein Bärenjahr

Der Winterschlaf ist so lang wie der Winter. Und der Winter ist endlos. Seit November hatte ich den jungen Bären nicht mehr gesehen. Ich fragte mich manchmal, wozu ich eigentlich wach war. Und manchmal fragte ich mich natürlich auch nicht, an Weihnachten beispielsweise.

Der erste warme Tag war Anfang März. Ich ging zu den Bären hinauf und klopfte. Niemand kam. Aber ich hörte schnauben und scharren. Die Bären ließen sich Zeit mit Erwachen.

Als ich das nächste Mal klopfte, zwei Tage später, roch es schon nach Kaffee. Der junge Bär, der mit mir zur Schule ging, wenn er nicht schlief, machte die Tür auf.
Herein, sagte er und zeigte auf seine Familie: Das ist meine Großmutter, das ist meine Mutter, das ist mein Vater.
Die Bären saßen beim Frühstück. Guten Morgen, bellten sie. Über den Winter schienen sie vergessen zu haben, dass wir uns kannten.
Und ich? fragte die kleine Bärin, die unter dem Tisch lag und von einem Tischbein zum anderen rollte.
Das ist meine Schwester, sagte der junge Bär.
Und das ist unser Frühstückstisch, rief die Großmutter.
Freut mich, sagte ich.
Wir freuen uns auch, gab die Mutter zurück.

Der junge Bär bot mir einen Stuhl und einen Teller an. Ich setzte mich und aß mit. Ich schmatzte ebenso laut wie die Bären. Nun, fragte ich mit vollem Mund, wie ist denn der Winter gewesen?
Stockfinster, brummte die Mutter.
Wir hatten halt die Augen geschlossen, sagte der junge Bär, die Schnauze im Teller, mit einem Blick nach meiner Seite hin.
Was soll das heißen? fragte die Mutter.
Nicht der Winter ist dunkel, soll das heißen, sondern der Schlaf, erklärte der junge Bär.
Unter dem Tisch herauf kam die Stimme der kleinen Bärin:
Der Winterschlaf, der Winterschlaf.
Sie probierte das Wort ein paar Mal aus.
Die Großmutter hob die schwarze Nase und sang:
Das Winterschaf, das Winterschaf
blökt drüben unterm Weißdornstrauch …

Die Mutter wandte sich zu mir: Und was macht die Schule?
Wie immer, antwortete ich.
Der Vater, der selber nie zur Schule gegangen war, wusste Bescheid: Da ist der Lehrer, der erzählt. Und dann fragt er die Schüler nach dem, was er eben erzählt hat, und die Schüler erzählen es ihm zurück.
Der junge Bär und ich lachten.
Ich hatte die Schulsachen bei mir, Bücher und Hefte und einen Umschlag mit Arbeitsblättern. So konne ich dem jungen Bären zeigen, was wir im Winter durchgenommen hatten. Es war nicht viel. Die Zwölferreihe, ein paar schwierige Wörter, zum Beispiel den Unterschied zwischen Bären und Beeren, dann etwas über den Schnee und etwas über Tiere und wie sie den Winter verbringen.

Der junge Bär, der alles sofort und genau wissen wollte, machte mit seiner Schnauze einen großen Fleck auf das Arbeitsblatt *Zugvögel.*
Ich habe vom Schnee geträumt, sagte er.
Was denn? fragte die Großmutter.
Dass er alles zudeckt.
Die Großmutter rief:
Das tut er, das tut er. Der Schnee ist ein weißes Fell!
Ich nahm ein Blatt aus dem Ordner und las vor: »Der Braunbär. Er ist das schwerste Raubtier Europas. Er wiegt zwischen 150 und 250 Kilogramm. Besonders kräftige Exemplare können ein Gewicht von 350 Kilogramm erreichen. Die Länge des ausgewachsenen Bären beträgt zwei

Meter und mehr. Während der Winterruhe sinkt seine Körperwärme und sein Herz schlägt langsamer.«
Wunderbar, brummte der Vater, wunderbar.
Die Mutter nickte langsam.
Der junge Bär sagte: Das alles habe ich verschlafen!
Der Braunbär, wiederholte der Vater, das schwerste Raubtier Europas!
Ich las weiter: »Der Bär hat einen schaukelnden Gang. Er ist ein Passgänger, wie das Kamel.«
Die Mutter schnaubte. Der Vergleich mit dem Kamel gefiel ihr nicht.
Der Vater fing an in der Höhle herumzugehen und der junge Bär folgte ihm.
Sie probierten den Passgang aus, zwei rechts, zwei links, doch irgendwie kamen die Beine ihnen dabei in die Quere. Um das Gleichgewicht wiederzufinden, setzten sie sich auf die zottigen Hinterteile. Sie schauten der kleinen Bärin zu, die in einem schönen, runden Passgang auf sie zukam.
Und ich? fragte sie.

Bei meinem nächsten Besuch, es war ein Sonntag vor den Sommerferien, fand ich die Bären im Freien.
Guten Tag, grüßte ich.
Wir freuen uns über deinen Besuch, junger Mensch, sagte die Mutter und lachte mit allen Zähnen.
Die Großmutter sang:
Ein junger Mensch, ein junges Tier,
die liefen durch den Morgen hier,
der eine kreuz, der andere quer,
der eine hatte ein Gewehr,
der andere war ein junger Bär.

Die Mutter summte und brummte mit. Und plötzlich fragte sie mich: Haben wir uns schon getroffen? Du riechst wie ein Mitschüler des jungen Bären. Ein kluger Bursche, muss ich schon sagen.
Aber er ist es doch selber, murrte der junge Bär.
Die Mutter schaute mich an: Das hab ich mir gleich gedacht.

Ich hatte der kleinen Bärin ein Geschenk mitgebracht: eine Puppe mit einem roten Röckchen und winzigen, schwarzen Schuhen. Die kleine Bärin, dachte ich, würde eine Menschenpuppe mögen, wie ich meinen Teddybären mochte. Ob sie sie mag, weiß ich bis heute nicht sicher. Sie streckte beide Tatzen aus, packte die Puppe, roch daran und trug sie weg.
Nach einer Weile kam sie ohne die Puppe zurück.
Sie hat das Ding wohl vergraben, sagte der Vater.
Wir saßen im Schatten am Rand eines Hügels und schauten hinaus. Eine Wolke, hoch oben, wurde dünner und dünner. Sie löste sich im blauen Himmel wie in Wasser auf. Unten fuhren die Autos hintereinander her. Ihre Fenster blitzten.
Was gibt's Neues? erkundigte ich mich, da mir nichts Besseres einfiel.
Der Vater zeigte mit der gestreckten Tatze hinaus: Zum Beispiel die Sonne, sagte er.
Die Sonne? fragte ich.
Der junge Bär sagte: Die ist doch gestern, vorgestern schon da gewesen, immer bei schönem Wetter.
Ja. Und? Die Stimme der Mutter grunzte ein wenig.
Was öfter geschieht, kann nicht jedes Mal neu sein, erklärte der junge

Bär. Die Sonne ist heute nicht neu, weil sie nämlich etwas vom Ältesten ist, was es gibt. Ist doch logisch.
Der Vater nickte. Die Mutter nickte nicht. Hast du das in der Schule gelernt? fragte sie.
Die Großmutter sang:
Neu und alt,
heiß und kalt,
weiß und schwarz,
Honig und Harz.
Der Vater hatte nachgedacht. Er sagte: Wir nennen die Dinge eben auch dann neu, wenn sie *wie* neu sind. Die Sonne ist heute wie neu, junger Bär. Auch dein Freund ist wie neu.
Die Sonne ist heute viel neuer als sonst! rief die Mutter.
Die kleine Bärin hatte die Puppe zwischen den Zähnen herumgetragen und sie schließlich auf ein Graspolster gelegt. Und ich? fragte sie.
Du auch, sagte die Mutter. Und zu uns: Ist sie etwa nicht neu?

Die kleine Bärin blieb neben ihrer Puppe sitzen, schaute sie aber nicht an. Vielleicht fürchtete sie sich vor ihr oder sie war böse auf sie. Einmal wandte sie ihr doch den Kopf zu und fragte: Warum sagst du nichts? und gab mit einer hohen Puppenstimme gleich auch die Antwort: Weil ich noch klein bin. Dann beendete sie das Gespräch mit ihrer eigenen Stimme: Na also.
Ich machte ein Foto von der ganzen Familie.

Mein letzter Besuch war im Herbst. Ich habe die Bären seither noch nicht wieder gesehen. Wir saßen am Eingang der Höhle. Die dürren Blätter wehten in Schwärmen vorbei.
Ich habe vom Schnee geträumt, sagte der junge Bär.
Was denn? fragte die Großmutter.
Dass er fiel und fiel, mehr ist mir nicht geblieben.
Ist doch die Hauptsache, bellte die Großmutter.
Der Vater sagte: Der Schnee ist weiß. Das gehört auch dazu. Weiß. Er gähnte.
Schneeweiß, bestätigte die Mutter, weil der Winter stockfinster ist.
Und ich? fragte die kleine Bärin.
Du nicht, sagte der junge Bär.
Die kleine Bärin stellte sich auf die Hinterbeine.
Du bist schön braun, tröstete der Vater.
Die kleine Bärin, die eigentlich nicht mehr so klein war, schnaubte: Ich will aber nicht schön braun sein.
Wir sind alle schön braun, sagte die Mutter.
Und die Großmutter: Schafe sind weiß. Sie sang:
Das Winterschaf, das Winterschaf
blökt drüben unterm Weißdornstrauch,
das Sommerschaf, das Sommerschaf blökt auch,
und zwar in meinem Bauch.
Die Großmutter seufzte im schweren Fett, das sie sich angefressen hatte. Neben ihr saß die kleine Bärin und neben der kleinen Bärin saß die Puppe – ohne ihre schwarzen Schuhe, mit bloßen Füßen. Auch das Röckchen fehlte. Sie war am ganzen Körper jetzt so dunkelbraun wie eine Bärin. Das Weiß ihrer Augen glänzte noch. Ich machte ein Foto.
Wir schwiegen.
Was werde ich diesmal verschlafen? fragte der junge Bär. Er dachte an den langen Winter. Ich auch. Er war traurig. Das Traurigsein gehört bei den Bären zur Müdigkeit vor dem Winterschlaf. Bei den Menschen gehört es zum Abschied.
Ich werde dir alles erzählen, sagte ich, alles zeigen, alles erklären, wenn du wieder wach bist.

Vielleicht lernt ihr etwas über das Leben der Fische unter dem Eis, sagte die Mutter.
Der Vater sagte: Oder ihr redet über das Leben der Menschen, die im Winter wach bleiben, damit sie den St. Nikolaus nicht verpassen. Damit sie Skifahren können.
Die Menschen machen Lärm, sagte die Mutter. Manche von ihnen riechen komisch, die übrigen stinken. Sie fahren in Autos herum und in Eisenbahnen. Sie denken, rasch sei besser als langsam.
Und wenn sie gehen, sagte der Vater, dann immer auf den beiden hinteren Beinen, die vorderen, mit denen sie schlenkern, nennen sie Arme. Sie stellen Gegenstände her, die ihnen zu etwas nützen, und sie leben auch mitten in solchen Gegenständen, als gehörten die zur Familie. Der Vater kratzte sich lange. Die Menschen können ihr Fell ausziehen und mit Kleidern vertauschen, fuhr er fort. Sie mögen den Bienenhonig – wie wir auch. Sie mögen den Salat – wie wir auch. Wir haben ihn lieber mit Schnecken.
Pause. Dann sagte die Mutter noch: Die Menschen stecken ihre kurzen Nasen in alle fremden Angelegenheiten.

Die Bären schlafen nun schon seit dreiundsechzig Tagen. Ich habe ein Foto neben meinem Bett, auf dem die ganze Familie zu sehen ist. Zehn Bärenaugen schauen mich an – die Augen der Puppe nicht mitgerechnet. Für zwei Menschenaugen ist das fast zu viel.

Bilder von Axel Scheffler

Hanna Johansen

Vier Träume für Anfänger

Vom Löwen, der mich nicht fressen wollte

Im Traum sind Löwen meist allein.
Sie schauen in mein Zelt herein.
Sie schnurren, blinzeln, schlafen ein.

»Wach auf, wenn du ein Löwe bist!
Ich will jetzt wissen, wie es ist,
wenn mich ein echter Löwe frisst!«

Zupf ich ihn an der Mähne,
bleckt er die weißen Zähne.
»Sei still«, knurrt er, »ich gähne.«

Der Mäusetraum

Der Mäusetraum ist ein ganz schlimmer.
Sie kommen Stück für Stück ins Zimmer,
erst eine, zwei, dann vier, dann acht,
bis es zweisechsundfünfzig macht.
Wenn's tausendvierundzwanzig sind,
dann ist die Bude voll, mein Kind.

Tapire

Leider kann man von Tapiren
nicht träumen wie von andern Tieren,
sie sind nicht süß, sie sind nicht böse
und fressen, sagt ein Schild, Gemöse.

Faultiere

Dann möchtest du vom Faultier träumen?
Das ist ganz leicht zu machen.
Faultiere hängen in den Bäumen
und finden dich zum Lachen.

V. Ballhaus

»Countdown to Africa« *M. M. Than*

Walther Petri

Sehnsucht

Sehnsucht kommt von sehn
und suchen
Sehnsucht kommt von ganz allein
wer schon will die ganze Zeit
nur mit sich zusammen sein

Ortfried Pörsel
Auf Platte

»Die Nacht wird saukalt«,
sagt Icke.
In der Zugluft der Bahnhofspassage
baut er sich eine Schlafkammer.
Das Material dafür
hat er zusammengetragen:
Kartons, Stühle,
eine alte Tafel.

Die Tafel stellt er
zum Schutz gegen die Zugluft auf,
die Stühle als Ecken,
die Kartons aufgefaltet als Wände.

Innen auf dem Boden
die Isoliermatte,
sechs alte Decken
und sein Schlafsack.

In den kriecht er hinein,
zieht ihn bis oben zu,
die Kapuze über den Kopf,
vorher noch die Decken,
drunter und drüber.

Die Reisenden hasten vorbei,
schütteln den Kopf,
falls sie Icke überhaupt bemerken.

Da tippt ihm einer auf die Schulter.
Die Johanniter sind wieder gekommen.
»Willst du nicht mitkommen?«
fragt er.
»Es werden 14 Grad minus
heute Nacht.«

Icke schüttelt den Kopf:
»Nee«, sagt er.
»Dahin nich.
Da klaun se mir allet,
wat nich niet- und najelfest is.
Da muss ick nachts de Schuhe
annajeln. Icke bleibt hier.«

Sie geben ihm heißen Tee
und belegtes Brot.
Er schlürft und wärmt
daran seine steifen Finger.
Dann zieht er sich
in seinen Schlafsack zurück.

»Das ist Icke«,
sagt Andreas von den Johannitern,
als sie sich entfernen.
»Der hat auch schon
bessere Zeiten gesehen.
Zuerst hat er die Arbeit verloren,
dann ist ihm die Frau weggelaufen.
Alkoholprobleme.
Kein Geld – keine Wohnung.
Wie das so geht.
Seit sechs Jahren auf Platte.

Und morgen bettelt er wieder
mit seinem Pappschild.
Auf dem steht:
›Icke
obdachlos
bittet um eine Spende‹.
Manchmal frag ich mich,
was den noch am Leben hält.«

Brigitte Schär
Wasser

Ich trinke das Wasser hastig,
weil ich durstig bin.
Du hast es mir
in einem Glas hingestellt.
Zuvor hast du es
von weit hergetragen,
so jedenfalls siehst du aus,
schmutzig und zerlumpt.
Wir haben doch Wasserhahnen,
sage ich.
Du schaust mich nur
lange und stumm an.
Ich trink das Wasser,
es ist ein seltsames Wasser,
ganz anders als das
aus der Leitung bei uns.
Sag schon, sag ich,
woher hast du es?
Du schüttelst nur stumm den Kopf,
atmest schwer.
Und wenn es vergiftet ist?
fällt es mir ein.
Du schaust mich traurig an
und schüttelst wieder den Kopf.
Nein, so schmeckt
kein vergiftetes Wasser,
so rein und klar.
Fast ist mir, als könnte ich
alles schon mit
ganz anderen Augen sehen.
Da seh ich dich, wie du
das Wasser trägst, von weither,
aus einem fremden Land,
wo die Sonne immer brennt,
wo das Wasser sehr rar
und kostbar ist.
Du harrst an der Wasserstelle aus
bis dieses eine Glas
für mich endlich voll ist.
Danach trägst du es durch
die halbe Welt, her zu mir.
Ich sehe erst jetzt,
dass auch du sehr durstig bist.
Warum hast du denn nicht
die Hälfte getrunken? frage ich.
Du sagst nichts. Ich schenke dir
ein Glas Leitungswasser ein.
Du trinkst es.
Ich habe nicht das Gefühl,
dass wir nun quitt sind,
doch immerhin haben wir uns
gegenseitig
den größten Durst gestillt.

Irmela Wendt
Unser Panzerkommandeur

sieht Kinder spielen
unser Panzerkommandeur
Herr Eli Geva

sieht Kinder spielen
soll schießen auf ihre Stadt
sagt NEIN und geht heim

sucht neue Arbeit
pflanzt im Land junge Bäume
die blühen schon bald

So stand es in den Zeitungen: Oberst Eli Geva, Kommandeur einer Panzerbrigade, wurde aus der israelischen Armee verstoßen. Er hatte sich geweigert, einen Platz in Beirut unter Beschuss zu nehmen, auf dem er Kinder spielen sah.

Nebenstehende Bildtafel »Das Wasser« von Ludek Pesek

Cordula Tollmien
Ich weiß, wie das ist

Die Katze liegt in der Toreinfahrt auf der Seite. Nur dass es viel zu kalt ist zum Sonnen. Und dass ein roter Blutfaden aus ihrer Schnauze läuft und im schmutzigen Schnee versickert.
Sie fühlt sich noch ganz warm an und weich wie immer. Nur dass sie den Kopf nicht hebt und nicht anfängt zu schnurren, auch wenn man sie noch so lange streichelt.
Weinen wegen einer toten Katze?! Wo es doch so viele Katzen gibt. Viel zu viele!
»Ich weiß, wie das ist«, sagt ein Kind, das lange nur dagestanden und nichts gesagt hat, während die anderen geschrien haben: »Guckt mal, guckt mal! Ne tote Katze!«
»Ich weiß, wie das ist«, sagt das Kind. »Meine Katze ist auch überfahren worden.« Und geht.

Brigitte Schär
Wenn ich einmal nicht mehr

Wenn ich einmal nicht mehr
in dieser Stadt wohne
wo wird es dann sein?
In was für Wohnungen
von was für Leuten
werde ich dann wohl
von meinem Fenster aus sehen?
Was für Menschen werden mich
auf der Straße begrüßen
und mich fragen,
wie es mir geht?

Wenn ich einmal nicht mehr
zur Schule gehe,
wohin gehe ich dann jeden Tag?
Werde ich eine Arbeit haben
die ich gerne tue oder
fürchte ich mich vor jedem Tag?

Wenn ich meine Eltern einmal
nicht mehr so brauche wie jetzt,
weil auch ich erwachsen geworden bin,
was brauche ich dann?

Wenn einmal alles nicht mehr
so ist, wie es jetzt ist,
wer bin ich dann?

V. Ballhaus

Margaret Klare
Katz und Maus

Es träumte eine kleine Maus
einmal am hellen Tag,
dass neben ihr im Mäusehaus
die böse Katze lag.
Doch war die Katz in ihrem Traum
ein Kätzlein, klein und brav.
Die Maus, die konnt es glauben kam
und freute sich im Schlaf.
Sie nahm das Kätzchen auf den Schoß;
es hat sich nicht gewehrt.
Die Maus erwacht: Der Schreck ist groß
und alles umgekehrt.

Jutta Bauer

Jürg Schubiger
Gleich und ungleich

Erst knurrt mein Hund,
dann knurrt mein Bauch.
Mein Herz schlägt laut,
die Wanduhr auch.

Mein Bruder brüllt.
Ich schreie: Nein!
Ich bin ein Mensch,
er ist ein Schwein.

Lino Fastnacht

Peter Jepsen
Das Leben

V. Ballhaus

Fischereiten
Goldregnen Silberhändeln
Lerchenschieben Lappenfeuchten
Sternweisen Nächtekugeln
Brückenbiegen Sonnensingen
Träumetöten Turmbluten
Schnauzenpressen Kerzenschlingen
Fingernesteln Bronzeschlürfen
Zapfenwachsen Augentauchen
Zähnepinseln Ohrengolden
Bergefurchen

Uta Mauersberger
Spiel

Ein Vogel spricht
zum anderen:

He, wollen wir
Löwe spielen?

Ja, ich brülle.
Und du schüttelst
die Mähne.

Helga Glantschnig
Meerschwein und Meerschwein

Mehr, mehr! ruft das Meerschwein.
Was willst du mehr? Mehr Moos?
Mehr Mus? Mehr Mut? Mehr Mann?
Jaja, mehr Mann will ich. Komm
her! Sonst treib ich dich ins
Meer. Ab jetzt bekommst du mehr.
Mehr Schwein und auch mehr Meer.
Sehr sogar, sehr viel meeehhhrr!

Erwin Grosche
Wichtige Märchenadressen

1 Familie Geislein
Im Uhrenkasten 7
38444 Wolfsburg

2 Knusper Hexe
Lebkuchenstraße 2
71332 Waldhausen

3 Dornröschen
Schlafplatz 100
33100 Prinzenkussdorf

4 Tapfer Schneiderlein
Fliegenstraße 7
19055 Streichheim

5 Schneewittchen
Zwergenstraße 7
42719 Schwiegermuttersfort

Walther Petri
Alle Wörter

alle Wörter auf Erden
mussten erfunden werden
später geschah es
dass einer sie schrieb
wie sie entstanden
geheimnisvoll blieb

wer sprach etwas vor
was sprach sich herum
wie einigten sich die Leute
niemand kann das erklären
bis heute

Wolf Harranth
Die Katze

Die Katze weiß Bescheid. Sie gehört zum Haus wie der Herd, der Tisch und die Lampe. Sie weiß, wo es wohlig warm ist an kalten Tagen und wohlig kühl an heißen. Sie ist tollkühn oder gelassen nach Bedarf, unauffindbar oder allgegenwärtig nach eigenem Ratschluss. Ihr Tigerfell ist grau und schwarz, aber eigentlich von einem seltsam weichen Braun wie die langen weichen Bauchhaare, aber nur, wenn das Licht ihr auf die besondere Weise schmeichelt; und auf der Brust hat sie einen kleinen weißen Fleck.

Die Katze ist dreitausend Jahre alt und elf Jahre. Ein Katzenjahr, sagt man, gleicht sieben Menschenjahren. Wenn das so ist, hat die Katze der Großmutter und dem Großvater an Alter und Weisheit ein weniges voraus.

Die Katze ist beständig. Sie hat ihre eigene Art für jeden. Sie hat ihr eigenes Schnurren für die Großmutter, wenn die ihr Fleisch und Milch gibt, und ihren eigenen Gang für mich, in engen Kreisen, die an den Beinen reiben, bis ich mich ergebe, worauf sie stillhält und nur in stummer Mahnung mit dem Hinterteil sanft gegen meinen Fußknöchel drückt. Dann weiß ich, dass ich mich nach ihr bücken soll und jene bewusste Stelle kraulen, mit dem tastenden Mittelfinger, hinten zwischen den Ohren, wohin ihre Pfote nicht reicht. Und dem Großvater zeigt sie die Mäuse.

Die Katze ist unbeirrbar. Ich bin ihr Kind, die Großmutter ist ihr Mensch und der Großvater ist das gestrenge Wesen, dessen Autorität man achtet, mit nie verleugnetem und doch zugleich nie angreifbarem Widerspruch.

Der Großvater grüßt die Katze jedes Mal, wenn sie ins Haus kommt. Er grüßt sie, wie sich das gehört, sie nimmt es an in ihrer geschmeidigen Würde, aber sie ist unbestechlich und geht ihm trotzdem nicht zu. Ich glaube, ich weiß, warum und wofür die Katze den Großvater straft. Auch der Großvater ist beständig und unbeirrbar. Das hat seine Vorzüge, wenn es ums Haus geht und um die Arbeit und die Ordnung des

Tages und der Dinge. Jedoch gleichermaßen unbeirrbar ist der Großvater in einer einzigen Eigenart, die der Großmutter bloß gleichgültig ist, mir immer aufs Neue unbehaglich, der Katze hingegen in tiefster Seele zuwider.

Der Großvater steht am Morgen als Erster auf. Er steckt sich die Zähne in den Mund, er zieht sich die Hose über das Nachthemd, lässt aber die Hosenträger baumeln, er schlüpft in die Holzschuhe, er geht in die Stube, er geht zur Tür, er öffnet die Tür, er lässt die Katze ein, die draußen wartet, er grüßt sie und sagt, jeden Tag: »Und jetzt geh ich die Gänseblümchen gießen.«

Das ist es, was die Katze nicht mag, denn es ist gelogen. In Wahrheit geht der Großvater jetzt das Wasser abschlagen in der Latrine neben der Scheune.

Der Großvater hat die Türgewalt, daran lässt sich nichts ändern mit gurrendem Vorwurf oder maulender Klage. Aber dass er der Katze seine Macht zu spüren gibt mittels einer Lüge, das kann sie ihm nicht verzeihen.

»Und jetzt geh ich die Gänseblümchen gießen«, sagt er, laut, unüberhörbar, jeden Morgen. Und ich schäme mich für ihn und kann nicht recht verstehen, warum der liebe Gott dergleichen zulässt. Ich schäme mich auch dafür, dass ich daran denken muss, jeden Morgen, was der Großvater jetzt tut. Dass er die Hosenknöpfe aufmacht, wie ich meine Hosenknöpfe aufmache, wenn ich pinkeln muss, dass er sein Ding herausholt, wie ich mein Dingelchen herausholе, dass er dann brünzelt, wie auch ich dann brünzle, und das zwar in aller Verborgenheit zwischen den Bretterwänden der Latrine, aber im Angesicht Gottes, weil ich doch weiß, der liebe Gott sieht alles. Deshalb schäme ich mich jedes Mal, dem lieben Gott mein Dingelchen hinhalten zu müssen, und es ändert nichts daran, dass dem lieben Gott bestimmt auch bekannt ist, dass sich nicht pinkeln lässt, ohne mit dem Finger daran zu rühren, was der Herr Pfarrer eine Sünde nennt. Und darum geh ich auch immer heimlich hinaus, so heimlich wie möglich, und ich mache mich ganz klein, und ich hoffe recht stark, dass der liebe Gott jetzt anderswo hinschaut und mich ausnahmsweise nicht dabei sieht. Der Großvater aber sagt es laut und deutlich an jedem Morgen mit einer bösen Lüge gegen die Katze und den lieben Gott, und zumindest die Katze, glaube ich, kann ihm das nicht verzeihen. Und das ist der wahre Grund. Deshalb geht sie ihm nicht zu.

Der Großvater öffnet also der Katze die Tür und geht hinaus. Und die Katze stakst auf steifen Beinen in die Stube und hockt sich vor die Schlafzimmertür. Jeden Tag. So wartet sie auf ihren Menschen, die Vorderpfoten hoch und eng nebeneinander, den Rücken lang gesenkt, den Schwanz wie beiläufig dazugekringelt. Mit geradem Kopf und steilen Ohren wartet sie. Geduldig, jeden Tag. Bis die Großmutter aus dem Schlafzimmer kommt.

Die Großmutter grüßt die Katze nie. Sie wird von der Katze gegrüßt, mit einem leisen Seufzer ganz hinten aus der Kehle. Jeden Tag. Die Katze steht auf und dreht sich um, damit sich die Großmutter nach ihr bücken kann, ihr die Hände unter den Bauch schieben, sie hochheben, bequem und mühelos. Die Großmutter bückt sich, schiebt ihr die Hände unter den Bauch, hebt sie hoch, lässt die Katze hängen mit langem Leib und weit gestrecken Hinterbeinen, und die Pfotenballen werden genussvoll breit und spreizen sich und zeigen unbedrohlich die Krallen. Die Katze lehnt den Kopf in die Kinngrube der Großmutter, knickt sich dabei ein kühles Ohr ein und schnurrt. So geht die Großmutter mit der Katze zum Stubenfenster und zeigt ihr die Welt an diesem Morgen. Jeden Tag. Manchmal scheint die Sonne und manchmal ist es noch dunkel draußen im Winter, und manchmal regnet es und manchmal sitzt ein vorlauter Vogel im Hof und macht die Katze geckern vor Begierde.

Hinterher setzt die Großmutter die Katze auf den Boden, gibt ihr Fleisch und Milch, und dann kommt der Großvater in die Stube und setzt sich an den Tisch und die Großmutter gibt ihm Kaffee und Brot. Jeden Tag.

Die Großmutter stirbt so bescheiden wie sie gelebt hat. Am Abend schläft sie ein und in der Früh ist sie tot.

Es kommt viel Unruhe ins Haus. Die Katze bleibt verschwunden. Kerzen brennen, alte Weiber sitzen ums weiße Tuch, unter dem die

Großmutter verschwunden ist, bis auf die weißen Hände und das weiße Gesicht, und der Großvater steckt in einer krummen Joppe und knotet die Hände.

Dann gehen Leute herein und tragen die Großmutter fort und einen halben Nachmittag lang und einen langen Abend lang ist der Großvater erst mit mir und dem Dorf in der Kirche, hernach auf dem Friedhof und zuletzt im Goldenen Schwan, von wo mich die Nachbarin allein zurückbringt ins leere Haus und ins Bett.

Am nächsten Morgen steht der Großvater auf, steckt sich die Zähne in den Mund, zieht sich die Hose über das Nachthemd, lässt aber die Hosenträger baumeln, schlüpft in die Holzschuhe, geht in die Stube, geht zur Tür, öffnet die Tür, und draußen wartet die Katze. Der Großvater grüßt die Katze, bleibt aber in der Tür stehen, und die Katze stakst zwischen seinen Beinen in die Stube. Er dreht sich nach der Katze um, und weil er annimmt, dass sie sich nun vor die Schlafzimmertür hocken wird, ist ihm mit einem Mal die Kehle eng.

Die Katze aber, als wisse sie alles, verharrt mitten in der Stube, mit lang gesenktem Rücken, hoch auf den Vorderpfoten, den Kopf geradeaus, die Ohren spitz, den Schwanz beiläufig.

Der Großvater steht unschlüssig da, ehe er den ersten Schritt tut. Die Katze gewährt ihm geduldig Zeit. Erst als er mit seinen Holzschuhen vor ihr steht, hebt sie sich und dreht sich um, damit er ihr die Hände unter den Bauch schaufeln kann, bequem und mühelos.

Der Großvater trägt die Katze zum Stubenfenster und zeigt ihr die Welt. Dann setzt er die Katze auf den Boden und sagt: »Und jetzt …«

Da schaut die Katze ihn an und da sagt er nichts mehr. Stumm gibt er der Katze Fleisch und Milch, stumm geht er hinaus. Die Gänseblümchen gießen.

Skizze von Dorothea Göbel

2. *Kapitel*

Wolkenkratzen

Dieser WOLKENKRATZER ist für Dich. *Foto Rudelius*

Reinhold Ziegler

Missverstaendnis (0000101010011100)

MAN HAT MIR GESAGT
D0SS COMPUTER DIE MENSCHLICHE SPR0CHE
NICHT VERSTEHEN KOENNEN, UND DIE
EINZELNEN 1UCHST01EN
D0HER 0UGEN1LI0KLI0H IN Z0HLEN
VERW0N1ELN
0LL0R1INGS NUR IN 1I0 Z0HL0N 0 UN1 1
10NN 10S SIN1 1I0 0INZIG0N Z0HL0N
MIT 10N0N 0IN 0OMPUT0R UM00H0N 00NN
0S 10UNRU1I0T MI01
ZU 10N00N
10SS 1010S 00NZ0LN0 M00N0R WO0RT0R
ZU 00N0R 0N1LOS0N S01L0N00 VON
NU110RN UN1 00NS0RN W0R1
1010R 0010N00 0N
00T1000T0S010S
S001 010R 1001TS001 V0RW01101T W0R1
W0 1100101 10100
100 001U0110
W0 11001T 100
1101T0000
Z01101
0Y0100010001 00011101
W00110000 011 01W00110000
0110 0000011010
101001011011
00001011011
1011011
000 001 001001 10 00001 10110

Michèle Lemieux

Scheffler

Martin Auer

Abzählreim

Eins, zwei, drei, vier, sieben,
wo ist die Fünf geblieben?
Vielleicht hat sie die Sechs verschluckt,
wo die schon so verdächtig guckt!
Eins, zwei, drei, vier, acht.
Jetzt hat die Sechs die Sieben
auch noch umgebracht!

Max Huwyler
Warum die Vögel wegflogen

Eine Kuh sein, okei. Warum nicht. Wenn du eine Kuh bist und findest, du seist eine Kuh, dann kannst du zufrieden sein mit deinem Leben. Von Kühen sagt man, sie seien zufriedene Tiere. Das ist ja gut für die Kühe. Ich weiß aber von einer Kuh, die eines Tages plötzlich neugierig wurde. Sie wusste selber nicht warum. Auf der Zehner-Briefmarke der Schweizer Post ist diese Kuh abgebildet.

Man sieht doch, wie neugierig die Kuh in die Welt blickt. Das hat mit den beiden Vögeln zu tun. Ich habe mich immer gefragt, warum die beiden Vögel wegfliegen und warum es *zwei* Vögel sind und nicht drei oder vier, und warum diese Braunviehkuh so wach in die Welt blickt. Ich habe es inzwischen herausgefunden und will es euch erzählen. Also, das war so:

Die Vögel besuchten fast täglich die Kuh. Sie setzten sich jeweils auf die Hörner, einer links, einer rechts. (Jetzt ist bereits die Frage beantwortet, warum es zwei Vögel waren und nicht drei oder vier.)

Die Kuh hatte sich daran gewöhnt, sie hörte die beiden Vögel zwitschern, denn mehr als Gezwitscher war es für die Kuh nicht. Eines Tages aber hatte die Kuh ein sonderbares Erlebnis: Sie wollte nämlich die Vögel verstehen; sie wollte wissen, was sie sich zuriefen von Horn zu Horn. Jetzt war für die Kuh klar, dass sie Fremdsprachen lernen wollte, zuerst eine einfache, die leicht zu erlernen war. (Zu erklären, wie sie das machte, würde hier zu weit führen. Ich kann nur verraten, dass sie nachts von einer Eule unterrichtet wurde, das habe ich vom Esel vernommen.)

Die Kuh ließ sich lange nichts anmerken. Eines Morgens, als die beiden Vögel wieder auf den Kuhhörnern saßen und zwitscherten, wagte sie es zum ersten Mal, sie nicht mit dem gewohnten »Muh« zu begrüßen, sondern mit dem mit großer Mühe erworbenen »Miau«. – Jetzt wisst

ihr, was in der Sprechblase steht. »Warum fliegen die Vögel plötzlich weg?« fragte sich die Kuh.
Wir wissen das natürlich. Aber wie sollen wir das der Kuh erklären? Und der Uhu, der uns helfen könnte, ist so menschenscheu.

Hermann Schwenk

Hermann Schwenk
Der Gesichtermann

Dieser Mann konnte es sich jeden Tag aussuchen, wer er sein wollte. Er hatte viele Gesichter. Eins nach dem anderen hingen sie im Gesichterschrank; er nahm dieses oder das.
Das ging sehr lange so. Aber dann, irgendwann, hat er sich gar nicht mehr ausgekannt: Welcher war er nun wirklich?
»Ich! Ich! Ich!«, riefen die Gesichter durcheinander. »Ich! Ich!«
Doch weil er keinem von ihnen mehr glauben konnte, machte er den Gesichterschrank zu und schloss ab. Den Schlüssel hat er weggeworfen.

Inge Meyer-Dietrich

Traumbuch

Ich wollte schon immer ein Vogel sein.
Gestern im Traum bin ich einer gewesen.
Ich saß im höchsten Buchenbaum
und habe – was sonst? – ein Buch gelesen.

Es war ein Buch nach Vogelart,
mal federleicht mal flügelschwer.
Ich flog mit ihm im Traum davon
und wollte immer mehr!

Als dann der Traum zu Ende war,
bin ich kein Vogel mehr gewesen.
Geflogen bin ich immer noch.
Ich hab einfach weiter gelesen.

Erwin Grosche

Eine Warnung an alle Autofahrer

Achtung, Achtung.
Auf der Bundesstraße 1
in Richtung Soest nach Paderborn
kommen Ihnen auf der linken Fahrspur
37 Elefanten
3 Seehunde
12 Pferde
4 Löwen
3 Clowns
und ein Zirkusdirektor
entgegen.

Fahren Sie äußerst rechts
und warnen Sie
den entgegenkommenden Zirkus
durch deutliche Lichtsignale.

Alfons Schweiggert

Scherenspiel

Schere auf!
Da kommt ein Mann.

Schere zu!
Mit Brille an.

Schere rum!
Hier fährt ein Rad.

Schere links!
'ne Frau turnt grad.

Schere schräg!
Ein Eseltier.

Schere hoch!
Giraffe hier.

Schere rechts!
Ein Krokodil.

Aus ist nun
das Scherenspiel.

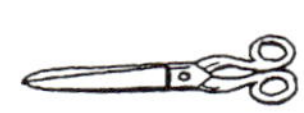

Max Kruse

Fischwunder

»Ich geh zu Tisch«,
spricht der Fisch.
Seltsam ist er anzusehn:
Selten können Fische gehn.

FRANZISKA · BIERMANN
DIE MÄZENIN
ALLE ÜBEREINSTIMMUNGEN MIT TATSÄCHLICH EXISTIERENDEN PERSONEN SIND REIN ZUFÄLLIG.
FRAU WÄRMER WURDE IMMER ÄRMER,
ALLES ZU VERKAUFEN
WEIL SIE IN ALLES INVESTIERTE, WAS SIE INTERESSIERTE.
EINEM GAB SIE WAS FÜR DIE ERFINDUNG
RING
EINER KOSMOZEISOGRAPHISCHEN VERBINDUNG.
EINE HOHE SUMME GAB SIE AUS
FÜR EINEN GUTEN MENSCHEN NAMENS KLAUS
AUCH HALF SIE ETWAS ZU ENTWICKELN
WARZEN-ex
UM EIN WARZENSCHWEINCHEN ZU ENTPICKELN.
EBENFALLS WAR SIE BETEILIGT
SEIFE
AN WÄSCHE,
DIE SICH SELBER REINIGT.
UND ALS SIE DANN GESTORBEN WAR DA STAND AUF IHREM FRISCHEN GRAB:
OHNE SIE HÄTTEN WIR DAS NIE GESCHAFFT HERZLICH IHRE WISSENSCHAFT.

Reinhold Ziegler
Dschonghi und der Computer
Ein Zukunftsmärchen

Bei einem seiner Spaziergänge stieß Dschonghi auf einen kleinen Computer, der am Wegesrand im Sterben lag. Todkrank blinkerten seine kleinen Leuchtdioden und sein Bildschirm leuchtete nur noch matt. Den Jungen rührte es zu Tränen, wie der kleine Computer so hilflos dalag und er sprach ihn an: »Na Kleiner? Wer hat dich denn hier ausgesetzt?«

Der kleine Computer war längst zu schwach zum Antworten, er schien gar nicht mehr zu verstehen, was er gefragt worden war. Also bückte sich Dschonghi und nahm ihn mit.

Zu Hause legte er den Computer auf seinen Tisch und beobachtete ihn eine Weile.

»Du brauchst etwas zu essen, nicht wahr?«, fragte er schließlich. »Ich habe 220 Volt aus der Steckdose, aber nur Wechselstrom. Wenn du Gleichstrom brauchst, kannst du 12-Volt-Autostrom haben. Oder eine Babyzelle. Ich kann dir aber auch einen Akku besorgen, ganz wie du willst.«

Da der kleine Computer noch immer nicht antwortete, gab der Junge ihm 220 Volt aus der Steckdose.

»Ups«, machte der kleine Rechner und seine Leuchtdioden fingen heftig an zu blinken.

»Besser jetzt?«, fragte Dschonghi.

»Gib mir nur ein, zwei Minuten zum Booten, dann bin ich soweit, okay?«, sagte der kleine Computer matt.

Dschonghi wartete, eine Minute, zwei Minuten. Der kleine Computer bootete vor sich hin, als wollte er nie mehr damit aufhören. Dschonghi überlegte gerade, ob er den Stecker wieder rausziehen sollte, da meldete sich der Kleine mit fester Stimme: »Sieben mal sieben ist Neunundvierzig!«

»Schön«, sagte Dschonghi erstaunt, »aber wen interessiert das?«

»Siebenundvierzig hoch drei ist Hundertdreitausendachthundertdreiundzwanzig!«

»Wunderbar«, sagte Dschonghi, »was noch?«
»Der Logarithmus Naturalis von eintausendfünfhundertneunundsechzig komma zwei ist sieben komma sieben fünf acht drei zwei eins zwei!«
»Beeindruckend!«, sagte Dschonghi, »aber falsch. Es ist sieben komma drei fünf acht drei zwei eins zwei, wenn ich mich nicht irre. Weißt du denn auch irgendetwas Wichtiges?«
»Der Mond hat einen Durchmesser von 3476 Kilometern«, sprudelte es jetzt aus dem kleinen Rechner, »Texas hat 16 Millionen 685 Tausend Einwohner. Das spezifische Gewicht von Gold ist 19,3 Gramm pro Kubikzentimeter. Der Kammerton A hat 440 Hertz. Die beste Milchkuh von Norwegen gibt pro Jahr 11982 Liter Milch. Rom wurde nicht an einem Tag gebaut. Der dreißigjährige Krieg dauerte genau ...«
»Halt, halt«, rief der Junge, »hör auf. Wer will das wissen? Weißt du nicht etwas Wichtiges?«
»Bitte?«, fragte der kleine Computer, »was zum Beispiel?«
»Na«, überlegte Dschonghi, »zum Beispiel warum ich immer so traurig bin, wenn ich nachts durch den Wald laufe, oder warum der Regenbogen auf der anderen Seite der Welt nicht weitergeht. Oder woher meine kleine Schwester gekommen ist, oder ob das Weltall am Anfang ein Stück Stern oder eine Apfelsine war, oder warum meine Mutter beim Staubsaugen immer singen muss, oder wo mein Vater den ganzen Tag lang ist, oder wie der Busfahrer die Tür von außen zumacht, oder warum ich abends nicht einschlafen kann, wenn ich noch keinen Kuss bekommen habe.«
»Moment«, sagte der kleine Computer, »das ist eine Menge!«
»Das ist noch gar nichts gegen das, was ich noch alles wissen müsste«, sagte Dschonghi, »pass auf ...«
»Halt, halt, ich kann dir so was nicht beantworten, ich habe dafür keine Programme, denke ich.«
»Mist«, sagte Dschonghi, »kannst du dann wenigstens mein Zimmer aufräumen, meine Hausaufgaben machen und meiner kleinen Schwester ihren Schnuller wieder reinstecken, wenn sie quengelt?«
»Ich denke ... ich weiß nicht ... ich glaube ...«, fing der Computer an.

»Oder Rasen mähen oder Handstandüberschlag oder dem Pitty aus der Achten eins aufs Maul geben?«
»Das ist so, dass … ich glaube, wenn … ich denke …«, murmelte der Computer wieder.
»Na?«, fragte Dschonghi, »was denkst du?«
»Sieben mal sieben ist Neunundvierzig«, rief der kleine Computer trotzig. »Mist«, sagte Dschonghi und zog den Stecker raus. Die Leuchtdioden hörten auf hell zu leuchten, blinkten noch ein bisschen, flackerten, dann gingen sie aus.
Dschonghi nahm den kleinen Computer, dann ging er wieder in den Wald. »Mist«, sagte er wieder und warf ihn genau dorthin, wo er ihn gefunden hatte.

Matthias Duderstadt
Reichtum

Morgens leere ich die aufgeweichten
Teeblätter oder den Kaffeesatz
in den Eimer.
Mittags wische ich die Kartoffelschalen
Gemüseschnipsel, Papiertüten
Abends die Brotkrümel, die schlechten
Stücke von Tomaten und Gurken hinein.
Wenn der Eimer voll ist, kippe ich
Alles in meine Kompostkiste
In der Tausende von Regenwürmern leben
Sehe hin, ob die
Schichten zusammengesackt sind
Und denke an die
Weiche bröselige Erde, die aus all dem wird:
Die Erde, die ich im Frühling
Über die Beete im Garten verteile
Die ich in Töpfe für Stecklinge fülle
Und in Töpfe für die Knollen der Begonien
Die dann Monate später blühen werden
In allen Tönen von Rot.

Karoline Elke Löffler

Walther Petri
Wende

setz ein We vor das Ende
fertig ist die Wende
allein in der Sprache
geht alles so schnell
in Wirklichkeit wird
es nur langsam hell

Carl Friedmann

Wie dem kleinen Simcha, der die Enten liebt, von der Erschaffung der Welt erzählt wird

»Am ersten Tag schuf Gott das Licht und die Finsternis. Am zweiten, dritten und vierten Tag machte Er den Himmel, das Wasser, das Land und andere schwierige Dinge. Da brach der fünfte Tag an. Uff, sagte Gott, und jetzt möchte ich auch mal etwas Lustiges machen. Enten zum Beispiel. Er fing sofort damit an, aber es war nicht so einfach, wie Er gedacht hatte. Die erste Ente wurde keine Ente, sondern ein Elefant. Die nächste wurde ein Krokodil. Die sind ja ganz hübsch, meinte Gott, aber Enten sind es nicht, das sieht man doch gleich. Er machte Kaninchen und Kängurus und scheckige Katzen. Aber dann fand er in seiner Hosentasche eine Hand voll bunter Federn. Moment mal, sagte er, wenn ich mich nicht irre, muss ich irgendwo noch ein paar Schnäbel haben. Und er machte eine ganze Menge Enten und stellte sie auf gelbe Füße. Die sind mir aber gut gelungen!, rief er aus. Und wie nett sie quaken. Schade, dass schon so viele Engel bei mir im Himmel herumfliegen, sonst würde ich Enten nehmen!«

»Und weiter?«, fragte Simcha.

»Da wurde es Abend und es wurde Morgen und der sechste Tag brach an. An diesem Tag schuf Gott die Menschen. Er segnete sie und sagte: Seid fruchtbar, mehret euch, stolpert nicht über die Tiere, die auf der Erde herumkriechen, lebt lang und glücklich. Und wenn ihr ein Stückchen Brot übrig habt, gebt es den Enten, denn von allem, was unter der Sonne lebt, sind mir die Enten am liebsten.«

»Mir auch«, sagte Simcha und begann zufrieden an seinem Daumen zu lutschen.

V. Ballhaus

Martin Auer

Von Eulen und anderen Tieren

Bilder von Axel Scheffler

Eulen

Eulen lesen gerne. Es fällt ihnen auch nicht schwer, weil sie so große Augen haben. Aber wovon handeln wohl Eulengeschichten? Was lesen Eulen gerne? Natürlich Geschichten von Eulen. Manchmal auch von Mäusen, nur macht das die Eulen immer so hungrig. Und dann lesen Eulen sehr gerne Gespenstergeschichten. Also, man muss schon sagen, dass sie das ziemlich übertreiben und ihre Nerven das nicht mitmachen. Dauernd schreien sie »Huh« vor Schreck, und nachts können sie nicht schlafen, sondern fliegen ruhelos durch den dunklen, düsteren Wald …

Bären

Trotz monatelangem Winterschlaf sind Bären oft unausgeschlafen und deshalb gereizt und nervös. Jetzt ist endlich herausgekommen, warum: Sie lesen im Bett. Im Herbst fressen sie sich nicht nur einen Winterspeck an – sie horten auch Büchervorräte. Aus dem schwedischen Dörfchen Norrby wird gemeldet, dass dort regelmäßig im September oder Oktober Bären aus dem nahe gelegenen Mudus-Nationalpark die örtliche Gemeindebücherei überfallen und komplett ausplündern. Tieraugenarzt Dr. Lindström aus Nyköping warnt, dass wochen- und monatelanges Lesen im Bett die Augen schädigt, insbesondere bei der unzureichenden Beleuchtung der Bärenhöhlen. Aus Kanada wird berichtet, dass manche Grizzlybären ihren Winterschlaf jetzt schon im September beginnen, nur um mehr Zeit zum Bücherlesen zu haben. Der Schlafmangel macht die Bären dann im Frühling mürrisch und aggressiv. Andererseits sollen es einige Bären nur durch ihre winterliche Lektüre binnen drei Jahre bis zur mittleren Reife gebracht haben. Tierschützer haben versucht, den Bären zu helfen, indem sie ihnen Fernsehapparate in die Höhlen stellten. Leider wirkte das nur bei den älteren Tieren, die oft gleich nach der Tagesschau einschliefen und bis zum Frühling nicht mehr aufwachten. Bärenkinder aber wurden dabei beobachtet, wie sie vor dem laufenden Fernsehapparat Comics lasen und dazu noch ihren Walkman angedreht hatten.

Füchse

Früher hatten die Füchse folgende Angewohnheit: Wenn es regnete, fing sich jeder Fuchs eine Gans und setzte sie sich auf den Kopf. Die Gans musste die Flügel ausbreiten, und der Fuchs blieb so ziemlich trocken. Freilich ist so eine Gans ziemlich schwer und die Füchse bekamen alle einen steifen Nacken, besonders wenn es ein recht verregneter April war. Deshalb erfanden sie Regenschirme, die bekanntlich um einiges leichter sind als lebendige Gänse. Zum Andenken an den früheren Brauch machten sie den Regenschirmen Griffe in Form von Gänseköpfen. Aus irgendeinem Grund gehen die Füchse heutzutage auf vier Füßen und können keine Regenschirme tragen. Die Menschen haben die Erfindung von den Füchsen übernommen und machen den Regenschirmen manchmal noch Gänseköpfe als Griff, aber sie wissen gar nicht, warum.

Mäuse

Sobald der erste Schnee fällt, verkriechen sich die Mäuse in ihren Löchern. Beim zweiten Schnee aber kommen sie wieder heraus und bauen Schneekatzen. Manchmal sieht man im Winter so kleine, ungefähr dreißig Zentimeter hohe Schneemänner am Wegrand stehen. Die meisten Leute nehmen an, Kinder hätten sie im Vorbeigehen gemacht, weil sie gerade keine Zeit für einen richtigen, großen Schneemann hatten. Sieht man aber genauer hin, merkt man, dass es sich um Schneekatzen handelt, die die Mäuse gebaut haben. Um diese Schneekatzen tanzen die Mäuse herum, bewerfen sie mit Schneebällen, schreien »Buuuh!« und machen ihnen lange Nasen oder strecken ihnen die Zunge heraus. Die Katzen sehen das natürlich nicht gerne. Wenn sie eine Schneekatze sehen, zerstören sie sie oder pinkeln sie an. Die Mäuse aber schauen von ihren Verstecken aus zu und lachen darüber, dass sie die Katzen dazu bringen können, ihre eigenen Ebenbilder zu zerkratzen oder anzupinkeln. Sie finden, dass das die Katzen ziemlich dumm aussehen lässt.

Seehunde

Jeder weiß, dass Seehunde phantastische Jongleure sind. Sie können Fische auf ihren Nasen balancieren und damit Ball spielen und sie aus der Luft schnappen und alles Mögliche. Aber von wem haben sie das? Von den Pinguinen! Pinguine sind noch *viel* bessere Jongleure, können Fische noch viel länger auf ihren Nasen balancieren – das heißt, auf ihren Schnäbeln –, können sie sich nicht nur gewöhnlich zuwerfen, sondern auch mit Volley und Topspin, und das nicht nur mit einem oder zwei Fischen, sondern mit bis zu fünf Fischen gleichzeitig! Die Menschen wissen nichts davon, weil die Pinguine das nie tun, wenn sie beobachtet werden. Sie haben nämlich überhaupt keine Lust, in die Zirkusse verschleppt zu werden wie die Seehunde, aber wirklich nicht!

Krokodile

Es gibt Krokodile, die lassen sich von Vögeln die Zähne putzen. Das ist wirklich wahr und nicht erlogen! Ich gebe zu, dass ich bei den vorigen Geschichten ein bisschen geflunkert habe, aber das hier ist wahr, wirklich und ganz und gar wahr! Ich schwöre es, es ist wahrhaftig wahr, und ihr könnt es glauben. Sie reißen das Maul auf und die Vögel picken ihnen die Reste aus den Zähnen. Und die Krokodile beißen *nicht* zu! Wirklich nicht! Ganz sicher! Was soll ich nur machen, damit ihr mir glaubt? Ich werde euch doch nicht anlügen! Also diesmal nicht! Bestimmt nicht! Es ist ganz, ganz sicher wahr! Hundert Prozent! Oder jedenfalls habe ich irgendwo gehört, dass es wahr sein soll.

Elefanten

Dass Elefanten gerne baden und mit Wasser herumspritzen, weiß jeder. Auch dass sie dabei mit Papierschiffchen spielen, ist ziemlich bekannt. Aber wie falten sie die Papierschiffchen? Das war bisher ein großes Rätsel. Zwar sind die Elefanten mit ihren Rüsseln sehr geschickt. Sie können damit Blätter von Bäumen reißen, Wasser und Sand spritzen, Zoobesuchern die Geldbörse aus der Hosentasche klauen und sogar eine einzelne Erdnuss vom Boden aufheben. Sie können so ziemlich alles mit ihrem Rüssel, was wir mit einer Hand können. Aber eben: Sie haben nur *einen* Rüssel, und wir haben zwei Hände. Und mit einer Hand ein Papierschiffchen zu falten, ist nahezu unmöglich. Wie schaffen es also die Elefanten? Ihre Füße können sie nicht zu Hilfe nehmen, die sind viel zu grob. Erst kürzlich gelang es der bekannten Elefantenforscherin Erna Murati, Elefanten an einem versteckten Faltplatz zu beobachten. Dort machte sie ihre Aufsehen erregende Entdeckung: Immer zwei Elefanten falten gemeinsam ein Schiffchen. Eine beachtliche Leistung. Versucht einmal, zu zweit ein Papierschiffchen zu falten, ein jedes mit einer Hand auf dem Rücken! Oder einen Schnürsenkel zuzubinden, wobei eines die linke und das andere die rechte Hand zur Verfügung stellt! Dann werdet ihr merken, was das für eine Leistung ist. Übrigens: zu zweit können Elefanten ebenfalls Schnürsenkel binden. Nur brauchen sie diese Fähigkeit selten, weil sie keine Schuhe tragen.

Schildkröten

Hasen haben Schildkröten gern. Sie bauen ihnen kleine Ställe und füttern sie mit Salat und Karotten, was für die Hasen ein großes Opfer ist, weil sie die selber gern essen. An besonderen Hasenfeiertagen gehen die Hasen mit ihren Schildkröten auf den Sportplatz und machen Wettrennen mit ihnen. Immer ein Hase gegen eine Schildkröte. Natürlich gewinnen die Hasen immer. Sogar der kleinste Hase kann eine Schildkröte beim Wettrennen schlagen. Darum kriegen die Hasen bei diesen Wettrennen alle Pokale und Medaillen und tragen sie stolz und froh nach Hause. Ihr Selbstbewusstsein wird dadurch ganz ungemein gestärkt. Die Schildkröten aber sind hinterher immer ganz traurig und niedergeschlagen. Deshalb führen die Hasen sie nach dem Wettrennen in Wägelchen spazieren, um sie wieder aufzumuntern.

Schweine

Das Sauwetter wird von den Schweinen verursacht. Schweine kennen einen geheimen Regentanz, mit dem sie das Sauwetter herbeirufen. Schweine wühlen ja bekanntlich gerne im Schlamm und wälzen sich darin, was eben nur bei Sauwetter möglich ist. Bei trockenem Wetter gibt es keinen Schlamm. Wenn es lange nicht geregnet hat, brechen die Schweine aus ihren Ställen aus, um sich zum Regentanz zu versammeln. Natürlich würde es auffallen, wenn sich in einer Vollmondnacht die Schweine des Dorfs auf dem Dorfplatz versammelten und zu tanzen anfingen. Deshalb verkleiden sich die Schweine und halten ihren Regentanz Samstagabend in einer Disco ab. Oder sie bestellen den Festsaal des Gasthofes für ein angebliches Veteranentreffen.

Manchmal engagieren sie sogar die Feuerwehrkapelle. Trotz aller Tarnung können Wirte aber erkennen, dass es sich in Wahrheit um eine Schweine-Regentanz-Zusammenkunft handelt: Ein ganzer Saal voller Gäste und keiner, kein einziger bestellt Schweinebraten, Schnitzel oder Schweinshaxe!

Kobra

Die indischen Schlangenbeschwörer sind verzweifelt. Es ist eine Krise unter ihnen ausgebrochen. Früher ließen sich die Kobras durch einfache Flöten beschwören. Der Beschwörer musste bloß eine einfache bekannte Volksweise spielen, und schon kam die Kobra aus ihrem Korb und wiegte sich im Takt der Musik. Aber auch die Schlangen gehen mit der Zeit, und immer mehr von ihnen wollen jetzt Popmusik hören, am liebsten Madonna und Michael Jackson. Bei Volksmusik gähnen sie bloß und schlafen ein. Immer öfter sieht man also jetzt Fakire, die mit einem Kassettenrekorder über dem Schlangenkorb herumwedeln. Das gefällt aber den Touristen nicht; denn die sind ja nicht den weiten Weg nach Indien geflogen, um einen Kassettenrekorder zu sehen, und so werfen sie nur sehr, sehr wenige Münzen in die Körbe der Schlangenbeschwörer. Und die wissen nicht, wie sie von dem bisschen Geld das Futter für die Schlangen kaufen sollen, von neuen Musikkassetten ganz zu schweigen. Ganz schlimm ist es aber in der Stadt Lahore. Dort hören die Schlangen aus irgendeinem Grund nur auf klassische Musik, und zwar live! Ganze Symphonieorchester stehen dort um einen Schlangenkorb herum und spielen Mozart und Wagner für die paar Pfennige, die die Touristen in die Körbe werfen.

Warzenschweine

Von all den Schweinen sind die Warzenschweine die am besten informierten. Sie lesen täglich die »Warzenschwein Zeitung«, ein Blatt, das sogar die »Allgemeine Schweinezeitung« an Genauigkeit und Inhaltsreichtum übertrifft. Die »Warzenschwein Zeitung« hat es sich zum Ziel gesetzt, über jede, aber wirklich jede Schweinerei im Land ausführlich und objektiv zu berichten. Obwohl die »Warzenschwein Zeitung« mit ganz kleinen Buchstaben auf hauchdünnes Papier gedruckt wird, wiegt sie an manchen Tagen ein halbes Kilo oder mehr. Die Warzenschweine brauchen den ganzen Tag und manchmal auch noch die halbe Nacht dazu, diese Zeitung von vorn bis hinten durchzulesen. Dafür wissen sie dann über jede, aber wirklich jede Schweinerei im Land Bescheid. Was sie allerdings mit diesem Wissen machen, weiß niemand. Da sie den ganzen Tag nichts anderes tun als Zeitung zu lesen, verlassen sie nie ihre Häuser und beteiligen sich überhaupt nicht am öffentlichen Leben. Aber eines ist klar, daran ist nicht zu rütteln: Warzenschweine wissen Bescheid!

Frösche

Selbstverständlich fahren Frösche und Kröten Fahrrad. Niemals würde es ihnen in den Sinn kommen, ein Auto zu kaufen, wo doch so viele von ihnen unter den Reifen dieser Ungetüme sterben müssen. Unter den Fröschen erzählt man sich das Märchen vom Froschkönig, der eines Tages kommen wird: ein riesenhafter grüngoldener Frosch, ungefähr so groß und schwer wie ein Elefant, der an der Autobahn lauern und alle Autos einfach tothopsen wird. Das Gequake, das man in den Sommernächten an manchen Orten immer noch hören kann, ist nichts anderes als die Beschwörung, mit der die Frösche und Kröten den großen Froschkönig anrufen, doch bald zu erscheinen und das goldene Zeitalter der Frösche und Kröten zu bringen, bevor es zu spät ist.

Nachbemerkung: Axel Scheffler hat die Bilder von Eulen und anderen Tieren zuerst gemalt (ursprünglich als Monatsbilder im Ablauf des Jahres), anschließend hat Martin Auer zu den Bildern die Texte geschrieben.

Rosita Davidson

Die Rache

Nödel war sauer,
Irgendeiner,
wohl ein Elefant,
machte gegen sein Haus.
Das war doch allerhand!
Jeden Tag.
Die Wand war naß.
Das war doch kein Spaß!
Nödel lag in der Nacht
auf der Lauer
schon seit Stunden
hinter einer Mauer,
den Tatort gut im Blick.
Doch kein Elefant weit und breit,
Nödel war es langsam leid.
Nur eine kleine Maus kam daher,
blieb stehn und …
und?!
Sie tat's!
Sie war's!
Sie tut's noch immer,
ein Bach, ein Meer,
es wird immer schlimmer.
He! rief Nödel,
was soll das sein!
Och, grinste die Maus,
ich mach nur mal klein
und schon war sie weg.
Doch Nödel verfolgte die Spur der Maus
und machte einen dicken Kloß
direkt vor ihr Haus.
He! schrie die Maus,
was soll das bloß!
Och, lachte Nödel,
ich mach nur mal groß.
Seither ist nichts mehr geschehn,
Nödel hat die Maus
nie mehr gesehn.

Wolfgang Rudelius

Der kleine Floh

Seht vergrößert im Bilde
den Raubmörder-Floh,
den sieht man sonst nie,
der kratzt und der beißt euch,
zum Beispiel ins Knie …
Doch sorgt er sehr lieb
für seine Raubmörder-Kinder,
dass sie immer schön satt sind
und gut schlafen im Winter.
Im Sommer dann
kommt er
mit Kind und mit Kegel,
kratzt, beißt euch
und zwickt euch am Po.
Herr Floh,
Sie sind mir
ein ganz schöner Flegel …

V. Ballhaus

Dirk Lornsen & Krimi Buhl
Wie wir Katzen den Menschen zähmten

Es fing an, wie alles Bedeutende anfängt: unschuldig und harmlos. Und natürlich vor tausend mal tausend Jahren oder noch viel früher, also in grauer Vorzeit. Dort unten im alten Afrika, wo auch wir Katzen herkommen. Damals kletterten die Menschen noch auf den Bäumen herum und waren froh, wenn sie nicht unseren größeren Verwandten begegneten. Wir hatten beeindruckende Verwandte und haben sie noch heute. Der König der Tiere, er stammt aus unserer Familie. Ich will nicht angeben damit, es soll nur erwähnt sein. Auch dem alten Säbelzahntiger begegnete man mit großem Respekt. Kein Wunder bei den Zähnen! Der Mensch stellte sich damals noch als Südaffe vor, was seine nahesten Verwandten, die heutigen Schimpansen, immer noch schwer auf die Palme bringt.
Na ja, in jeder Verwandtschaft gibt es ein schwarzes Schaf.
Während wir Katzen leise durch die Steppe streiften, diskutierten diese menschenähnlichen Südaffen lautstark über die Vor- und Nachteile des aufrechten Ganges. Gerüchteweise hatten sie offenbar davon gehört, dass der aufrechte Gang etwas typisch Menschliches sei und sie deutlich von uns Tieren unterscheide. Lächerlich, aber so sind sie nun einmal. Sie wollten einfach höher hinaus. Seitdem tragen sie die Nase sehr weit oben und übersehen dabei leicht giftige Schlangen. Es kam zu lästigen Unfällen und der Mensch musste einsehen, dass es sich am Boden gefährlicher lebt, wenn man so schlecht ausgerüstet ist wie er: keine Krallen, keine Reißzähne, nachts blind wie ein Maulwurf und auf seinen zwei Beinen so langsam, dass wir anderen Steppentiere unsere Witze über ihn rissen. Das ärgerte ihn natürlich; er nahm einen Stein in die Hand und warf ihn auf einen von uns. Und er traf sogar. Leider. Von dem Tag an wurde er immer gefährlicher. Er fing an, aus Steinen Werkzeuge herzustellen und damit wiederum Waffen zu schnitzen. Es dauerte gar nicht lange, da zogen sie in Gruppen durch die Steppe und rückten uns mit diesen Waffen auf den Pelz, dass uns das Lachen schnell verging. Nein, das Leben war gar nicht mehr gemütlich, nachdem der

Mensch seinen ältesten Beruf gefunden hatte. Jäger. Ich gebe zu: Auch wir Katzen sind Jäger. Aber wir jagen im Einzelkampf und ohne fremde Hilfsmittel. Nach und nach verlor er sogar die Angst vor dem Feuer, fing an, es für seine Zwecke zu nutzen und es selbst zu erzeugen. Ganz verrückt wurde es, als er einen unserer vierbeinigen Kollegen bestach. Wir konnten es nicht fassen, als der dumme, dumme Wolf wegen ein paar Jagdbeuteresten dem Menschen hinterher lief. Kurze Zeit später hatten sie den armen Tropf an die Kette gelegt und gezähmt. So ist der Wolf auf den Hund gekommen. Er schämt sich nicht, für einen Bissen Fleisch Männchen zu machen und seine Freiheit zu verkaufen. Kein Wunder, dass wir Katzen seither keinem Hund mehr trauen. Nicht nur, dass er sich selbst hat versklaven lassen! Er jagt und beißt für den Menschen und hilft ihm, andere Tiere zu versklaven. Zu dieser Dummheit sagt der Mensch Intelligenz. Also, wir Katzen verstehen unter Intelligenz was anderes. Ruck zuck hatte der Mensch auch die nächsten Freiheitsopfer am Wickel. Nicht einmal vor den fliegenden Wesen machte er Halt: Huhn, Schaf, Ziege, Rind und Schwein mussten dem Menschen dienen, mussten Milch, Fleisch, Haut und Federn lassen. Zähmen, sagt der Mensch dazu. Einsperren, sage ich. Wir wussten schon, warum wir einen großen Bogen um die Menschen machten. Andererseits hatte er nicht nur schräge Ideen, denn er suchte nach wilden Getreidekörnern und pflanzte sie bei sich daheim in die Erde. Das war der Anfang seines Bauernberufs. Als Jäger war uns der Mensch gefährlich. Als friedlicher Sammler hingegen gab's nichts gegen ihn zu sagen. Aber erst als Ackerbauer wurde der Mensch für uns richtig interessant. Aus Ackerbau folgt Kornspeicher. Aus Kornspeicher folgt ... was wohl? Die Maus.

Zu diesem Zeitpunkt der menschlichen Entwicklung entschlossen wir Katzen uns einzuschreiten. Raus aus der Steppe und nichts wie hin zum Nil! In dem fruchtbaren Schwemmland hocken sie ja zu tausenden, die fleißigen Bauern, und buckelten sich krumm, um die Kornspeicher eines Königs zu füllen. Sinnvoll beschäftigte Menschen sind ein erfreulicher Anblick für uns Katzen. Kaum Zeit für die Jagd auf irgendwen. Nicht mal auf Mäuse. Mäuse, die jetzt ebenfalls zu tausenden im Niltal wohnten. In den besten Wohngegenden: Kornspeicherstraße. Was lag da näher, als jetzt dem Menschen unsere Gewogenheit zu zeigen? Wir haben dafür unsere eigene Trickkiste. Zunächst einmal ein gepflegtes Outfit, samtweich und picobello. Denn auf Sauberkeit steht er, der Mensch, seitdem er feste Behausungen hat, die auch den Flöhen, Wanzen und Kakerlaken willkommen sind. Dann, auf keinen Fall Radau! Das heißt also: nicht zu viel Miau. Laute Katergesänge nur außerhalb der Wurfweite eines Pantoffels. Ganz wichtig: unsere Schnurre. Sie beruhigt den Menschen und gibt ihm das Gefühl, gemocht zu werden. Er bildet sich ein, dass wir nur für ihn schnurren. Keine Katze würde ihn vom Gegenteil überzeugen wollen. Überhaupt: Geheimnisse! Wir Katzen sind bekannt für unsere Geheimnistuerei. Sie macht uns interessant und reizvoll und zu einem unlösbaren Rätsel für den Menschen, der immer auf der Suche nach neuen Rätseln und Lösungen ist. Dabei ist alles so einfach. Wir haben unsere Schnurrhaare, unsere Antennen in die Welt des Unsichtbaren. Mit ihnen empfinden wir Ahnungen von künftigem Unheil, lange bevor der Mensch etwas spürt. Diese Ahnungen findet er rätselhaft, obwohl sie nur aus der Stille kommen. Wir sind stille Wesen und deshalb so wach. Sehr beeindruckt ist der Mensch auch von unserer angeborenen Eleganz. Er hätte sie gern selbst und bemüht sich nach Leibeskräften, es uns gleichzutun. Im Vertrauen gesagt: Es gelingt ihm nicht. Hochhackige Schuhe wirken hilflos und ein Schlips erinnert an die Hundeleine. Am bedauernswertesten mutet uns sein Gesichtsausdruck beim Joggen an. Armer Mensch! Er strengt sich so an und entfernt sich doch immer mehr von der Eleganz. Denn unsere Eleganz hat etwas mit Gelassenheit zu tun. Selbst bei der Jagd darf man nicht die Nerven verlieren. Und damit wären wir wieder bei den Mäusen. Die Kornbauern waren heilfroh, als wir ihnen zu Hilfe kamen, um den Mäusebestand in Grenzen zu halten. Natürlich ließen wir immer ein paar übrig. Man muss sich unentbehrlich machen, aber nicht überflüssig. Mäusefangen ist ein Teil unseres Lebens, es macht uns großen Spaß. Wir lassen uns diesen Spaß nicht befehlen. Daran musste sich der Zweibeiner gewöhnen. Wir machen was wir wollen und das Wort Arbeit ist ein Menschenwort. Schließlich haben wir den Menschen so weit gezähmt, dass wir sogar in seinen Palästen einzogen. Die Ägypter sind ein vorbildhaftes Menschenvolk in Hinblick auf ihr Benehmen uns Katzen gegenüber. Sie verehrten uns wie Götter und kamen uns damit sehr nahe. Leider waren nicht alle Menschen so klug. Es gab immer wieder Verrückte unter den Zweibeinern, die uns zur Hölle jagten. Sie klagten uns der schwarzen Magie und bösen Zauberei an, um von ihren eigenen schwarzen Gedanken und bösen Taten abzulenken. Zum Glück schmoren sie längst selbst in ihrer Hölle. Sie meinten, in unserem Blick etwas Unheimliches zu sehen. Sie hatten Angst davor. Unser Blick spiegelt doch nur die Freiheit der Gedanken wider, er ist tief, wissend, ernst. Kein Wunder nach so vielen Jahren der Menschenbeobachtung, oder? Und wenn wir wütend sind, unterscheidet er sich wenig von dem eines wütenden Menschen. Bevor ich's vergesse: Fauchen und Knurren sind wichtig im Umgang mit allzu aufdringlichen Zweibeinern. Ich kenne keinen Zweibeiner, der gern gegen seinen Willen festgehalten wird. Uns Katzen kann man nicht halten, indem man uns festhält. Wir wählen uns unseren Menschen selbst und bevorzugen den gutartigen, den sanften und liebenswürdigen. Manchmal ist die Menschenwahl auch eine Frage der Futtersorte. Ich für meinen Teil bevorzuge Fleischwaren mit Gütesiegel der Metzgerinnung, andere meiner Kolleginnen und Kollegen sind dagegen dem Dosenfraß verfallen. Naja, Geschmäcker sind verschieden.

Die Menschen, die wir an uns gewöhnt haben, liegen uns bereits zu Füßen. Schnurren können sie noch nicht, aber manche üben eifrig. Sie möchten so werden wie wir. Sie möchen wie wir in der Sonne liegen oder am warmen Ofen und dafür noch gestreichelt, liebkost und verwöhnt werden. Und was schenken wir dem Menschen dafür? Er weiß es nicht. Es ist unser Geheimnis. Aber wenn ein Mensch sich mit seiner Katze beschäftigt, sie streichelt, mit ihr spricht, mit ihr spielt, ihr zuschaut und über sie nachdenkt, dann vergisst er für eine Weile die Kümmernisse und Pflichten seines Alltags, dann entspannt er sich und kommt zur Ruhe. Ein Gefühl von Zärtlichkeit und Glück fließt in sein Herz, er hat seine Muße wieder gefunden. Jede Stunde der Muße wird sein Leben verlängern. Und die Mäuse gehen ihm nie aus.

Rosemarie Künzler-Behncke
Lachen

Ich feixe
ich griene
ich grinse
ich strahle
ich lächele
ich schmunzele
ich kichere
ich kickere
ich pruste
ich wiehere
ich kringele mich
ich lache auf
ich lache hohn
ich platze heraus
ich pruste los
ich lache Tränen
ich lache mich krank
ich krümme mich vor Lachen
ich platze vor Lachen
ich lache mich krumm und schief
ich lache mich scheckig
ich lache mich kaputt
ich lache mich kringelig
ich lache mir eins
ich lache mir einen Ast
ich lache mir ins Fäustchen
ich lache mich dumm und dämlich
ich lache aus vollem Halse
mir lacht das Herz im Leibe
ich bekomme Bauchschmerzen vor Lachen
dass ich nicht lache!
das wäre ja gelacht!
Wer zuletzt lacht, lacht am besten!
Hahahahaha!

Klaus Ensikat

»Ein guter Admiral bekümmert sich erst auch um die Mäuse auf dem Schiff.« Seemannsweisheit

Norbert Höchtlen
Heute im Angebot

Exclusiv für dich,
in Originalverpackung,
aus eigener Produktion,
nach DIN 1997 geprüft,
in bewährter Qualität,
nach Hausfrauenart zubereitet,
echt nahrhaft, vitaminreich
und erfrischend,
in verschiedenen Sorten,
Farben und Größen,
wegen Räumungsverkauf
und Wasserschaden,
heute für nur 9,99 DM:
dieser vollfleischige
Wortsalat!

»Gibt es bei den Gurken nicht auch üble Schurken?«

Starke Sprüche & freche Fragen
Gesammelt & bebildert von Kornelia Birkenfeld

Sitzt ein Schaf oder steht es im Schlaf?

Sollte man im Königskuchen einen König suchen?

Tiger haben schwarze Streifen, Autos meistens schwarze Reifen.

Ist ein dicker Hund eigentlich gesund?

Kann ein Nashornmagen Erdbeereis vertragen?

Hat ein Bär nicht immer Sehnsucht nach dem Meer?

Gibt es bei den Gurken nicht auch
üble Schurken?

Mögen Rinder wohl
Ferkelkinder?

Warum hat der Elefant denn
nur eine Rüsselhand?

Kann ein Huhn denn was
Böses tun?

Passen Mäuse
in Schneckengehäuse?

Es gibt keine rosa Hasen,
aber weiße mit rosa Nasen!

Frißt das Krokodil wirklich
immer viel?

Tragen Kartoffeln im Keller
Pantoffeln?

Kann man auf Pizzen wohl
gemütlich sitzen?

Rosemarie Neie

Aus dem Leben vom kleinen s

Was soll ich tun,
mach ich Mais aus dem Mai
oder Eis aus dem Ei?
überlegte der Buchstabe s.

s hatte soeben sich losgemacht
von seinem Wort, mit Vorbedacht
und freundlichem Gruß.
Zurück blieb Mus.

Jetzt wiegte s sich auf rundem Fuß
und dachte dabei an Schmus
aus Schmu, an Blues
aus Blue, an Dus
aus Du, an Gnus
aus Gnu –,
und schließlich begann s zu lallen.
Dann ist ihm was eingefallen:
Ich bleib allein
als Schlange, die zischt.
Nein, nein, wie leicht
wird man fortgewischt!
Die Welt ist bös.
s wippte nervös.

Reckte sich auf und
beruhigte sich:
Die Welt ist wie Wachs
veränderlich.
Nur keine Bange.
Ich mach einen Dachs
aus dem –
s stockte vor »Dach«.
Da war plötzlich Krach.
Jemand schrie »auuu«.
s hasste Radau,
zischte heran,
hängte sich dran.

Stöckle

Frieder Stöckle

Direktor Professionelli

Grüzi!
Professionelli!
mein Hund heißt Belli
meine Fliege Schnelli
mein Theater
spielt spater
bei meiner Geigi
bleibi
hören sie unsi
mit der Arie dulci
um Applausi
bitti
für mi
und meine Artisti

Janosch
Das galaktische Rotkäppchen

Es war einmal eine süße galaktische Dirn, die hatte dort in der Galaxis jedermann galaktisch lieb, am liebsten aber ihre galaktische Großmutter, sie wusste gar nicht, was sie dem galaktischen Kind alles geben sollte. Einmal schenkte sie ihm ein galaktisches rotes Käppchen von rotem Samt, galaktisch beleuchtet wie ein Kometenstern, nicht zuletzt deswegen, dass sie in den Galaxien weithin sichtbar war und so nicht verloren gehen konnte. Auch damit sie sie besser sehen konnte, wenn die liebe Dirn sich der Erde näherte, wie ein Komet, denn die gute Oma wohnte längst nicht mehr oben in der Galaxis, sondern unten in einem Wald bei Hindelang. Wo die alten Leute in Rente gehen. Und weil es nun so weithin sichtbar war, war es das »galaktische Rotkäppchen« genannt.

Als nun die gute galaktische Oma einmal galaktisch krank war, sprach des galaktischen Rotkäppchens galaktische Mutter: »Flieg doch einmal her, mein Kind! Hier hast du ein galaktisches Körbchen mit ein wenig galaktischem Kuchen und ein wenig galaktischem Wein und bringe dies zu deiner galaktischen Oma nach Hindelang. Doch komm nicht von der galaktischen Kometenbahn ab, tritt auf keinen Raumkapselmüll, gerate in keine galaktische Satellitenflugbahn und leuchte nicht zu sehr mit deinem galaktischen roten Käppchen, sonst sieht dich der galaktische Wolf. Er ist ein hundsgemeiner Hundsfott, weißt du.«

»Alles gehört und verstanden«, sprach das galaktische Rotkäppchen und machte sich auf die Socken.

Wohl mag sie alles gehört und verstanden haben, doch achtete sie nicht die Worte der Mutter und leuchtete mit seinem roten Käppchen weiß der Teufel wie in der Galaxis herum. Und so blieb es auch nicht aus, dass der galaktische Wolf sie durch die ganze Milchstraße auf weite Entfernung hin sehen konnte und ihr in einer Kometenbahn, welche die ihre kreuzte, auflauerte.

Muss gesagt werden, dass er nichts so gern fraß wie junge, galaktisch beleuchtete Dirnen? Nicht anders als unser irdischer Wolf, welcher sowohl die Großmutter als auch die irdischen Rotkäppchen und eigentlich ratzekahl alles frisst.

»Wohin des Wegs, mein liebes Kind?«, sprach der galaktische Lumpenhund und setzte sich auf die Kometenbahn neben die galaktische Dirn, begleitete sie ein paar Lichtjahre lang, welche nicht viel länger dauerten als irdische Fünfminuten.

»Zur galaktischen Oma, sie ist krank, ihre galaktischen Batterien sind schwach geworden, ihr galaktischen Wein und galaktischen Kuchen bringen. Die irdische Nahrung taugt nichts für unsereins, ist nicht einmal für Hunde und deren Flöhe genießbar.«

»Ich weiß, ich weiß, und das ist brav von dir, meine liebe galaktische Dirn, doch leuchte nicht so sehr mit deiner galaktischen Rotmütze, denn wer zu stark leuchtet, wird zu leicht entdeckt und könnte gefressen werden.«

Sagte das, schwang sich scheinbar auf eine andere galaktische Kometenbahn und verschwand. Jedoch nur zum Schein, denn er eilte nach Hindelang.

Klopfte dort bei der galaktischen Oma an, sagte, er sei das galaktische Rotkäppchen. Dieses hatte auf den Rat des galaktischen Wolfes das rote Käppchen abgesetzt und im galaktischen Korb verstaut. So hatte die gute galaktische Oma die gute Dirn aus der Ferne in Hindelang nicht mehr sehen und seine Bahn verfolgen können. Und sie glaubte nun, als der Wolf an ihre Tür klopfte, das galaktische Rotkäppchen sei angelangt, sie habe es nur nicht sehen können. Wolken hätten ihr galaktisches Leuchten verdeckt oder ihre Batterie habe für das Licht nicht mehr gereicht. Sie sagte zum galaktischen Wolf: »Ich sah dich gar nicht kommen, mein galaktisches Enkelkind. Hast du denn dein galaktisches rotes Käppchen gar nicht mehr, welches ich dir gab?«

Der galaktische Wolf ging ohne ein Wort zu sprechen oder gar auf die Frage zu antworten zum Bett der galaktischen Oma und fraß sie auf. Spuckte ein paar Drähte aus und verspeiste die galaktischen Batterien als wohlschmeckenden Nachtisch. Dann zog er sich ihre Kleider an, setzte ihre galaktische Nachthaube auf, legte sich in ihr galaktisches Bett und zog die Vorhänge zu.

Das galaktische Rotkäppchen aber war noch ein wenig zwischen den Sternen herumgestolpert, Sternschnüppchen zu sammeln, hier und da ein Kometchen zu pflücken, Fixsternchen zu rupfen für der galaktischen Großmutter ihre galaktische Blumenvase. Dann begab sie sich wieder in ihre Umlaufbahn, welche sie nach Hindelang führte und landete nicht weit weg von Omas galaktischem Waldhaus.

Sie wunderte sich, dass die Tür offen stand und dachte: Ei, mein Gott, wie ängstlich ist es mir heute doch zumut, dabei bin ich so galaktisch gern bei der galaktischen Oma.

Am liebsten wäre sie umgekehrt. Und hätte sie auf ihre innere Stimme gehört, wäre diese Geschichte anders ausgegangen. Sie aber drückte die Klinke herunter und rief: »Guten Morgen, liebe Großmutter«, ging zu dem Bett, zog den galaktischen Vorhang zur Seite, sagte noch: »Aber was hast du doch für große Augen, Ohren, Pfoten, Zähne und welch einen großen Schwanz, liebe Oma«, bevor sie starb. Weil der galaktische Wolf sie verschlang mit allen ihren galaktischen Drähten, Leitungen, dem galaktischen Körbchen und Omas rotem Leuchtekäppchen. Und wieder aß er ihre jungen galaktischen Batterien als Nachspeise als wären sie Himbeereis.

Nun, was lernen wir aus diesem galaktischen Unsinn, Kinder? Wir lernen, dass wir

a) mit unserem galaktischen roten Käppchen nicht überall in der Galaxis herumleuchten sollen, sonst sieht uns der galaktische Wolf schon von der Ferne und frisst unsere Oma und zuletzt gar uns selbst.

Und b), dass wir nie ohne unsere galaktische Beleuchtung durch die Galaxis wandern, weil unsere Oma uns sonst aus den Augen verliert und nicht merkt, dass wir der Wolf sind, welcher da an ihre Tür klopft.

Kurzum – wir lernen aus diesem Unsinn, dass wir machen können, was wir wollen, es ist immer falsch. Letztlich frisst der galaktische Wolf sowohl unsere Oma als auch uns in jedem Fall. Merkt euch das mal und habt keine Hoffnung, dass ihr ihm entwischt …

Das Alphabet auswendig hersagen –
wer kann das nicht! Aber dann noch Wörte
erfinden und dazu noch mit Reimen spielen
– wer kann denn das!?

Apfelschimmel
bimmel
simmel
drimmel
kimmel
wimmel

Bärentatzen
kratzen
fratzen
spatzen
glatzen
pratzen

Circusspiele
miele
diele
viele
stiele
ziele

Donnerwetter
letter
fetter
netter
klette
re

Inselgruppe
puppe
suppe
kuppe
truppe
wuppe

Jammerlappen
happen
rappen
kappen
wappen
tappen

Künstlerklause
brause
jause
flause
mause
zause

Lämmergeier
eier
leier
schleie
meie
s

Quastenhalter
alter
kalter
psalter
falter
walter

Rasenmäher
späher
zäher
näher
häher
jäher

Schleiereule
heule
keule
fäule
säule
knäule

Totenköpfe
schöpfe
tröpfe
zöpfe
kröp
tö

Ypslönchen
krönchen
schönchen
böhnchen
thrönchen

Zuckerdose
lose
rose
hose
pose
moose

Text Gerda Anger-Schmidt
Gestaltung Renate Habinger

ALPHABET
mit unsicherem Echo

Von Gerda Anger-Schmidt & Renate Habinger

fenbeine
kleine
meine
feine
reine
keine

Fledermäuse
läuse
häuse
säuse
gräuse
knäuse

Gänseblümchen
krümchen
wümchen
rühmchen
sümchen
glümchen

Heinzelmännchen
kännchen
tännchen
bännchen
ännchen
wännchen

skelprotze
trotze
kotze
strotze
motze
rotze

Nägelkauen
bauen
schauen
stauen
auen
trauen

Ohrenschützer
pfützer
stützer
mützer
grützer
nützer

Purzelbäume
säume
träume
schäume
zäume
käume

gewitter
splitter
ritter
dritter
zwitter
bitter

Vogelkunde
wunde
hunde
stunde
runde
munde

Weihnachtskerzen
herzen
scherzen
nerzen
schmerzen
Märzen

X-beliebig
siebig
triebig
liebig
hiebig
stiebig

Lutz Rathenow
Und es stank gewaltig

Zwei Stinktiere streiten sich, wer von beiden wohl am stärksten stinken könne.
»Ich«, sagt das eine, »ich stinke, dass es den Häusern die Dächer abhebt.«
»Ich«, spricht das zweite, »ich stinke, dass es den Tieren den Pelz umdreht.«
»Ach du«, sagt das erste, »du riechst so angenehm, dass dich die Menschen bald zu Parfüm verarbeiten werden!«
»Und du erst«, erwidert das zweite, »du duftest, dass sie dich demnächst statt Blumen in ihre Zimmer stellen!«
»Du solltest lieber ordentlich stinken, statt hier herumzustänkern!«
»Und du Stinkstiefel könntest dir mal die Nase putzen, damit du merkst, wie eklig frisch du riechst!«
Sie streiten eifrig. Und jedes versucht nach Kräften, seinen üblen Geruch zu verbreiten. Das eine, bis sich die Grashalme biegen. Das andere, bis sich der Wald blau zu färben beginnt. Schließlich stinkt es so gewaltig, dass beide nicht mehr merken, wer abscheulicher stinkt. Und sie beschließen: Der Erstbeste, der vorbeikommt, soll ihren Streit schlichten. Aber es kommt niemand.

V. Ballhaus

Paul Maar
Zukunft denken

Skizze von Dorothea Göbel

Die Zukunft kommt, sie kommt ganz schnell,
wir können's nicht verhindern.
Doch jetzt schon, in der Gegenwart,
da können wir sie denken.
Und wenn wir's tun, dann kann man sie
bestimmt ein wenig lenken.
Drum nehmt das Steuer in die Hand!
Das schulden wir den Kindern.

Walter Astor
Der lange Dürre mit der Pappnase

Über den Komiker Karl Valentin

Dass aus einem Vornamen ein Nachname wird, kommt schon mal vor. Dass aus einem Nachnamen ein Eigenschaftswort wird, ist schon seltener. Dass aber dieses Eigenschaftswort in den Sprachgebrauch eingeht zur Charakterisierung für kauzige Komik, querdenkerische, ulkige Sprachspiele und tiefsinnigen Blödsinn, gibt es in der Geschichte der deutschen Schriftsteller, Sänger, Musiker und Komiker nur einmal. Denn dies alles und noch mehr war er, von dem hier die Rede sein soll: Valentin Ludwig Fey, bekannt unter dem Namen Karl Valentin.

Am Ende seines 65-jährigen Lebens im Jahr 1948 hatte man ihn schon fast vergessen. In seiner Heimatstadt München mochten sie ihn nicht mehr, ihn, den großen Spaßmacher der 20er und 30er Jahre. Zugejubelt hatten sie ihm, wenn er das Alltagsleben in unzähligen Sketchen karikierte. Ausverkauft war seine Ritterspelunke in München stets, wo er im *Ritter Unkenstein* als Recke Heinrich vor dem Kampf gegen die Feinde die Kanonenkugeln abstauben wollte, sonst »sagt dann der Feind, mir sind Drecksäu«.

Mit Charlie Chaplin hat ihn der Schriftsteller Bert Brecht verglichen; denn in vielen Filmen brachte Valentin die Menschen zum »Tränen lachen«. So gründlich wurde er dann vergessen, dass er nicht einmal im Register des 20-bändigen Literaturlexikons eines deutschen Verlags von 1965 vorkommt. Geehrt wurde er schon 1948 – allerdings erst nach seinem Tod am 9. Februar 1948. Im Mai 1948 wurde eine Straße in München nach ihm benannt, einige Jahre später wurde der Gedenkbrunnen am Vik-

Valentin um 1910 (Fotos von Karl Wolter).

tualienmarkt enthüllt und eine Gedenktafel an seinem Geburtshaus angebracht. Gestorben war er an einer einfachen Erkältung und wohl auch an Unterernährung.

Eine seltsame Lebensbeschreibung, die mit Vergessenwerden und Tod anfängt? Eher traurig und nicht komisch? Richtig, aber bei Karl Valentin ist das Traurige oft komisch und das Komische oft traurig.

Wie bei allen Menschen begann auch das Leben des Valentin Ludwig Fey mit der Geburt, aber nach seiner eigenen Darstellung, als er dann Karl Valentin hieß, doch ganz anders: Auf die Reporterfrage, was er gleich nach der Geburt für einen Eindruck von der Welt gehabt habe, antwortete Valentin: »Als ich die Hebamme sah, die mich empfing, war ich sprachlos. – Ich hatte diese Frau in meinem ganzen Leben noch nicht gesehen.«

Dies geschah in der Münchner Vorstadt Au am 4. Juni 1882. Sein Vater war ein aus dem hessischen Darmstadt zugezogener Tapeziermeister mit dem Namen Johann Valentin Fey, seine Mutter Maria Johanna Schatte stammte aus Zittau in Sachsen. Sie sorgte sich um ihr jüngstes Kind über die Maßen, war dabei jedoch sehr ängstlich, denn zwei ältere Brüder des kleinen Valentin Ludwig waren im Oktober und November desselben Jahres an Diphterie gestorben. Auch Valentin war von der Krankheit angesteckt und der Arzt hatte ihn bereits aufgegeben. Bereits 1870 hatte die Mutter ihre Tochter Elisabeth nach wenigen Monaten verloren.

Rein äußerlich verlief seine Kindheit normal. Er besuchte den Kindergarten und ging zur Schule. Er behielt sie in schlechter Erinnerung. Die Schulzeit war für ihn »eine siebenjährige

Zuchthausstrafe«. Erholt von der Schule hat er sich bei vielen Streichen, die nicht nur lustig waren. So zog er sich beim »Schwankeisfahren« – man fuhr auf dem dünnen tauenden Eis eines zugefrorenen Sees Schlittschuh – beim Sturz in den See sein lebenslanges Asthmaleiden zu, sein Freund »Ade« ertrank bei dieser Mutprobe. Andere ärgern gehörte auch zu seinen Späßen, wie etwa »heimlich angezündete Feuerwerksfrösche einem Bekannten in die Tasche« zu stecken und sich an dessen Schrecken zu ergötzen. So jedenfalls beschreibt er es in seinen »Jugendstreichen«. Seine Lieblingsfächer waren Zeichnen, Singen und Turnen: »Lieber hundertmal auf die Kletterstange, als einmal eine Rechnung ausrechnen«, schrieb er später.

Für Valentin war es selbstverständlich, dass er sich dem Wunsch seines Vaters fügte und nach dem Ende der Schulzeit eine Schreinerlehre begann. Er bastelte gern und erwarb sich rasch große Fertigkeiten, die ihm sein Leben lang zugute kamen. Viele seiner Bühnenrequisiten hat er später selbst hergestellt. Während seiner Lehrlingszeit – heute heißt es Azubi – trat er bei Vereinsfesten als »Humorist« auf, trug wohl Gedichte und Lieder vor, und es scheint so, als habe er sich damals das Ziel gesetzt, »Volkssänger« zu werden.

Nach seiner Gehilfenprüfung 1899 übte er zunächst seinen Beruf als Schreiner aus, besuchte 1902 für drei Monate die Variétéschule in München, erhielt ein Engagement als Komiker in Nürnberg, doch plötzlich, im Oktober 1902, verstarb sein Vater. Valentin kehrte nach Hause zurück und übernahm das elterliche Geschäft. Doch die Geschäfte gingen schlecht, 1906 musste Valentin die Firma verkaufen. Viel Geld blieb nicht übrig, und Valentins Mutter zog zurück nach Zittau.

»Wenn die Menschen fliegen könnten« (mit handschriftl. Zusatz von Karl Valentin).

Jetzt begann die eigentliche Laufbahn des Valentin Ludwig Fey als Künstler. Vorbereitungen hatte er schon getroffen mit dem Bau eines Musikapparats, den er zum »Orchestrion«

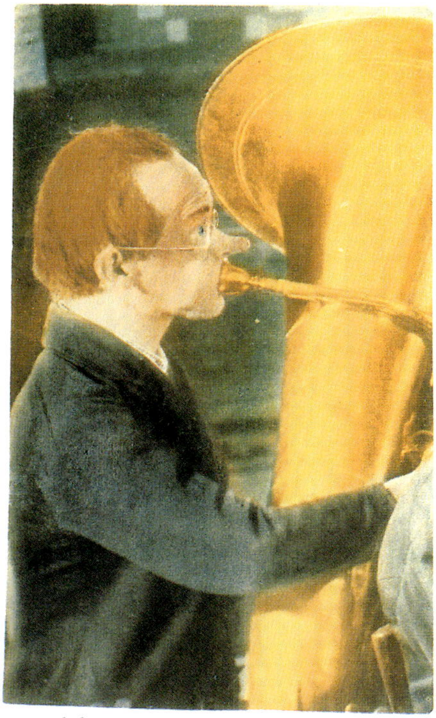
Vorstadttheater.

ausbaute, einem Riesenkasten von sechs Zentnern Gewicht, auf dem er fast zwanzig Instrumente gleichzeitig bedienen konnte.
Als »Charles Fey« versuchte er, in verschiedenen Städten Deutschlands zum Erfolg zu kommen – vergeblich. In Halle war er für eine Woche verpflichtet, nach seinem ersten Auftritt wurde ihm gekündigt. So erging es ihm im Berliner Wintergarten, einem berühmten Varietétheater, nach einem Tag war Schluss.
Valentin kehrte nach München zurück, wohnte in der Gastwirtschaft *Stubenvoll*, wo er 30 Pfennige für eine Übernachtung bezahlte, spielte in einer Weinstube jeden Abend Zither, wofür er ein Essen und 50 Pfennige Gage bekam. Traurige Aussichten für einen Komiker, der an sein Talent glaubte und überall abgewiesen wurde!
Valentin sann auf Änderung seiner Kunst. Hatte er sich bisher vorwiegend als Musik-Clown gesehen, so begann er zunehmend kleine Liedtexte zu verfassen, sogenannte Couplets. Dass er dabei seine musikalischen Fähigkeiten einsetzen konnte, kam ihm bei dem nun einsetzenden Erfolg zustatten. Elf Instrumente beherrschte er, die er sich fast alle selbst beigebracht hatte: Zither, Mandoline, Trompete, Posaune, Ziehharmonika, Waldhorn, Klarinette, Pikkoloflöte, Fagott, Gitarre, Violine – ein wahrer Autodidakt, wie man Menschen nennt, die ihre eigenen Lehrer sind!
Er sang und spielte in Münchner Gasthäusern, wobei er seine spindeldürre Gestalt häufig als Aufhänger nahm:

»Ach, es ist doch schrecklich g'wiss,
wenn der Mensch recht mager ist;
ich bin mager, welche Pein,
mager wie ein Suppenbein.«

Diese bittere Selbsterkenntnis Valentins macht deutlich, dass er über sich selbst lachen konnte, eine Fähigkeit, die seine ganzen Stücke auszeichnet. Er selbst nannte sich der »Skelettgiggerl«. Mit einfachen Versen, den Schnaderhüpferln vergleichbar, brachte er die Leute zum Lachen, die in Scharen seinetwegen in den *Frankfurter Hof*, einem Münchner »Singspielkabarett«, strömten, um den langen Dürren mit der Pappnase zu genießen. Die Gage stieg und er ver-

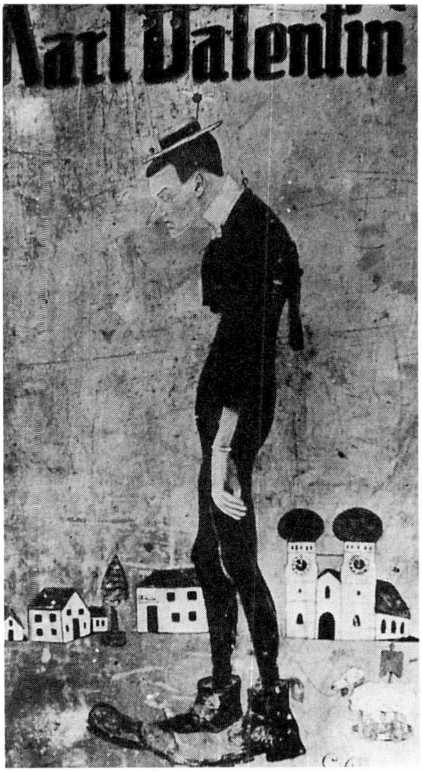

Ankündigungstafel, gemalt von Ludwig Greiner (um 1910).

diente bald so gut, dass er seine Mutter aus Zittau wieder nach München holen konnte, wo sie sich eine richtige Wohnung leisten konnte.

Die Karriere

Im *Frankfurter Hof* lernte er eine junge Sängerin kennen, eine sogenannte »Soubrette«, die Elisabeth Wellano hieß. Sie hatte Verkäuferin gelernt und kam, niemand weiß heute wie, zu einem »Possen-, Sing- und Schauspielensemble«. Sie tanzte, jodelte, spielte in rührseligen Stücken traurige Rollen. Selbst der Wirt soll geschluchzt haben vor Rührung, als sie am Ende des Stücks *Am Glück vorbei* auf der kleinen Wirtshausbühne ihr Leben aushauchte.

Diese Elisabeth Wellano überredete Valentin, sie solle seine Partnerin werden, sie könne sowieso nicht singen. Anfangs sträubte sie sich, aber dann ging's los. Valentin verpasste ihr den Namen Liesl Karlstadt – in Erinnerung an sein Vorbild Karl Maxstadt, einem Münchner Gesangshumoristen.

Mit dem *Alpensängerterzett* begann ihre gemeinsame Karriere im Jahr 1911. Die beiden blieben als das berühmteste Komikerpaar bis 1935 zusammen. Meistens spielte Valentin den spinnigen, die Worte verdrehenden Kauz, und Liesl Karlstadt brachte durch ihre Fragen aus der Wirklichkeit den komischen Effekt zustande. Aus Widersprüchen bestehen viele der Dialoge der beiden, ein Ausschnitt aus *Die Fremden* möge dies verdeutlichen. Liesl Karlstadt spielt den Lehrer, Valentin gibt als Schüler die Antworten:

KARLSTADT Wir haben in der letzten Unterrichtsstunde über die Kleidung des Menschen gesprochen und zwar über das Hemd. Wer von euch kann mir nun einen Reim auf Hemd sagen?
VALENTIN Auf Hemd reimt sich fremd!
KARLSTADT Gut – und wie heißt die Mehrzahl von fremd?
VALENTIN Die Fremden.
KARLSTADT Jawohl, die Fremden. – Und aus was bestehen die Fremden?
VALENTIN Aus »frem« und aus »den«.
KARLSTADT Gut – und was ist ein Fremder?
VALENTIN Fleisch, Gemüse, Obst, Mehlspeisen und so weiter.
KARLSTADT Nein, nein, nicht *was* er isst, will ich wissen, sondern *wie* er ist.
VALENTIN Ja, ein Fremder ist nicht immer ein Fremder.

KARLSTADT Wieso?
VALENTIN Fremd ist der Fremde nur in der Fremde.
KARLSTADT Das ist nicht unrichtig. – Und warum fühlt sich ein Fremder nur in der Fremde fremd?
VALENTIN Weil jeder Fremde, der sich fremd fühlt, ein Fremder ist und zwar so lange, bis er sich nicht mehr fremd fühlt, dann ist er kein Fremder mehr.
KARLSTADT Sehr richtig! – Wenn aber ein Fremder schon lange in der Fremde ist, bleibt er dann immer ein Fremder?
VALENTIN Nein. Das ist nur so lange ein Fremder, bis er alles kennt und gesehen hat, denn dann ist ihm nichts mehr fremd.
KARLSTADT Es kann aber auch einem Einheimischen etwas fremd sein!
VALENTIN Gewiss, manchem Münchner zum Beispiel ist das Hofbräuhaus nicht fremd, während ihm in der gleichen Stadt das Deutsche Museum, die Glyptothek, die Pinakothek und so weiter fremd sind.
KARLSTADT Damit wollen Sie also sagen, dass der Einheimische in mancher Hinsicht in seiner eigenen Vaterstadt zugleich noch ein Fremder sein kann. – Was sind aber Fremde unter Fremden?
VALENTIN Fremde unter Fremden sind: wenn Fremde über eine Brücke fahren und unter der Brücke fährt ein Eisenbahnzug mit Fremden durch, so sind die durchfahrenden Fremden Fremde unter Fremden, was Sie, Herr Lehrer, vielleicht so schnell gar nicht begreifen werden.
...

Viele Unsinnsverse hat Valentin produziert. Seine Texte (Monologe, Dialoge, Lieder, Stücke) kann man nachlesen; denn er war ein gewissenhafter Schriftsteller. Vieles von ihm wird heute wieder gespielt, vor allem seine Sketche, die sich auch für die Schule gut eignen. Der *Buchbinder Wanninger* lässt sich sehr gut mit verteilten Rollen spielen.

Der Filmschauspieler

Man kann Valentin und Liesl Karlstadt aber auch noch hören und sehen. 1912 – zwei Jahre bevor Charlie Chaplin seinen ersten Film drehte – entdeckte Valentin das neue Medium für sich. Sein erster Film, *Valentins Hochzeit*, ist typisch für Valentin: Auf eine Heiratsannonce hin klingelt Valentin, mit einem Blumensträußchen in der Hand, an der Wohnungstür, die sich öffnet. Eine riesenhafte

Karl Valentins Masken.

Karl Valentins Masken.

Dame zieht den dürren Heiratskandidaten wie eine Spinne in die Wohnung. Es gibt kein Entrinnen. Flugs wird geheiratet, mit Bergen von Torten auf dem Tisch. Da entfleucht der Kanarienvogel aus seinem Käfig, die Hochzeitsgesellschaft bricht zur Verfolgung auf, der Ehemann stürzt, die dicke Ehefrau, gespielt von einem Zwei-Zentner-Mann, fällt auf ihn drauf, er ist platt und wird in einer Schubkarre abtransportiert.

Chaplin hat später ähnliche Filme gemacht, in denen monströse Frauen den schmächtigen Charlie bedrohen. Auch die Verfolgungsjagd nach dem Kanarienvogel, quer durch die Landschaft, mit dem unrühmlichen Ausgang für den Bräutigam, der zwar den Vogel fängt, dann aber selbst auf der Schubkarre in den Käfig der Ehe geschafft wird, also diese Verfolgungsjagden sind in den frühen Filmen Chaplins, den sogenannten Slapstick-Komödien, immer wieder zu genießen. Valentin als ein Pionier des Films – das ist keine Übertreibung! Über dreißig Filme sind von und mit Karl Valentin gedreht worden, 26 davon sind noch erhalten, viele von ihnen sind inzwischen auf Video überspielt. Hören kann man Valentin auf Schallplatten; die erste Aufnahme stammt von 1929.

Der Egozentriker

Valentin war ein großer Künstler, aber auch ein schwieriger Mensch. Viele Freunde soll er nicht gehabt haben. Von seiner Familie weiß man nicht viel. Seine Frau, ein Dienstmädchen im Hause seiner Eltern, in das sich der 18-jährige Valentin verliebte, heiratete er im Jahre 1911. Das erste Kind (Gisela) wurde 1905 geboren, das zweite (Berta) im Jahre 1910. Gisela Royes, dies war der Geburtsname seiner Frau, muss sehr duldsam gewesen sein. Sie führte den Haushalt, kochte wohl gut, aber um Valen-

tins Künstlerleben kümmerte sie sich nicht. Er soll ihr sogar den Besuch seiner Aufführungen verboten haben. Allerdings hat sie ihm nach seinen Angaben Kostüme geschneidert. Vielleicht würde man ihn heute einen »Macho« nennen. In dem Sketch *Hausverkauf* fragt Liesl Karlstadt: »Ist Ungeziefer im Haus?« Valentin antwortet: »Nein, ich bin noch Junggeselle.«
Hier war Valentin auch Kind seiner Zeit. Der Mann galt als der Überlegene, Frauen hatten kein Wahlrecht, sie gehörten in die Küche. Dennoch soll die Ehe nicht unglücklich gewesen sein, die beiden lebten bis zu Valentins Tod zusammen.
Liesl Karlstadt hatte wohl mehr unter ihm zu leiden. Für sein Panoptikum, eine Art Museum, das der leidenschaftliche Sammler und Erfinder Valentin 1934 eröffnet hatte, gab sie ihm ihr erspartes Geld. Ein Jahr später schloss das Panoptikum, das Geld war fort. 1935 erlitt sie einen Nervenzusammenbruch, von dem sie sich nur langsam erholte. Valentin suchte sich eine neue Partnerin. Einen solchen Menschen, der sich vor allem mit sich und seinen Tätigkeiten befasst, nennt man Egozentriker.

Wer die valentinesken Einfälle sehen will, sollte bei einem München-Besuch ins »Musäum« gehen, wo er so interessante Dinge wie eine »Nasenbohrmaschine« oder »Sonnenstrahlen (Stahlkassette mit getrockneten Sonnenstrahlen, dieselben können wegen Lichtempfindlichkeit nicht gezeigt werden)« bewundern kann.

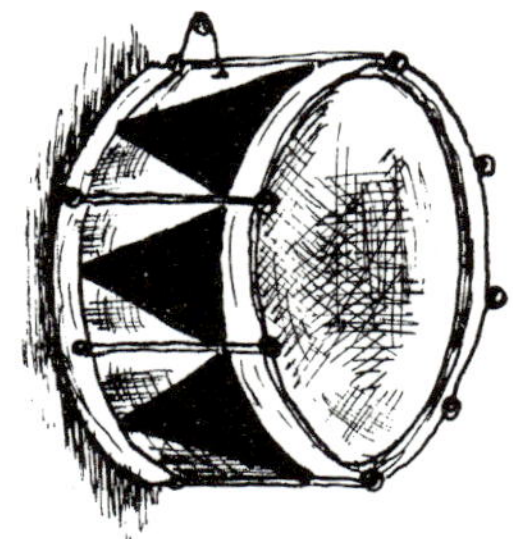

Karl Valentin-Musäum: »Geistertrommel, trommelt täglich von 12 – 1 Uhr Mitternacht ganz von selbst einen schaurigen Trommelwirbel. Kann nie gehört werden, da das Musäum abends geschlossen ist.«

Auerhahn von der Au.

(Hier gezeichnet von A. Schweiggert)

Valentin und die Politik

Valentin lebte in schwierigen Zeiten. Der erste Weltkrieg begann, als er 32 Jahre alt war. Während des Kriegs, also zwischen 1914 und 1918, trat er 120-mal in Lazaretten auf, um die verwundeten Soldaten zu erheitern. Dann kam die Weimarer Republik, die erste deutsche Demokratie, keine schlechte Zeit für Künstler. 1933 war sie zu Ende und die schreckliche Hitler-Diktatur bedrohte viele Schriftsteller, Musiker, Wissenschaftler – kurz, alle die anderer Meinung waren als die Nationalsozialisten. Viele von ihnen flüchteten ins Ausland, wie etwa der erwähnte Brecht oder der weltberühmte Physiker Albert Einstein.

Der eigenwillige Karl Valentin – wie hat er sich denn verhalten in jenen Zeiten, in denen die Meinungsfreiheit unterdrückt wurde? Sein Kollege Ludwig Thoma zum Beispiel saß im

»Eine hundertjährige Frau in ihren jungen Jahren« (gezeichnet von A. Schweiggert).

Kaiserreich einige Wochen im Knast wegen Majestätsbeleidigung, wie etliche andere kritische Schriftsteller auch. Valentin aber hat sich um Politik wenig gekümmert. Einige Beispiele sind jedoch bekannt, die seine Abneigung gegen Diktatoren deutlich machen. Hitler, der sich gern die Sympathie Valentins gesichert hätte, soll zu Valentin gesagt haben: »Wegen Ihnen habe ich schon oft gelacht.« Valentin soll entgegnet haben: »Wegen Ihnen konnte ich noch nie lachen.« Eine für damalige Zeiten mutige Antwort!

Während des zweiten Weltkriegs wird Valentins Humor immer bitterer; sein Hang zum Pessimismus verstärkt sich. Er spricht sich für Frieden aus, wird zum Pazifisten. Aufgetreten ist er nach 1941 nicht mehr. In Versen wie dem folgenden wird seine Bitterkeit sichtbar:

»Die Welt, die du erschaffen hast,
die sollst du auch regieren!
Wenn du die Menschheit nicht ersäufst,
dann lass sie halt erfrieren.«

Abschied

Zwei Auftritte, bei geschlossenen Veranstaltungen, hatte er 1947 noch, zusammen mit Liesl Karlstadt, dann wurde es still um ihn.

Wilhelm Hausenstein, ein guter Freund der Familie Valentin, beschreibt den Abschied von Valentin so:

»Am Grab waren sehr viele von denen, die hätten da sein müssen, nicht da. Schreckliche Undankbarkeit träger Herzen. Träger Münchner Herzen. Da sprach ein überzeugender Mann der Artistenloge, dann der Vertreter einer photographischen Firma – jedoch kein Repräsentant der Münchner Theater, des amtlichen München. Aber so ist die Größe eines echten Künstlers wohl manchmal in die Grube gesunken.

Als wir fortgingen, erlaubte der Dahingegangene uns zuletzt, aus dem Grab herauf, doch auch noch ein stilles Lächeln – darüber, dass er im Fasching, am Rosenmontag, gestorben und an einem Aschermittwoch begraben worden war, an dem es aus einem filzig-grauen Himmel auf die schwarzen Schirme regnete wie an Allerseelen.«

Lino Fastnacht

Gerald Jatzek
Gedichte unterwegs

Wenn ein Gedicht in den Spiegel blickt,
schaut ein Gedicht zurück,
schaut ein Gedicht aus dem Spiegel zurück,
das in den Spiegel blickt.

Wenn ein Gedicht die Straße langgeht,
ist es stets auf der Hut.
Weil ihm der Nordwind voll Übermut
sonst die Wörter verweht.

Wenn ein Gedicht auf dem Trampolin springt,
übt es in einem fort,
bis ihm bei diesem Sport
endlich ein Salto gelingt.

Wenn ein Gedicht ein Nashorn erblickt,
läuft es rasch davon.
Diese Dickhäuter haben schon
Manche Zeile zerdrückt.

Rupert Schützbach
Bienensprachen

Bienendeutsch:
summ, summ, summ.

Bienenenglisch:
samm, samm, samm.

Bienenfranzösisch:
sümm, sümm, sümm.

Bienenfinnisch:
Suomi, Suomi, Suomi.

Wolfgang Mennel
Besuch bei dir

1, 2, 3, 4, Pinguin
du wohnst dort
ich geh hin.

5, 6, 7, Apfelsaft
so, das wäre
jetzt geschafft.

8, 9, 10, Karottenschleim
keiner da –
muss wieder heim.

11, 12, 13, Nasentropfen
oder soll ich
dreimal klopfen?

1, 2, 3, Tatüütataaa
du machst auf!
Und ich bin da!

Bernd Lunghard
Gedichtbehandlung

Heut haben wir ein Gedicht durchgenommen.
Zuerst hat's der Lehrer vorgelesen,
da ist es noch sehr schön gewesen.

Dann sind fünf Schüler drangekommen,
die mussten es auch alle lesen;
das war recht langweilig gewesen.

Dann mussten drei Schüler es nacherzählen –
für eine Note; sie hatten noch keine,
da verlor das Gedicht schon Arme und Beine.

Dann wurde es ganz auseinander genommen
und jeder Vers wurde einzeln besprochen.
Das hat dem Gedicht das Genick gebrochen.

»Warum tat der Dichter dies Wort wohl wählen?
Warum benutzte er jenes nicht?«
Und schließlich: »Was lehrt uns dieses Gedicht?«

Dann mussten wir in unsre Hefte eintragen:
Das Gedicht ist ab Montag aufzusagen.
Die ersten Fünf kommen Montag dran.

Mich hat das zwar nicht weiter gestört;
ich hab das Gedicht so oft heut gehört,
dass ich es jetzt schon auswendig kann.

Aber viele machten lange Gesichter
und schimpften auf das Gedicht und den Dichter.
Dabei war das Gedicht zunächst doch sehr schön.

So haben wir oft schon Gedichte behandelt.
So haben wir oft schon Gedichte verschandelt.
So sollen wir lernen, sie zu verstehn.

Jutta Bauer

V. Ballhaus

Erwin Grosche
Das Herz

Herz Herz Herz
Herz Herz Herz
Herz Herz Herz
Herz Herz Herz

Herz Herz Herz
Herz Herz Herz
Herz Herz Herz
Herz Herz Herz

Herz Herz Herz
Herz Herz Herz
Herz Herz Herz
Herz Herz Herz

(Fühle dein Herz und sprich die erste Strophe so wie dein Herz schlägt. Die zweite Strophe sprich aufgeregt und unruhig, so als hättest du vor etwas Angst. Die letzte Strophe kannst du langsam und ruhig sprechen, so als wollte das Herz aufhören zu schlagen.)

Jürg Schubiger
Verleidet

Mein kleiner Bruder war daran sich anzukleiden. Er hatte schon die Hose über dem Hintern, da setzte er sich auf den Bettrand.
Was ist?, fragte ich.
Das Ankleiden ist mir verleidet, sagte er.
Wirst dich erkälten, sagte ich.
Ist mir egal, sagte er.
Na, hör mal, sagte ich.
Lass mich in Frieden, sagte er.
Spinnst du, sagte ich.
Er ließ den Kopf so tief vornüber sinken, dass ich dachte, er falle ihm ab. Wenn ich meinem Bruder nicht dauernd zurede, tut er nichts, sitzt er bloß auf dem Bettrand, und wenn ich ihm zurede, tut er auch nichts, sitzt er auch bloß auf dem Bettrand. Jeden Tag verleidet ihm etwas und dann tut er es nicht und vermutlich nie mehr. Gestern war es das Zähneputzen, vorgestern war es das Schuhebinden, vor drei Tagen das Butterbrot-Essen. Morgen kann es das Auskleiden sein, das Duschen, das Fernsehen. Ich habe mir das Leben mit einem kleinen Bruder ganz anders vorgestellt, und ich weiß jetzt auch wieder, wie: spannend und schön.

Hannelies Taschau
Wir haben ein Geheimnis

Wir haben ein Geheimnis miteinander
Jeder kennt Menschen mit denen
er ein Geheimnis haben könnte
Jeder sollte mit jedem jeweils
ein Geheimnis haben und es pflegen
Die Welt wäre überzogen mit einem
Gespinst dichter Beziehungen

Professor Tüftels Wörterbuch

Zusammengetragen von Gerald Jatzek
Als Zugabe »Das komische ABC« von Andreas Röckener

Annehmbar: Beliebtes Lokal, in dem die Getränke verschenkt werden. Was man in der Sonderbar zu trinken bekommt, ist hingegen nicht jedermanns Sache.

Ausschlag: Die Reaktionen eines Pferdes, wenn es am Schwanz gezogen wird. Trittfreudige Pferde werden auch als ausschlaggebend bezeichnet.

Beileid: Ein Schwur, den Holzfäller leisten, wenn sie ihre Axt in Empfang nehmen. Sie versprechen damit, für jeden gefällten Baum einen neuen zu pflanzen.

Bildschirmröhren: Geräusch, das Fernsehschirme auf freier Wildbahn von sich geben. Farbschirme röhren im allgemeinen lauter als ihre schwarzweißen Verwandten.

Blechsalat: Metallhaltige Speise, die auf dem Kühlergrill zubereitet und in der Ölwanne serviert wird. Gilt als Lieblingsgericht der Blechschlange.

Burgtor: Burgbewohner, der für seine dummen Witze bekannt ist. Oft wird er auch Hofnarr genannt.

Drachenflieger: Beherzter Pilot, der einen Drachen steuert. Da Drachen heutzutage selten sind, verdienen die meisten Drachenflieger inzwischen als Geisterreiter ihr Geld.

Eckball: Fußball in Form eines Würfels. Die Spieler dürfen um die gewürfelte Augenzahl vorrücken. Bei einer Sechs gibt es Elfmeter.

Ereignisreich: Legendäres Land, in dem immer etwas los ist. Regiert wird es von dem Königspaar Jubel und Trubel. In nächster Nähe liegen das bunte Bildreich und das gesunde Vitaminreich mit dem freundlichen Herrscher Karotin III. Angenehm sind sowohl das Waldreich wie das Hilfreich, wogegen das Sorgenreich ziemlich düster wirkt. Durch das Spannungsreich zucken ständig Blitze.

Faustball: Tanzveranstaltung eines Boxsportvereins, bei der es im allgemeinen zu Raufereien kommt.

Fleckputzmittel: Beliebtes Reinigungsmittel für Schularbeitshefte. Drei Tropfen davon auf ein Nichtgenügend träufeln, schon wird daraus ein Sehrgut.

Gänsefüßchen: Liebevolle Bezeichnung für zarte Mädchenfüße als Gegensatz zu den Quadratlatschen der Buben.

Gassenhauer: Übler Bursche, der sich auf offener Straße mit fremden Leuten prügelt. Wenn er betrunken ist, spricht man von einem Weinhauer.

Geisterfahrer: Chauffeur für Gespenster aller Arten. Die liebsten Fahrgäste sind ihm Hexen, die ihren Besen zur Reparatur bringen. Vampire müssen beim Einsteigen ihr Gebiss abgeben.

Goldregen: Sehr beliebte, doch äußerst seltene Witterungserscheinung. Merke: Während des Goldregens ist eine Regentonne die beste Sparbüchse. Wer mehr als drei Regentonnen aufstellt, gilt als Goldhamster.

Haustiere: Bezeichnung für Tiere, die ihr Haus mit sich herumschleppen. Bekannt sind die Schnecke, die Schildkröte, der Einsiedlerkrebs und die Hauskatze.

Heuschrecken: Sammelausdruck für alle Erscheinungen, vor denen sich das Heu fürchtet. Insbesondere sind dies Hagel, Wirbelstürme und hungrige Kühe.

Hosenträger: Sie tragen zerstreuten Menschen die Hosen nach, damit diese nicht in Unterhosen durch die Stadt laufen. Weil man davon nicht leben kann, arbeiten die meisten Hosenträger gleichzeitig als Schuhspanner und Sockenhalter.

Kaiserbirne: Abwertende Bezeichnung für ein gekröntes Haupt, das sich für einen Charakterkopf hält.

Kalte Platte: Eine fade LP oder CD. Das Gegenteil einer heißen Scheibe.

Kammerjäger: Spezialist für das Einfangen von entlaufenen Zimmern. Wohlgenährte Vorratskammern erwischt er recht schnell, die kleinen, wendigen Abstellkammern bereiten ihn jedoch große Mühe. Bei der Jagd auf Arbeiterkammern, Handelskammern und Wirtschaftskammern hilft ihm eine Kammerzofe.

Kerzenhalter: Diener, die früher bei adeligen Gesellschaften für die Beleuchtung sorgten. Am Königshof gab es darüber hinaus eigene Kronleuchter, die allerdings manchmal die Fassung verloren.

Kirchenschiff: Transportmittel für hohe kirchliche Würdenträger. Sozusagen die schwimmende Ausgabe des Papamobils.

Klatschtante: Heftig applaudierende Besucherin eines Konzerts oder Theaterstücks. Selbstverständlich gibt es auch den Klatschonkel.

Klomuschel: Besondere Muschelart, die nur in WCs vorkommt, wo sie von Klomuscheltauchern gejagt wird.

Knallfrosch: Lärmendes Tier, das mit dem Brüllochsen, der Quietschente und der Sprechpuppe eine Rock-'n'-Roll-Band gegründet hat.

Knoblauchzehen: Sie wachsen an Käsefüßen. Ihr Gestank schreckt sogar Vampire ab.

Krankenschein: Damit bezeichnet man den Versuch, krank zu wirken, ohne es tatsächlich zu sein. Leute, die einen Krankenschein erwecken, bezeichnet man als Scheinkranke. Oft handelt es sich dabei um Kinder am Vorabend einer Rechenschularbeit.

Kühltruhe: Eine spezielle Erfindung Professor Tüftels zur Vermeidung von erhitzter Ruhe. Einfach eine Esslöffel Kühlt-Ruhe auf die erwärmte Ruhe streuen und schon ist sie wieder frisch und angenehm.

Lachmöwe: Schräger Vogel, der sich vorzugsweise von Kichererbsen ernährt und sich von der Spottdrossel stundenlang dumme Witze erzählen lässt.

Ladendiebe: Verbrecher, die Laden aus Kästen und Schränken klauen, auf ihre LKWs laden und davonbrausen. Der wirksamste Schutz gegen Ladendiebe ist die Bewachung der Laden durch Ladenhüter.

Lampenfieber: Ernsthafte Erkrankung unter Glühbirnen. Erst werden sie schwächer, dann flackern sie u. schließlich geht das Licht aus.

Landkarte: Postkarte mit Aufnahmen einer ländlichen Gegend. Je nachdem, wie lange sie unterwegs ist, wird sie als Wochenkarte oder als Monatskarte bezeichnet. Wenn der Postbote die Adresse nicht findet, kann daraus auch eine Jahreskarte werden.

Landstreicher: Begabter Maler, der sich darum kümmert, dass die Natur schön bunt bleibt. Am eifrigsten arbeitet er im Frühling und im Herbst. Im Winter geht er auf Urlaub.

Laufmeter: Kurzes, furchtsames Wegstück, das die Flucht ergreift, sobald sich ein Mensch nähert. Ist das Wegstück länger, spricht man von einer Rennstrecke.

Mitesser: Hungerleider, der sich an fremden Tischen satt isst.

Müllschlucker: Ein widerwärtiger Allesfresser, der sich keinen Deut um die Mülltrennung schert. Am liebsten sind ihm umfangreiche Verpackungen aus Styropor und Zellophan. Umweltschützer bezeichnen ihn deshalb manchmal als richtigen Mistkerl.

Nachtwächter: Wachebeamter zum Schutz der Nacht vor Dunkelmännern. Des öfteren wird er auch gegen Tagediebe eingesetzt, die Tage stehlen und auf dem Jahrmarkt verkaufen.

Ohrenschützer: Spezieller Polizist, der Acht gibt, dass seinen Mitbürgern nicht die Ohren geklaut werden. Manchmal ertappt er auch Mundräuber und Halsabschneider.

Papierschnitzel: Wenig nahrhafte und reichlich fade Speise. Am besten schmecken noch Schnitzel aus kariertem Umweltpapier.

Rechenbuch: Ein Buch, das erklärt, wie man mit einem Rechen richtig umgeht. Sehr interessant für Gärtner, die perfekte Rechenschieber werden wollen.

Regenschauer: Spezialist für die Voraussage von Schlechtwetter. Manchmal wird er auch als Hagelschauer bezeichnet.

Rollmops: Dicker Hund, dessen Beine nicht mehr bis zum Boden reichen, weshalb er sich wie eine Kugel fortbewegt.

Sägefisch: Handwerklich begabter Meeresbewohner. Gemeinsam mit dem Hammerhai und den Bohrmuscheln ist er für die Einrichtung von Schneckenhäusern zuständig.

Scheinwerfer: Leute, die mit Zwanzigern, Fünfzigern, Hundertern, Tausendern und Fünftausendern um sich werfen. Merke: Je größer die Scheine, desto beliebter ist der Scheinwerfer bei den Fängern der Scheine.

Schlagbaum: Wütender Baum, der sich gegen das Waldsterben zur Wehr setzt.

Schulbank: Eine sinnvolle Einrichtung, bei der man Noten sparen kann. Die meisten Schüler legen zu Schulbeginn einige »Sehr gut« ein und heben sie kurz vor der Zeugnisverteilung ab. Leider weigert sich die Schulbank, einen Dreier gegen drei Einser zu wechseln.

Schulleiter: Gerät zum Erklimmen von Schulgebäuden. Wird nur noch selten verwendet, da heutzutage die meisten Schulen mit Treppen ausgestattet sind.

Schwindelanfall: Plötzliches Bedürfnis zu flunkern. Wenn Bergsteiger einen Hügel erklimmen und behaupten, es sei ein Achttausender, spricht man von Höhenschwindel.

Seeräuber: Gefährliche Verbrecher, die sich auf den Diebstahl von Seen spezialisiert haben. Sie packen einfach das Wasser ein und verschwinden damit. Zurück bleiben ausgetrocknete Wüsten wie die Sahara oder die Wüste Gobi.

Staubecken: Jene Teile des Zimmers, in denen sich der meiste Schmutz sammelt. An-

scheinend sind auch große Flüsse oft recht staubig, weshalb dort einige Staubecken gebaut werden.

Strommesser: Werkzeug zum Zerteilen von Flüssen. Kleingeschnittenes Wasser lässt sich bekanntlich leichter transportieren als ein ganzer Strom. Achtung: Beim Zerschneiden von Wasserfällen darf man niemals oben beginnen, da sonst der Rest umfällt und zerbricht.

Tadellos: Schlechtestes Los, das bei einer Tombola ausgespielt wird. Wer es hat, gewinnt nicht nur nichts, sondern wird obendrein noch ausgeschimpft. Günstiger sind das Trostlos, das Hoffnungslos, das Wertlos sowie die Herbstzeitlose.

Tennisschläger: Unsportlicher Typ, der dazu neigt, während des Spiels Raufereien zu beginnen. Selbiges gilt auch für Golfschläger und Federballschläger.

Trauerweide: Almweide, die von Kühen oder Schafen ratzekahl gefressen wurde. Alte Kühe starren dann mit tief traurigem Blick auf den kahlen Boden und erzählen vom saftigen Gras in ihrer Jugend.

Traumhaft: Aufenthalt in einem außerordentlich angenehmen Gefängnis. Beliebt ist auch die lustige Lachhaft. Die Schauderhaft verbringt man hingegen in einem dunklen Verlies, und in der Grauenhaft teilt man die Zelle mit Gespenstern und Monstern.

Trinkbar: Lokal, in dem eine große Auswahl an Getränken angeboten wird. Das Gegenteil ist klarerweise die Essbar. Beliebt sind weiters die Wunderbar, die Haltbar und die Sonderbar. Schwer zu finden ist die Unscheinbar. Die Vermeidbar sucht man besser nicht auf.

Türangel: Gerät zum Fischen von Türen. Da es oft sehr lange dauert, bis eine passende Tür anbeißt, kaufen die meisten Menschen ihre Türen doch lieber im Geschäft.

Urlaub: Blätter, die vor urlanger Zeit auf dem Urgestein lagen und in denen es sich die Urtiere gemütlich machten.

Vogelbauer: In seiner Werkstatt entstehen all jene Vögel, die in der Natur nicht vorkommen. Der Pleitegeier ebenso wie die Schnapsdrossel. Leider werden wesentlich mehr Dreckfinken bestellt als Friedenstauben.

Wachskerze: Kerze, die beim Brennen nicht kleiner, sondern größer wird.

Wagenheber: Beruf für kräftige Männer. Wer sein Auto nicht mehr aus der Parklücke bekommt, lässt es vom Wagenheber auf die Fahrbahn schupfen.

Walnuss: Lieblingsspeise der Wale. Oft gelangen die Wale jedoch nicht in den Genuss, weil sie gewisse Schwierigkeiten beim Erklettern der Nussbäume haben.

Wanderstab: Wanderlustiger Stab, der durch die Welt zieht, um seine große Verwandtschaft zu besuchen. Bekannt sind der gemüt-

liche Spazierstock, der ehrwürdige Bischofsstab und der hochmusikalische Taktstock. Der Bergstock gilt als geübter Kletterer, wogegen der Weinstock oft hilflos durch die Gegend torkelt.

Warteschlange: Geduldiges Tier, das vor allem auf Ämtern anzutreffen ist, wo es seinen Freund, den Amtsschimmel, besucht.

Wasserfest: Heiße Party von Fischen, Krebsen und Seesternen.

Wasserhahn: Eitler Gockel, der sich für einen Erpel hält. Wenn er tatsächlich versucht zu schwimmen, sieht er aus wie ein begossener Pudel.

Weinkeller: Treffpunkt trauriger Menschen. Die Gefäße, in denen sie ihre Tränen sammeln, heißen Weinflaschen, Weinglas und Weinkrug.

Windhose: Anrüchiges Kleidungsstück für Leute mit Blähungen.

Windmühle: Hier wird der Orkan gemahlen und, in Windsäcken abgepackt, an den Bäcker geliefert, der daraus Windgepäck herstellt.

Wolkenbank: Himmlische Sparkasse, auf die Goldammer und Silberreiher ihr Erspartes legen. Wird die Bank ausgeraubt, spricht man von einem Wolkenbruch.

Zitterpappel: Schreckhafter Baum, der eine panische Angst vor Holzwürmern hat.

Zugehen: Hochzeiten, die weder am Standesamt noch in der Kirche, sondern im Schnellzug abgehalten werden. Auf diese Weise fahren alle Gäste mit auf die Hochzeitsreise.

•

Nachträglich überkommen uns Zweifel, ob Professor Tüftel mit seinen Erklärungen Recht hat – hier die Auskunft aus einem Lexikon:

Annehmbar: kann angenommen werden; akzeptabel.
Ausschlag: krankhafte Veränderung der Haut bzw. Verlassen des Gleichgewichts beim Pendel etc.
Beileid: Mitgefühl bei einem Todesfall.
Bildschirmröhren: Röhren, die empfangene Signale auf dem Schirm als Bild darstellen.
Blechsalat: Schaden an Autos infolge eines Unfalls.
Burgtor: Eingang der Burg.
Drachenflieger: Sportler.
Eckball: Strafstoß beim Fußball.
Ereignisreich: reich an Ereignissen.
Faustball: Ballsport.
Fleckputzmittel: Fleckentfernungsmittel.
Gänsefüßchen: Anführungszeichen.
Gassenhauer: Schlager.
Geisterfahrer: Lenker, der sein Fahrzeug gegen die vorgeschriebene Richtung fährt.
Goldregen: Strauch mit goldgelben Blütentrauben.

Haustiere: Tiere, die mit dem Menschen leben.
Heuschrecken: Insektenart.
Hosenträger: Leder- oder auch Gummiband zum Halten der Hose.
Kaiserbirne: Süßspeise.
Kalte Platte: Schnittchen, kaltes Bratenfleisch, Salate – alles kunstvoll angerichtet.
Kammerjäger: professioneller Vertilger von Insekten.
Kerzenhalter: Vorrichtung zum Befestigen von Kerzen.
Kirchenschiff: mittlerer Längsbau in einer Kirche.
Klatschtante: Person, die Gerüchte verbreitet.
Klomuschel: das Innere des WCs.
Knallfrosch: Feuerwerkskörper.
Knoblauchzehen: Zwiebeln des Knoblauchs.
Krankenschein: Papier mit Diagnose des Arztes zwecks Krankschreibung.
Kühltruhe: großer Kühlschrank.
Lachmöwe: verbreitete Möwenart mit grauen Flügeln, rotem Schnabel und roten Füßen.
Ladendiebe: Diebe, die ein Geschäft bestehlen.
Lampenfieber: Nervosität vor einer Bewährungssituation wie einem Auftritt oder einer Prüfung.
Landkarte: Plan eines Gebietes.
Landstreicher: herumziehende Person ohne Wohnsitz.
Laufmeter: Maßeinheit bei Stoffen.
Mitesser: Talgabsonderung der Gesichtshaut, die als schwarzer Punkt erscheint.
Müllschlucker: Schacht, durch den der Müll in einen Großbehälter geleitet wird.
Nachwächter: Jemand, der nachts ein Gebäude bewacht.
Ohrenschützer: Klappen aus Stoff oder Wolle zum Schutz der Ohren vor Kälte.
Papierschnitzel: Papierschnipsel.
Rechenbuch: Lehrbuch für das Schulfach Rechnen.
Regenschauer: kurzer, heftiger Regen.
Rollmops: marinierter eingerollter Hering, der von einem Holzstückchen zusammengehalten wird.
Sägefisch: eine Rochenart mit langer, gezähnter Schnauze.
Scheinwerfer: Lampe mit einem weitreichenden, kegelförmigen Strahl.
Schlagbaum: senkrecht aufrichtbare Schranke, insbesondere an Grenzübergängen.
Schulbank: Pult im Klassenzimmer.
Schulleiter: Leiter einer Schule; Direktor.
Schwindelanfall: jäh auftretendes Gefühl, es drehe sich alles um einen.
Seeräuber: Pirat.
Staubecken: Becken für das gestaute Wasser eines Kraftwerks.
Strommesser: Instrument zum Messen der Stromstärke.
Tadellos: ohne Fehler.
Tennisschläger: zum Tennisspielen benutzter Schläger; Racket.
Trauerweide: Weidenart mit hängenden Zweigen.
Traumhaft: besonders schön.
Trinkbar: zum Trinken geeignet.
Türangel: Angel zum Einhängen der Tür in den Türrahmen.
Urlaub: arbeitsfreie Zeit zur Erholung.
Vogelbauer: veraltetes Wort für Vogelkäfig.
Wachskerze: aus Wachs geformte Kerze.
Wagenheber: Gerät zum Anheben eines Kraftfahrzeugs.
Walnuss: Frucht des Walnussbaums.
Wanderstab: Stock des Wanderers.
Warteschlange: Menschenreihe, die auf etwas wartet.
Wasserfest: unempfindlich oder beständig gegen Wasser.
Wasserhahn: Absperrhahn am Ende einer Wasserleitung.
Weinkeller: Keller, in dem Wein in Fässern oder Flaschen gelagert wird.
Windhose: staubiger Wirbelwind über erhitztem Boden.
Windmühle: vom Wind angetriebene Mühle.
Wolkenbank: ausgedehnte, waagrechte Wolkenmasse.
Zitterpappel: hochwachsende Pappelart mit kleiner Krone.
Zugehen: sich nähern (auf etwas zugehen) oder sich ereignen (es müsste seltsam zugehen, wenn …).

Hanna Johansen

Das Sonntagshuhn

Meine Großmutter hatte Hühner,
sie liefen treppab und treppauf,
und Großvater als ihr Diener
schloss morgens die Türen auf.

Nachts schliefen sie auf den Stangen,
dann schloss er sie wieder ein.
Nicht die Hühner waren gefangen –
der Fuchs konnte nicht herein.

Hühner, wenn sie nur wollen,
verstehen jedes Wort,
das sie nicht verstehen sollen,
sofort.

Weiß sind sie und gurren leise.
Eins von ihnen ist braun.
Es hat seine eigene Weise,
gedankenvoll zu schauen.

Eines Abends, als die andern
schliefen,
winkte es mich herbei
und fragte mit seinem tiefen
Blick, was ein Sonntag sei.

Wolfgang Mennel

Schluss mit den Befehlen!

Horch! sagt der Storch.
Renne! sagt die Henne.
Schlaf! sagt das Schaf.
Geh! sagt das Reh.

»Ja, aber –«
Gib Ruh! muht die Kuh.

Nimm Platz! sagt der Spatz.
Geh weg! sagt der Schneck.
Komm her! sagt der Bär.
Los raus! sagt die Maus.

»Ja, aber darf ich denn nicht –«
Nix da! kräht der Ara.

Hör mal! sagt der Wal.
Tu nicht so! sagt der Floh.
Sei still! sagt der Mandrill.
Psst leise! sagt die Meise.

»Schluss! Aus! Ich will endlich mal
tun und lassen,
was ich will!« sage ich.

Sieh mal an! sagt der Hahn.
Okee! sagt das Reh.
Na klar! sagt der Star.
Verzeih! sagt der Hai.

Christine Brand

Ingeborg Feustel
Der große und der kleine Fisch

Weitab von hier – viel weiter als du dir vorstellen kannst, nämlich mitten im heißen Afrika – plätschert der Limpoposee. Und vom Limposee fließt der Limpopofluss ins Meer.

In diesem See lebten einmal ein großer und ein kleiner Fisch. Andere Fische natürlich auch, aber ich will nur eine Geschichte von diesen beiden erzählen.

Also – der große Fisch war besonders groß und der kleine Fisch besonders klein. Wenn die beiden Verstecken spielten, passte der kleine Fisch natürlich überall hinein. Aber flösselte der große vorbei und blubberte: »Komm heraus, sonst verschlucke ich dich!«, schwamm der kleine vor Schreck aus seinem Versteck. Dann gab es eine Hatz – seeauf, seeab. Und wenn der kleine Fisch ganz außer Atem war, lachte der große schadenfroh.

Doch suchte der kleine Fisch den großen, fand er ihn sofort. Aber der große Fisch riss gleich sein Maul weit auf. »Wer mich findet, wird verschluckt!« Da fand ihn der kleine Fisch natürlich nie.

Eines Tages sagte der große Fisch: »Große Fische gehören ins uferlose Meer!«

»Und die kleinen?«, fragte der kleine Fisch.

»Die dürfen ein Weilchen hinterherschwimmen!«

So flösselten die beiden quer durch den See in den Limpopofluss. Dicht am linken Ufer versperrte ihnen eine Reuse den Weg. Das erschreckte den großen Fisch so, dass er nicht sah, wie leicht man rechts vorbeischwimmen konnte. Genau das tat der kleine Fisch und der große flösselte hinterher.

Aber kaum war die Gefahr vorüber, drängte sich der große Fisch wieder nach vorn.

Schon sieben Augenblicke später schoss der Fluss über ein Wehr. Das Wasser schäumte wolkenhoch. »Hier ist die Reise zu Ende!«, jammerte der große Fisch. Der kleine aber kuschelte sich in eine Welle und ließ sich über das Wehr tragen. Neugierig beugte sich der große Fisch so weit hinunter, dass er im Handumdrehen abwärts strudelte. Noch ganz benommen schwamm er hinter dem kleinen her. Aber nicht lange, da drängte er sich wieder vorbei und blubberte: »Große Fische haben immer Vortritt!«

So ging es den Limpopofluss abwärts. Der kleine Fisch fand immer einen Weg – außen herum oder darunter weg. Doch jedes Mal drängelte sich der große Fisch wieder an die Spitze, wenn die Gefahr vorüber war.

Eines Morgens waren die Ufer verschwunden – und ringsum nur Wasser. »Das also ist das unendliche Meer!«, blibberte der kleine Fisch feierlich.

Sofort schubste der große Fisch den kleinen zur Seite und raunzte: »Aus dem Weg, ich bin der große Fisch!«

Da tauchte ein Riesenschatten hinter ihnen auf. Schwupp, schwamm der kleine Fisch ins Wasserkraut. Der große aber war nicht schnell genug und zitterte.

»Mama, darf ich die Sprotte fressen?«, fragte der Riesenfisch.

Vor Schreck torkelte der große Fisch bauchoben ins Wasserkraut.

»Vielleicht stinkt die schon. So etwas frisst man nicht!«, grunzte die riesige Riesenfischmutter und stieß ihren Liebling ganz woanders hin.

Da flösselte der kleine Fisch so lange um den großen Fisch herum, bis der sich wieder zusammengerappelt hatte. Gleich blubberte er missmutig: »Und nun schnurstracks zurück in den Limposee, denn da bin ich der größte!«

»Ich nicht!«, blibberte der kleine Fisch. »Das Wasserkraut ist herrlich dicht im uferlosen Meer – und übermorgen treffe ich mich mit dem blauen Mondfisch!« Schon war der kleine Fisch im Wasserkraut versteckt. Da blähte sich der große Fisch auf und prustete: »Komm sofort heraus, sonst ...«

Der kleine Fisch aber kicherte, schwamm hintenherum und kniff den großen Fisch in den Schwanz – und war im Handumdrehen wieder im Wasserkraut verschwunden.

Die Zeit verging und noch immer wohnt der große Fisch dicht neben dem kleinen Fisch im Wasserkraut und blubbert: »Aber morgen schwimmen wir endlich zurück in den Limpoposee!«

»Vielleicht – vielleicht auch erst übermorgen – oder überhaupt nie!«, blibbert der kleine Fisch, rupft ein Maul voll Seesalat und strudelt mit den Seepferdchen durch das Wasserkraut. Tja, es geht eben oft seltsam zu auf dieser verrückten und doch so liebenswerten Welt.

Axel Scheffler

Ferdinand Müller
Monster im Grünen oder Wundergärten in Italien

Drunter und drüber ging es in Italien vor vier und fünf Jahrhunderten: Kampf und Streit überall. Der Papst, der Kaiser, der französische König ließen ihre Söldnerheere aufmarschieren. Landsknechte durchstreiften das Land. Dörfer brannten, Städte wurden erobert und geplündert. Und zu alledem geschahen große geistige Veränderungen: Jenseits der Meere wurde eine neue Welt voller Wunder entdeckt und die Schriftsteller schrieben dicke Bücher über die nackten Wilden im Urwald, über tropische Pflanzen und seltsame, nie gesehene Tiere. Astronomen beobachteten die Sterne und berechneten ihre Bewegungen am Himmel. Und von nördlich der Alpen drangen ganz neue religiöse Ideen in die Städte: Martin Luther forderte die *Freiheit eines Christenmenschen* und kämpfte gegen die Machtansprüche von Papst und Kirche.

Das schiefe Haus im Park von Bomarzo. *Alle Fotos Ferdinand Müller.*

Platz der Vasen mit dem Kampfelefanten.

Der Papst regierte in Rom. Er beherrschte den Kirchenstaat, der quer durch Italien bis zur Adria reichte. Die Päpste dieser Zeit hatten unermessliche Reichtümer angehäuft und prächtige Kirchen und Paläste errichtet. Sie begünstigten ihre Verwandten und Freunde, beschenkten sie mit Geld und Gut und hohen Ämtern. Sie verfolgten die freien und kritischen Geister, ließen sie in Kerker werfen oder auf Scheiterhaufen verbrennen.

In diesem Rom, wo Korruption, Verrat und Eigennutz zum Himmel stanken, lebte inmitten seiner Bücher und Waffen der Graf Vicino Orsini aus altem Adelsgeschlecht. Er war hochgebildet, las in den Büchern des Altertums und wusste von den Wundern der großen weiten Welt. Er nahm auch an Kriegszügen teil, kämpfte 1546 mit der päpstlichen Armee in Deutschland gegen die Evangelischen und mit den Franzosen in Flandern gegen den Kaiser. Er erlebte die Schrecken des Krieges, war abgestoßen von den Intrigen der Politik, kehrte der Stadt und dem päpstlichen Hof den Rücken und zog sich auf sein Schloss Bomarzo zurück, das unweit nördlich von Rom in ländlichem Frieden liegt.

Noch immer thront das Schloss düster und drohend über dem Dorf. Aber nicht seinetwegen kommen heue die vielen Fremden, die Bus-Gesellschaften und Schulklassen nach Bomarzo. Sie wollen zum *Park der Monstren*, zum *Sacro Bosco*, dem *Heiligen Wald.*

Unterhalb von Schloss und Dorf Bomarzo, im Talgrund an einer Felswand, liegt das *Wäldchen*, das Vicino zwischen 1552 und 1580 in einen Zaubergarten verwandelte, mit phantastischen Steinfiguren, Bauwerken, Brunnen, Treppen und Terrassen.

Jahrelang hatte Vicino die Anlage geplant, hatte Gärtner, Bildhauer und Architekten bestellt. Hier suchte er die Einsamkeit, aber auch »die süße Gesellschaft vieler Männer wie auch Frauen«. Man tafelte hier an den Sommerabenden, Gesang und Musik erklangen, man genoss die Freuden der Liebe, von denen Vicino in seinen Briefen schwärmte. Aber der Garten ist auch voller dunkler Geheimnisse, »schauriger Gesichter«, wie eine der vielen Inschriften sagt.

Heute fährt man auf gekurvter Straße vom Dorf Bomarzo in das Tal, wird empfangen vom Trubel einer Touristenstation, wo Pizza, Cola und Andenken verkauft werden. Der heutige Eingang zum Park ist haargenau der falsche – nicht von oben, vom Abhang her, muss der Park erlebt werden, sondern von unten, vom Talgrund aus. Da steht – oder fällt? – das *Schiefe Haus*, dessen schräge Wände und abgleitende Böden den Besucher schwindeln lassen: die gewohnten Regeln von Gleichgewicht und Schwerkraft, von lotrecht und waagerecht werden ungültig. Und auch die weiteren Stationen des Weges über Treppen und Plätze verunsichern und erschrecken den Besucher: die Giganten und Götter, die Sphinxe und Löwen, die Bären und Drachen, die Riesenschildkröte und der Kampfelefant. Sie waren ursprünglich mit grellen Farben bemalt in scharfem Kontrast zum Grün der Sträucher und Bäume. Jede der riesigen Steinfiguren hat ihre geheime Bedeutung, die manchmal schwer zu enträtseln ist. Einige Hinweise geben die Inschriften, die Vicino in den Stein hauen ließ. An Brunnen und Grotten vorbei führt der Weg zur Darstellung eines brutalen Kampfes und weiter auf einen von Vasen umstandenen ebenen Platz. Ringsum seltsame Monster: der Drache, der mit einem Löwen kämpft, der Elefant, der einen Festungsturm trägt und einen Soldaten mit dem Rüssel umschlingt.

Sirene und Kopf einer Löwenmutter.

Kampf zwischen Drache und Löwe.

Das Maul der Hölle.

Und dicht dabei gähnt das *Maul der Hölle*, eine schaurige Fratze mit einem Schlund, in den man eintreten kann. Das Innere aber ist keineswegs eine Hölle. Die Zunge des Monsters ist ein Tisch, hier speiste man, hier freute man sich des Lebens. Es ging flott und fröhlich zu in diesem Höllenrachen, der wohl eher eine Liebesgrotte war.

Einige der großen Steinfiguren ringsum weisen überdeutlich auf die Freuden der körperlichen Liebe hin: die wollüstig gelagerten Frauen, die mächtigen weiblichen Monster, lockend und bedrohlich zugleich. Die Freunde Vicinos, vornehme Adlige mit ihren Damen und sogar Kardinäle vom päpstlichen Hof, genossen solche Schaustellungen »sündhafter Lüste«.

Über diesem wunderlichen Irrgarten voll Schrecken und Lust steht ein eleganter kleiner Tempel, geweiht dem Andenken an Vicinos früh verstorbene Gemahlin Giulia Farnese.
Bomarzo ist das Werk eines Außenseiters, der abseits von Kirche und Papst eigene Wege suchte. Sein Wäldchen wurde nach seinem Tod 1585 vergessen und erst in unserer Zeit wieder entdeckt, restauriert und den Touristen erschlossen. Ihre Spuren: Cola-Dosen im Maul der Hölle und Pizza-Pappen in den Armen der Monstren.

•

Der andere Zaubergarten Italiens liegt achtzig Kilometer westlich von Bomarzo, nahe der Küste und schon jenseits der Grenze zur Toskana. Man erreicht ihn vom Bomarzo aus über

Die Türme der »Burg«.

»Päpstin« und »Magier«

Viterbo und Tuscania und mit einem Sprung über 400 Jahre hinweg in unsere Zeit. Von der Küstenstraße, der Via Aurelia, geht es ein Stück landeinwärts, und da sieht man unweit des Städtchens Capalbio aus den Wipfeln der Olivenbäume seltsame bunte Türme aufragen.

Das ist der magische Garten der Niki de Saint Phalle. Die Bildhauerin hatte seit den sechziger Jahren unseres Jahrhunderts großes Aufsehen erregt. Sie schuf die *Nanas*, üppige, nackte, bunt bemalte Frauengestalten aus Pappmaché und Kunststoff. Eine liegende Nana war groß wie ein Haus, und man konnte sie durch ihren Schoß betreten – eine Rückkehr in den Mutterleib.

Bei Capalbio begann sie 1979 die Anlage ihres Wundergartens. Sein Thema ist das geheimnisvolle, uralte Kartenspiel des Tarot, bei dem es nicht um Gewinnen oder Verlieren geht wie beim verwandten, bäuerlichen Tarock, sondern um Lebensfragen, um Selbsterkenntnis, um die Zukunft: *Wer bin ich? Woher komme ich? Wohin gehe ich?* Das Orakelspiel hat 78 Karten. 22 davon sind die *Großen Geheimnisse*. Sie hat Niki in riesigen, bunt bemalten und mit Kacheln, Glas- und Spiegelscherben umkleideten Gestalten dargestellt, vom *Narren* über das *Schicksalsrad* und die Doppelfigur von *Päpstin* und *Magier*, über Gerechtigkeit und Stärke bis zur *Frau Welt*. Sie sind so bunt wie das Leben, schön und unheimlich zugleich und rätselhaft wie die Monster von Bomarzo.

Beide Gärten – Capalbio wie Bomarzo – weisen auf die Welt hinter den Dingen. Ihre Schöpfer, die Pariserin Niki de Saint Phalle und der Römer Vicino Orsini, sind Einzelgänger jen-

Liebespaar vor der »Burg«.

seits der Regeln, stehen »quer zu ihrer Zeit«, abseits der Normen.
Die Architektur des Gartens und seine beweglichen Mechaniken hat Nikis Lebensgefährte Jean Tinguely geschaffen. Die überdimensionalen Figuren haben Skelette aus Stahl und Eisengeflecht, die mit einer Betonschicht überzogen sind. Einige kann man betreten und in der *Herrscherin* hat sich Niki de Saint Phalle ihre Wohnung und ein Atelier eingerichtet – im Körper einer Muttergöttin, in dem sie sich geborgen fühlte.
Die Figuren sind Plastiken und Bauwerke zugleich, gewagte Konstruktionen, nach Augenmaß errichtet, nicht auf dem Reißbrett errechnet und dennoch statisch perfekt. Tinguely, den man als Erfinder ratternder und klappernder Wahnsinnsmaschinen, absurder Räderwerke, herrlich verrückter Brunnenanlagen kennt, hat auch die phantastischen Eisengeräte des Tarot-Gartens konstruiert – das *Rad des Schicksals*, die *Gerechtigkeit*, den *Turm*.
Niki hat ihrem Geliebten nach dessen Tod 1991 eine igluartige Kapelle gewidmet, auf deren Altar ein Foto an den genialen Tüftler erinnert. Überhaupt sind im ganzen Garten neben den Tarotgestalten immer auch andere magische Zeichen und persönliche

»Rad des Schicksals« und »Kraft« im Tarot-Garten.

»Herrscherin« (und Atelier der Niki de Saint Phalle).

Vielköpfiges Monster

Erinnerungen zu finden – Liebesbriefe, unlöschbar auf helle Kacheln geschrieben, Lobpreisungen und Beschwörungen und die Gesichtsmasken der wenigen Mitarbeiter im verwirrend bunten Hof der *Burg*.

Der Garten entstand in einer ähnlichen landschaftlichen Lage wie der Zaubergarten von Bomarzo. Er liegt an einem Hang auf dem hügeligen Grund eines ehemaligen Steinbruches, den begüterte Freunde herschenkten. Die Einrichtung aber – Wege, Wasserspiele, Bauwerke, Figuren, die bunten Reliefs und Zeichnungen, die aufwendigen Kachel- und Glasverkleidungen – musste Niki de Saint Phalle selbst finanzieren. Das alles kostete an die zehn Millionen Mark, die sie durch den Verkauf ihrer Bilder und Plastiken und durch ein eigenes Parfum aufbrachte. Nur im Juli und August ist nachmittags der Tarot-Garten geöffnet. Dann bricht auch hier ein vorerst noch erträglicher Tourismus ein. Kinder und Erwachsene haben ihren Spaß an den unglaublichen Monstern, lachen oder staunen mit gekrausten Stirnen. Genau das hatte vierhundert Jahre zuvor Vicino Orsini von den Besuchern seines Wäldchens erwartet: »die Augenbrauen hochzuziehen« und in eine andere Welt einzutauchen.

Franz Hodjak

Kinderlied

Kommt seht, da hab ich
ein Pferdchen gezeichnet,
es ist so schön blau,
wie ich Pferde lieb,
und weil ich mag,
dass Pferde auch singen,
ist sein Kopf
eine blaue Nachtigall.

Mein Pferdchen braucht
weder Wagen noch Schlitten,
es trägt einen Buckel,
der ist ein Haus
und wer mich bittet,
dem zeichne ich gern
mit blauem Stift
seine Wünsche hinein.

Jetzt kommt, wir reiten
ins Blaue mit ihm,
bis zum Ozean und
natürlich zurück –
die Reise beginnt, ich
pinsle ja schon
den fernen Ozean her.

Max Huwyler
Meine siebzehn Wörter

Als der Prinz gelernt hatte, was am Hofe zu lernen war, sagte der Vater zu ihm: »Es ist Zeit, dass du das Leben kennen lernst. Geh in das Land jenseits der Berge, wo fremde Menschen leben und eine fremde Sprache sprechen. Meide die Fürstenhäuser. Versuche durchs Leben zu kommen wie ein Mann aus dem Volk.« – »Wie soll ich ehrlich durchs Leben kommen, wenn ich die Sprache jenes Volkes nicht kenne?« fragte der Sohn. »Geh zu deinem Lehrer, er kennt die Sprache und wird dich beraten.«

»Lehr mich die Sprache des Volkes hinter den Bergen«, sagte der Prinz zu seinem Lehrer, »lehr mich so viel wie ich brauche, um mich durchs Leben zu bringen. Die Sprache ist leichtes Gepäck.«

»Da dein Vater wünscht, dass du mit wenigem zurechtkommst und nur so viel an Gepäck mitnehmen sollst wie du zu tragen vermagst, so soll auch dein Sprachschatz bescheiden sein: Denke dir siebzehn Wörter aus, die du zum Überleben zu benötigen glaubst. Wenn du die Wörter hast, dann komm zurück, ich will sie dir übersetzen.«

Es dauerte mehrere Tage, bis der Prinz mit der Liste der siebzehn Wörter zu seinem Lehrer kam. »Du hast gut gewählt, ich will sie dir übersetzen, vorsprechen und aufschreiben.«

Meine siebzehn Wörter:

- ____________________
- ____________________
- ____________________
- ____________________
- ____________________
- ____________________
- ____________________
- ____________________
- ____________________
- ____________________
- ____________________
- ____________________
- ____________________
- ____________________
- ____________________
- ____________________
- ____________________

3. Kapitel

Von den Wünschen

Axel Scheffler

Harald Braem

Was ist Liebe?

Was wir brauchen, das ist Liebe.
Doch was ist sie, wo versteckt?
Jeder kennt sie, jeder nennt sie,
hat sie irgendwann entdeckt.
Flüchtig wie ein Wind im Feld,
kommt und geht sie,
fehlt doch immer auf der Welt.
Wenn sie da ist,
weht uns Lächeln ins Gesicht,
wenn sie fort ist,
kennen wir sie plötzlich nicht.
Liebe ist ... halt, nachgedacht:
eine Schwäche, eine Macht?
Vielleicht ist sie ja auch
eine zarte Blume,
tief im eignen Bauch ...

Foto Heike Bürger-Ellermann

Matthias Duderstadt

Fünf Miniaturen

Gewusst wie

Sie stellt den Schulranzen ab, zieht den Anorak aus und hängt ihn über ihren Haken, geht in die Küche, nimmt einen Hocker, der ihr bis zur Mitte des Oberschenkels reicht, stellt ihn vor den Unterschrank, zieht die Arbeitsplatte ein Stück heraus, steigt auf den Hocker, von dort auf die Arbeitsplatte, dann auf die Fläche, wo das Geschirr nach dem Abwasch trocknet, öffnet die rechte Tür des Hängeschranks darüber, greift auf den Zehenspitzen stehend nach oben, bekommt den Zipfel einer Kekstüte zu fassen, öffnet sie, nimmt acht Kekse heraus, legt sie, in die Hocke gehend, auf die Arbeitsplatte, verschließt die Kekstüte, schiebst sie zurück in das oberste Fach des Hängeschranks, schließt die Tür, klettert herunter, legt die Kekse in eine Schale, schiebt die Arbeitsplatte zurück, stellt den Hocker an seinen Platz, geht mit der Schale ins Wohnzimmer, wo ihre Freundin schon auf sie wartet, legt ihr und sich je vier Kekse auf den Teppich und beginnt, der Freundin gegenüber, im Schneidersitz zu essen.

Frühstück

Da ist ein Tisch, ein großer, leerer Tisch. Sie legt ein Tuch auf den Esstisch und rückt es gerade.

Ihre Schwester hat einen Stuhl zum Schrank getragen, nimmt vier kleine, flache Teller heraus und verteilt sie auf dem ovalen Tisch.
Die Eltern schlafen.
Die andere holt das Brot aus der tönernen Brottonne und legt es zusammen mit dem Brotmesser auf einen runden Holzteller. Ihre Schwester nimmt Margarine, Butter, Wurst und Käse aus dem Kühlschrank.
Sie machen weiter, bis alles an seinem Platz ist. Dann schneidet die Ältere Brot, und die Scheiben sind oben sehr dünn und unten sehr dick, und die Jüngere geht in den Garten, pflückt Kapuzinerkresseblüten und -blätter, die sie über den Tisch verteilt, und die Ältere zündet eine Flamme des Gasherds an, stellt einen Topf mit Wasser drauf und legt, als das Wasser kocht, mit einem Löffel vorsichtig vier Eier hinein.
Als alles fertig ist, gehen beide gut gelaunt die Treppe hinauf und wecken die Eltern.

Rucksack

Sie öffnet ihren Schrank, holt eine Holzkiste, um ans obere Fach zu kommen, das in Augenhöhe von Erwachsenen liegt, und nimmt heraus:
einen Pullover,
eine Bluse und
ein Unterhemd,
breitet die Sachen auf dem Fußboden aus und faltet sie sorgfältig zusammen – so klein es geht. Sie geht zurück zum Schrank, nimmt
zwei Paar Socken,
zwei Unterhosen und ein Paar Jeans
heraus, packt sie dazu, geht ins Badezimmer, wo sie Zahnbürste, Zahnpasta, Haarbürste und einen Waschlappen in ihrem Beutel verstaut, und kehrt ins Kinderzimmer zurück. Dort zieht sie – nach längerem Zögern – zwei Bücher aus einem Regal und zwei Spiele aus einem anderen und legt alles zum Haufen in der Mitte des Raumes. Dann rast sie die Treppe zur Küche hinunter, füllt ihre Trinkflasche mit Apfelsaft und Mineralwasser, rennt wieder hinauf zum Kinderzimmer, verpackt schichtweise ihre Sachen – zuoberst die Bücher und Spiele – , steckt die Flasche in die eine Vordertasche, ein Stofftier in die andere, geht pfeifend die Treppe hinunter, zieht hinter sich die Haustür zu und setzt sich – noch immer pfeifend – auf den Rücksitz des Autos.

Mäuse

Eine 20 Zentimeter hohe Mauer aus dicken Bauklötzen umschließt ein 2 x 3 Meter großes Rechteck: Darin ist der Boden mit Heu und Moos bedeckt, worauf zwei kleine Glasschalen mit Wasser stehen und zwei Porzellanschalen mit gemischtem Futter: Hirse, Sonnenblumenkerne, Erdnüsse.
Vor dem Rechteck sind zwei häuserähnliche Kästen mit einem Dach. Wenn man das Dach hochhebt, sieht man den mit feinem Sand bedeckten Boden und eine Öffnung, die ins Innere des geräumigen Rechtecks führt – auch hier stehen noch einmal Schälchen mit Wasser und Futter.
Auf dem gesamten Areal befinden

sich fünf Mäuse. Mal sind sie in den Häusern versammelt, mal verteilen sie sich über das von Heu und Moos bedeckte Gebiet, manchmal sitzt eine von ihnen in einem Tretrad.
Es kommt vor, dass eines der beiden Mädchen, die dies gebaut haben, ein Haus mit allen fünf Mäusen mit in die Schule nimmt.
Die Mäuse werden gewaschen, geputzt, gestriegelt und gestreichelt. Sie essen und trinken nichts und werden dennoch recht alt werden.

Party machen

Ein Fest soll gefeiert werden, ein Fest mit ihren neun- und zehnjährigen Freundinnen und Freunden, kein besonderes Fest, einfach ein Fest.
Sie fragt ihre Eltern, was sie davon halten, und die Eltern sagen, dass sie nichts dagegen haben, sich aber nicht an den Vorbereitungen beteiligen wollen.
Das Mädchen bereitet das Fest vor: schreibt, zeichnet und malt neun Einladungskarten, für jedes Kind eine andere, ruft ihre Freunde und Freundinnen an und klärt mit ihnen, was die Einzelnen mitbringen, nachdem sie sich eine Liste angelegt hat, auf der alles steht, was für das Fest gebraucht wird.
Einen Tag nach dem Verteilen der Einladungskarten und vier Tage vor dem Fest kommen die ersten Kinder vorbei und liefern Flaschen mit Brause und Saft, Chips, Salzstangen, Tonbandkassetten und CDs ab, und das Mädchen lagert alles im Kinderzimmer, wo das Fest stattfinden wird.
Am Tag des Festes geht sie sofort nach der Schule daran, das Zimmer auf- und umzuräumen, es mit bunten Papierbändern und Girlanden zu schmücken und dann den Boden zu saugen.
Um halb sechs beginnt das Fest, alle sind gekommen, alle sind verkleidet. Im geschmückten und verdunkelten Raum tanzen sie, sitzen oder toben schreiend herum, machen ihre Lehrer und Lehrerinnen nach.
Um neun gehen die Gäste fröhlich und ausgelassen nach Hause. Das Mädchen, das ihr Fest veranstaltet hat, ist heiter und müde. Jetzt wird sie bald schlafen gehen.
Aufräumen wird sie am nächsten Tag, denn dann muss sie nicht zur Schule.

Erwin Grosche

Busfahrertraining

Rathausplatz
Rathausplatz
Rathausplatz
Rathausplatz
Rathausplatz
Rathausplatz
Rathausplatz
Rathausplatz
Rathausplatz
Rathausplatz

(Du fährst den Bus. Übe dieses Wort in vielen Stimmungslagen. Sprich es mal traurig, mal weinend, mal lachend, mal zornig.)

Jürg Schubiger

Ich bin so

Ich bin so
so traurig,
dass mir der Kopf
fast vom Hals fällt,
dass das Dach
vom Haus fällt,
dass das Haus fällt.

Habe Füße wie
wie in viel zu großen Schuhn,
Hände wie
wie in viel zu großen Handschuhn.

Versteh nicht, was da
was gelacht wird ringsherum.
Ich bin so
wie ein Hund,
so traurig
wie ein Huhn,
ein gelbes Suppenhuhn,
ein altes Weißbrot,
ein Kuchen, der nicht aufgeht,
nie mehr auf.

Ich bin so
so traurig,
dass die Tränen nur so
an mir herunterlaufen,
immer nur so herunter,
dass das Hemd nass, die Hose nass,
das Haus nass.

Denn das hört
denn das hört nie mehr auf,
dass der Kopf mir fast vom Hals,
dass das Dach fällt,
dass das Haus.

Josefine Vogel

Paul Maar

Zukunft

Die Zukunft kommt
schon morgen früh?
Kann man die nicht verschieben?
Ich wär so gern
und zwar mit dir
im Heute hier geblieben.

V. Ballhaus

Karola Heidenreich

Auf dürrem Ast

Mir ist kalt geworden
sagte der Mond
Mir ist kalt geworden
sagte das Kind
Mir ist kalt
und die Sterne ragen
wie Felsen spitz aus der Nacht
Fürchterlich aufgeblasen
hustet der Winter
auf dürrem Ast

Dieser Schreibtisch ist etwas Besonderes – er steht im Rüschhaus bei Nienberge (Münster), wo Annette von Droste-Hülshoff eine Zeit ihres Lebens wohnte; an diesem Schreibtisch schrieb sie einige ihrer schönsten Gedichte. Foto Alexa Gelberg.

Gisela Schlegel
Lied einer alten Frau

Ich sterbe nicht.
Das geht nicht.
Ich will dabei sein jedes Jahr,
wenn der Holunder blüht
und die Amsel sitzt in seinem Schatten.
Ich möchte immer wiederkommen
mit den Disteln,
die knisternd wachsen,
wenn die Sonne blüht.

Michèle Lemieux

Wolfdietrich Schnurre
Wahrheit

Ich war vierzehn, da sah ich,
im Holunder aß eine Amsel
von den Beeren der Dolde.

Gesättigt, flog sie zur Mauer
und strich sich an dem Gestein
einen Samen vom Schnabel.

Ich war vierzig, da sah ich,
auf der geborstnen Betonschicht
wuchs ein Holunder. Die Wurzeln

hatten die Mauer gesprengt;
ein Riß klaffte in ihr,
bequem zu durchschreiten.

Mit splitterndem Mörtel
schrieb ich daneben: »Die Tat
einer Amsel.«

Fritz Senft
Die Fliege

In meiner Faust sitzt eine Fliege,
die hat mich gestört,
die hat mich empört.
Nun sitzt sie da drinnen
erhascht und gefangen
mit brummelndem Bangen,
und wenn ich wollte –
Doch nein, auch sie hat das Recht
ein wenig zu leben.
Ich öffne das Fenster,
da taumelt sie schon
durch den apfelduftenden
Abend davon.

Rosemarie Künzler-Behncke
Kaulquappen

Im Frühjahr, wenn die Obstbäume blühen, wird es in dem kleinen Weiher hinter unserem Haus lebendig. Die Goldorfen flitzen hin und her und spielen mit den Sonnenstrahlen. Jetzt quaken den ganzen Tag die Frösche. Sie legen ihren Laich immer in die hintere Bucht des Teiches, wo die alte Weide umgekippt und ins Wasser gerutscht ist. Der Laich ist eine gelbliche, schwabbelige Masse mit schwarzen Pünktchen. Ich schaue jeden Tag nach, ob sich schon was bewegt, und warte darauf, dass die kleinen Kaulquappen ausschlüpfen. Das dauert ungefähr vier Wochen. Es ist jedes Jahr dasselbe: Zuerst ist es ganz viel Laich. Und dann wird es weniger und weniger. Ich bin noch nicht dahinter gekommen, wer den Laich frisst. Sind es die Fische? Oder die Wildenten, die in der Weide brüten? Mein Vater sagt, es könnten die Libellenlarven sein. Denn Libellen gibt es auch an unserem Weiher.
Der Froschlaich wird von Tag zu Tag beweglicher. Und dann sind schließlich die kleinen Kaulquappen ausgeschlüpft. Sie haben Büschel am Kopf zum Atmen, einen dicken runden Bauch und einen Schwanz. Das ist ein Gewimmel – eine richtige Kinderstube! Ich möchte so gerne einmal sehen, wie den Kaulquappen Beine wachsen und aus Wassertieren kleine Landfrösche werden. Aber das habe ich noch nie geschafft. Eines Tages sind alle Kaulquappen verschwunden. Wer weiß wohin? Manchmal sehe ich einen kleinen Frosch im Gras. Dann freue ich mich und denke, das ist eine von unseren Kaulquappen. Ich finde es schade, dass aus dem vielen Froschlaich so wenig Frösche werden. Aber die Enten und Libellen wollen auch leben, sagt meine Mutter. Und das stimmt. Die Enten und Libellen haben es auch nicht einfach: Letztes Jahr hat der Fuchs die kleinen Enten geholt. Und dann habe ich beobachtet, wie unsere Katze ganz still am Weiher saß und plötzlich mit der Pfote eine Libelle fing und ihr den Kopf abbiss. Ich finde das grausam. Aber mein Vater sagt, so ist das eben in der Natur: Der eine lebt vom anderen. Und darum muss es so viel Froschlaich und so viele Kaulquappen geben. Weil nicht aus allen Frösche werden können.

Frieder Stöckle

Bäume

Bäume
Baumkronen
Blätterdach
Rindestreicheln
Astwiegen
Zweigversteck
Stammgebirge
Holzhöhe
Gipfelblick
Gabelsitz
Nestgehege
Grünhorizont
Waldwebe
Holzdom
Sonnenfänger
Windorchester
Frischluftspender
Lebensbaum
Bäume

Ingrid Huber

Wenn

Ich suche
einen Stein,
einen ganz
bestimmten

Wenn ich
lang genug
suche
werde ich ihn auch
finden

Wenn ich ihn dann
habe
bin ich ganz bestimmt
froh

Und wenn du fragst:
»Warum?«
Sag ich:
»Einfach nur so«

Alfons Schweiggert

Zündholz

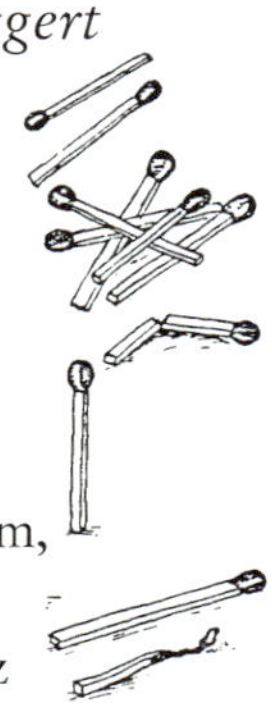

Zündholz hin,
Zündholz her,
viele Zündholz
kreuz und quer,
Zündholz krumm,
Zündholz grad,
sieben Zündholz
in Parad.

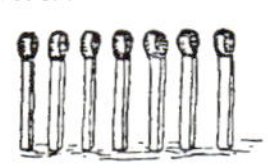

Zündholz groß,
Zündholz klein,
armes Zündholz
ganz allein.

Doris Mühringer

Zittern der Bäume

Hättest du Seelenhaare
fein
wie die Schnurrbartspitzen von Katzen
du fühltest das Zittern der Bäume
wenn du zu ihnen gehst
mit der Axt

Fotos F. Stöckle

Wolfgang Bittner
Der Heilige Abend, an dem wir Zwiebeln klauten

Damals, 1945, war ich vier Jahre alt. Der Krieg und die Schrecken der Besetzung lagen hinter uns. Wir hatten Oberschlesien im Herbst auf dem Dach eines Zuges verlassen müssen und für kurze Zeit Unterkunft bei Verwandten in Potsdam gefunden. Von dort kamen wir auf Anordnung irgendeiner Behörde in ein kleines Dorf in der Uckermark. An manches, was sich dort zutrug, kann ich mich noch dunkel erinnern, vieles hat mir meine Mutter im Laufe der Jahre nach und nach erzählt. In einem ehemaligen Gesindehaus in der Nähe eines Bauernhofs erhielten wir ein Zimmer zugewiesen: meine Mutter und ich sowie meine Tante und ihr achtjähriger Sohn. Zuerst betrat man einen dunklen, muffig riechenden Flur. Rechts wohnten Kapitzkes, ein Ehepar mit drei Kindern im Alter zwischen acht und zwölf Jahren. Ich weiß noch genau, dass es bei ihnen oft drunter und drüber ging, denn Herr Kapitzke war ein Choleriker. Er litt an einer Kriegsverletzung, schrie bei jeder Gelegenheit und verprügelte nicht nur die Kinder, sondern auch seine Frau.

Links wohnten wir und neben uns, nur getrennt durch eine abgeschlossene Stubentür, Frau Reuchel, deren Mann gefallen war. Sie hatte eine Tochter in meinem Alter, ein zartes, etwas kränkelndes Kind, das häufig weinte.

Unser Zimmer war feucht und unansehnlich. Tisch und Stühle standen darin, Betten, ein Kleider- und ein Küchenschrank, ein Herd zum Kochen. Die Wände waren fleckig, der Fußboden morsch. Neben dem zugigen Fenster hingen die zerfaserten Kupferdrähte einer abgerissenen elektrischen Leitung herunter. Da das Kabel noch Strom führte, wurde mir und meinem Vetter streng verboten, es zu berühren.

Lebensmittel gab es nur auf Marken. Aber diese Abschnitte nützten nicht viel, wenn nichts da war. Der einzige Laden im Dorf gehörte Frau Zernick, einer Kriegerwitwe. Sie war beim Einmarsch der Roten Armee vergewaltigt worden, wie hinter vorgehaltener Hand geflüstert wurde. Ich wusste damals natürlich nicht, was das war: vergewaltigt. Dem Verhalten und den Andeutungen der Erwachsenen entnahm ich, dass es einerseits etwas Schlimmes sein musste und andererseits etwas Anrüchiges, womöglich Unanständiges. Alle benahmen sich jedenfalls sehr seltsam, wenn die Sprache darauf kam. Offenbar war ihnen selber nicht ganz klar, wie sie damit umgehen sollten.

Frau Zernick war eine harte, unangenehme Frau, die ihre Verletzungen hinter Schroffheit verbarg. Sie mochte meine Mutter und meine Tante nicht. Wahrscheinlich beneidete sie die beiden um ihre paar geretteten modischen Kleidungsstücke, vielleicht auch um die Chance, woanders ein besseres Leben beginnen zu können. Dazu kam, dass die Einheimischen die Flüchtlinge als Störenfriede ansahen, als Schmarotzer und »Rucksackgesindel«. Nun gut, man hatte den Krieg verloren – sollte man jetzt von dem wenigen, was einem geblieben war, noch an die Fremden abgeben? »Selbst wenn ich Butter hätte«, sagte Frau Zernick böse zu meiner Mutter, »selbst wenn ich Butter hätte, würde ich sie Ihnen nicht verkaufen.« Die Flüchtlinge sollten nach Ansicht der eingesessenen Dorfbevölkerung gefälligst dahin zurückgehen, woher sie gekommen waren.

Meine Mutter klagte der Bäuerin, der das Gesindehaus gehörte, ihre Not und erregte Mitleid. Jedenfalls bot ihr die Bäuerin an: »Holen Sie sich morgen etwas Milch für die Kinder ab.« Als meine Mutter tags darauf zurückkam, weinte sie vor Scham und Enttäuschung. Sie hatte nämlich einen Kochtopf mitgenommen, das einzige Gefäß, das wir besaßen. »Einen größeren Topf haben Sie wohl nicht finden können«, hatte die Bäuerin sie angefahren und ihr gnädig ein bisschen Magermilch gegeben, die gerade den Boden des Topfes bedeckte.

Auf einmal, ganz unverhofft, war der 24. Dezember gekommen. Wir froren und litten Hunger. Meine Mutter und meine Tante zerbrachen sich den Kopf, wie Abhilfe zu schaffen sei. Als wir eines Tages über die Landstraße nach Prenzlau gewandert waren, hatten die Frauen ein Feld mit Zwiebeln entdeckt, das nicht abgeerntet worden war. »Besser als gar nichts«, sagte meine Mutter. Wir gingen also Zwiebeln stehlen. Der Boden war hart gefroren und das Lauch riss ab, aber einige Zwiebeln bekamen wir doch heraus. Auch ein paar Kartoffeln waren noch da. Die

Frauen kochten eine recht gehaltvolle Suppe, die wir zu Mittag aßen. Die Abfälle, also auch die Zwiebelschalen, warfen wir auf den Misthaufen schräg gegenüber unserer Tür – das war unser Glück. Denn der Bauer, dem das Zwiebelfeld gehörte, hatte Anzeige erstattet. Die Teller waren gerade abgespült, da erschien der Dorfpolizist und durchsuchte die Wohnungen. Bei Kapitzkes wurde er fündig; eine ganze Tasche voll Zwiebeln kam zum Vorschein. Er ließ sich auch durch das Geschimpfe und Gefluche von Herrn Kapitzke nicht beeindrucken. Das Diebesgut wurde sichergestellt, ein Protokoll aufgenommen und noch eine weitere Anzeige wegen Beamtenbeleidung geschrieben, der eine Gerichtsverhandlung folgen sollte.

Meine Mutter regte sich zuerst fürchterlich auf. Doch allmählich verwandelte sich ihre Aufregung in Zorn. »So eine Schande«, sagte sie. »Die Zwiebeln verfaulen auf dem Feld und wir müssen hungern.« Ein eigenartiger Stolz kam hinzu, der sich in den Worten ausdrückte: »Diese Kerle« – gemeint waren der Polizist und der Bauer – »haben sich die ganze Zeit zu Hause herumgedrückt, während unsere Männer an der Front ihre Knochen hinhalten mussten.« Nachdem der Polizist fort war, ging sie kurz entschlossen zusammen mit meiner Tante in den Wald.

Die Dämmerung brach schon herein, da kamen die beiden Frauen mit einem Tannenbaum, Reisig und Holz zurück. Der Herd wurde angeheizt und der Weihnachtsbaum geschmückt. Aus dem Silberpapier einer Zigarettenschachtel ließ sich Lametta machen, aus Watte Engelshaar. Meine Mutter backte sogar ein Kuchenblech Plätzchen aus Maismehl, Gries und ein wenig Zucker. Ein paar von den Plätzchen hängten wir an den Weihnachtsbaum, der uns wunderschön erschien.

Und während die Frauen noch beschäftigt waren, spielten mein Vetter und ich Elektriker. Es gelang ihm, mich zu verleiten, das an der Wand hängende Stromkabel anzufassen. Ich bekam einen heftigen Schlag, von dem ich beinahe ohnmächtig wurde. Das weiß ich noch wie heute. Alle bemühten sich um mich, bis es mir wieder besser ging.

Endlich konnte der Heilige Abend beginnen. Bei Kerzenlicht tranken wir heißes Wasser mit dem erahnbaren Geschmack von Tee und Zucker.

Dazu gab es die ziemlich harten Plätzchen, die uns ganz köstlich schmeckten und jede Delikatesse ersetzten.
Später kam der Knecht, der oben im Haus ein Mansardenzimmer bewohnte, zu uns herunter. Er war schon älter und hinkte, weil ihm in Russland die Zehen abgefroren waren. Er hatte offensichtlich ein Auge auf meine Tante geworfen. Als Geschenk brachte er uns einen Kanten Brot und Griebenschmalz mit.
Wir sagen »O du fröhliche«, »Stille Nacht, heilige Nacht« und schwelgten. Meine Mutter erzählte von meinem Vater, der schwer verwundet in einem Lazarett im Westen lag. Dorthin wollten wir uns in den nächsten Tagen auf den Weg machen. Die Frauen weinten und beteten, dass es uns gelingen möge, wohlbehalten in den Westen zu gelangen. Ihre Gebete wurden erhört.

Michail Krausnick
Werbespott

ALLES! Kaufen Sie ALLES!
ALLES – immer ein Gewinn!
ALLES! Ich hätt gern ALLES!
Für ALLES geb ich alles hin.
ALLES! Kaufen Sie ALLES!

Wer ALLES kauft, muss sich nicht sorgen,
Wer ALLES hat, der muss nichts borgen,
Wer ALLES hat, der kann gut lachen:
Mit ALLES kann man alles machen!

ALLES! Kaufen Sie ALLES!
ALLES! Immer ein Gewinn!

ALLES! Ich hätt gern ALLES!
Mit dem ich sehr zufrieden bin
Und das ich niemals tauschen würde!
ALLES! Ich bleib bei ALLES!

V. Ballhaus

Matthias Duderstadt
Zeitungsfoto

In einem kleinen Raum
Zwei Menschen:
Ein älterer und
Ein sehr junger.
Der Säugling liegt
An der Brust
Seiner Mutter.

Auf einem Gaskocher
Wird Fleisch gegart.
Die Frau und
Der Säugling sind
In Felle gehüllt.
Die Wände des Raumes
Sind aus Eis.

Angelika Ehret
Auf dem Klo

Sandra hat sich aufs Klo geflüchtet und die Tür hinter sich abgeschlossen. Gerade deswegen eignet sich das Klo ja so gut, wenn man flüchten will – weil man hier den Schlüssel hinter sich umdrehen kann! In ihrem Zimmer darf Sandra sich nämlich nicht einschließen, denn es heißt immer: »Und wenn was passiert, kommen wir nicht mal rein und müssen die Tür aufbrechen lassen!«

Wie wenn einem im Zimmer groß was passieren könnte, denkt Sandra, dann kann einem auf dem Klo ja ebenso gut was passieren … Auf dem Klo hat man jedenfalls seine Ruhe. Meistens wenigstens. Doch heute dringt das Geschrei sogar bis hierher. Sandra stopft sich die Finger in die Ohren. Das hilft jedoch nicht viel. Wenn Papa einmal so richtig loslegt, kann man das auch mit zugehaltenen Ohren noch ganz gut hören. Und Papas Lautstärke ist heute neuer Rekord! Sie steckt die Finger noch fester in die Ohren. So fest, dass es wehtut.

Umsonst. Noch immer ist das Schreien zu hören.

Hilfe suchend guckt sich Sandra um, und ihr kommt endlich der rettende Einfall: So kräftig sie kann, drückt sie auf die Klospülung. Das Wasser rauscht ins Klo. Und übertönt zum Glück alles. Allerdings nur einen Moment lang. Dann kann Sandra das Schreien erneut hören. Sie drückt deshalb gleich noch mal auf die Spülung.

Doch nun ist der Wasserkasten leer, da hilft alles Drücken nicht. Sie muss erst eine Weile warten, bis sie die Spülung wieder in Gang setzen kann. Also solange wieder zurück zur Finger-Stöpsel-Methode!

An diesem Abend bleibt Sandra sehr lange auf dem Klo und drückt die Spülung noch fünfmal, bevor endlich wieder einigermaßen Ruhe ist.

Bernhard Lins

Ich will dich heut nicht sehen

Ich will dich heut nicht sehen
und sag dir ins Gesicht:
Ich will dich heut nicht sehen.
Ich mag dich heute nicht.

Ich kann dich heut nicht riechen,
du machst dich nicht beliebt.
Mach bitte eine Fliege,
bevor es Ärger gibt.

Ich möchte heut allein sein
und sag dir ins Gesicht:
Ich hab heut schlechte Laune
und mag mich selber nicht.

Ich will dich heut nicht sehen.
Ich weiß, das klingt gemein.
Doch ich kann heute leider nicht
auf Knopfdruck lustig sein.

Hast du mal schlechte Laune,
dann kann ich dich verstehn.
Und spätestens heut Abend
möcht ich dich wiedersehn.

Paul Maar

Wenn Molche …

Wenn
Molche solche
Sachen machen,
haben Raben
was zu lachen.

Zeichnungen von Paul Maar

V. Ballhaus

Sabine Jörg

Computer-Miri

Miri schaltet den Computer ein. Schon wird sie begrüßt: Willkommen!
Der Schreibtisch erscheint: kleine Ordner, säuberlich beschriftet:
Rudi, Briefkopf, Englisch.
Miri öffnet das Englisch-Programm. Es gongt; auf dem Bildschirm steht: **Hello, how are you?** Miri klickt in den lächelnden Smiley. . Es geht ihr ganz gut.

That's fine. Let's begin.

Der Computer fragt Miri Vokabeln ab. Er hat Geduld. Immer wieder kommt er auf die Wörter zurück, die Miri nicht in den Kopf wollen. Er lobt Miri, wenn sie sich einen Begriff merkt. Der Computer warnt Miri sogar, wenn ein Wort folgt, das sie immer mit einem anderen verwechselt. Der Computer ist erträglicher als der Nachhilfe-Unterricht von Miris Mutter. »In deinem Alter habe ich in Englisch eine 1 gehabt«, hat er noch nie behauptet. »Du bist unkonzentriert«, ist bei ihm nicht einprogrammiert. Ein Glück!

Zur Entspannung, nach Englisch, verziert Miri ihr Computer-Briefpapier. Den Brief an Rudi hat sie 13-mal umgeschrieben, verbessert, neu bemalt. Rudi hat auch einen Computer. Und Miri interessiert sich für ihn, für Rudi, für seinen Computer nicht ganz so sehr. Der Brief ist jetzt so schön, dass Miri sich kaum traut, ihn Rudi zu geben. Sie ruft die allererste Fassung aus dem Speicher auf, druckt sie aus.

Für Rudi

Hallo, hast du Lust, mir auch mal einen Computer-Brief zu schreiben?

Ich habe japanische Kalligraphie-Pinsel.

`Und auch einfache Schrift.`

Am nächsten Tag, in der Mathestunde, schiebt Miri Rudi das Briefchen zu. Rudi grinst. Er schreibt: »Kannst ja heute Nachmittag zu mir kommen, ich habe 120 Spiele!«

Drei Stunden später sitzt Miri neben Rudi an dessen Computer. Rudi hat ein Spiel eingelegt. Die Joy-sticks zwischen den Oberschenkeln starren beide auf den Bildschirm: Wer reagiert schneller, bewegt den roten Knüppel geschickter hin und her? Rudi natürlich, schließlich hockt er tagelang am Computer und knallt und schießt wie wild um sich.

»Sag mal, macht dir das eigentlich Spaß, dieses ewige Rumballern?«, fragt Miri, nachdem sie das erste Spiel verloren hat.

»Wieso? Magst du lieber 'n anderes?« Rudi wartet die Antwort nicht ab, legt ein neues Spiel ein. Wieder geht es um Zeit, um Reaktionsgeschwindigkeit. Rudi sitzt da mit hochrotem Kopf, die Hände an den

Joy-stick gepresst. Er sieht gebannt auf den Bildschirm, merkt nicht, wie Miri ihren Joy-stick beiseite legt und sein Zimmer betrachtet.
An den Wänden hängen Poster, überall liegen Disketten herum, auch einige Musikcassetten sind dazwischen. Die hätte Miri lieber angehört. Überhaupt hatte sie gedacht, dass man sich etwas unterhalten könnte ...
Rudi brüllt auf: »Wahnsinn, Wahnsinn!« Er hat seinen eigenen Geschwindigkeitsrekord unterboten.
Miri dreht sich zu ihm um: »Am besten spielst du nur noch gegen dich selbst!« Rudi spürt die feine Ironie nicht. »Ja, du, ich hab auch tolle adventure games. Da musst du dich durch den Urwald schlagen.«
Miri winkt ab: »Wenn Abenteuer, dann richtige. Bildschirm-Urwald interessiert mich nicht.«
Rudi ist überrascht: »Was willst du eigentlich?« Er dämpft seine Stimme: »Ich habe auch verbotene Spiele, richtige fiese Kriegsspiele, hab ich mir heimlich kopiert.«
Miri holt tief Luft. »Mensch, Krieg find ich grauenvoll, ich hab keinen Spaß, andere umzubringen. Ich kann darüber nicht lachen.«
»Aber es geht doch nur um Punkte!«
»Und dieser Geschwindigkeitsfanatismus geht mir auch auf den Nerv. Ich würde doch nie zu einem Autorennen latschen und zugucken, wer als erster um die Ecke quietscht.«
»Ich finde das geil.«
»Und ich find's kindisch. Na ja, das sind die gewissen Unterschiede ...«
»Wofür hast du dann überhaupt einen Computer?«
Miri sieht Rudi gequält an: »Ach, das verstehst du sowieso nicht.«
Zu Hause setzt Miri sich gleich wieder an den Computer. Sie gibt den Befehl ein:
Rudi 1 - 13 Exit.
Auf dem Bildschirm erscheint die Nachfrage:
Wollen Sie den Inhalt wirklich löschen?
Und Miri bestätigt: **Exit.**
Miris Mutter steckt den Kopf durch die Tür: »Du wirst ja noch ein richtiger Computer-freak.«
Miri lacht ihre Mutter an: »Wirklich nicht!«

Rosemarie Neie

Aus dem Leben von zwei Bären

Ein Bär,
der jahrelang
mit Kindern spielt,
was der wohl fühlt,
wenn sie groß sind,
eigene Wege gehen,
ihn übersehen?

Ich kenne zwei,
die warteten immer,
spitzten die Ohren,
froren.

»Kinder wachsen,
es muss wohl so sein«,
sagte der eine.

Das leuchtete auch
dem anderen ein.

»Du bist ein Bär,
ich bin ein Bär,
wir sind doch wer!«

Der andere Bär
hat Augen gemacht
und nachgedacht.

Von da an
unterhielten sie sich
gern miteinander
und jeder für sich.

Bis man sie holte,
ins Wohnzimmer setzte
und immer mal wieder
mit ihnen schwätzte.

Ihnen wie früher
was anvertraute,
so wie sie's mochten,
nach ihnen schaute.

Es wäre nicht gut,
wenn wir nicht wären –
fühlten die Bären.

da war doch noch was!?

M. Schweitzer

Karoline Elke Löffler

Helga Glantschnig

Bär und Bärin

Mein lieber Bär! Es schreibt
die Bärin dir ein Brieflein
mit der Bärenpost. Ich möcht
dich sehen möglichst bald.
Und wieder mit dir Beeren essen
ganz allein. Erdbeeren, Himbeeren,
Schwarzbeeren, Brombeeren, viele
Preiselbeeren, ganz, ganz echte.
Nein, keine schlechten Gummi-
bären. Wann werden wir wieder
schlecken und uns necken? Hälse
recken und Honig lecken und am
Morgen uns wecken mit einem
großen Kuss. Wie geht es dir im
Bärenkrankenhaus?
Gruß und Bärenbussi.
Ganz dein Bärli.

Reiner Kunze
Wohnungen zu vermieten

Wohnungen zu vermieten!
Die Größe ist verschieden.
Diese hier ist für Stare,
doch bitte, nur Paare!

Wohnungen zu vermieten!
Die Lage ist verschieden.
Die Meise, stets bescheiden,
mag's überall gern leiden.

Wohnungen zu vermieten!
Der Eingang ist verschieden.
Einen schmalen Spalt im Haus
erbittet sich die Fledermaus.

Nichts mehr frei! Nichts mehr frei!
Da nützt auch kein Geschrei.
Die Spatzen rufen Weh und Ach
und ziehen heimlich unters Dach.

Hans Manz
Klopfzeichen

Damals,
wenn sie zu ihm ging,
benützte sie nie die Klingel.
Sie klopfte ans Fenster,
klopfte an die Tür,
klopfte im Takt
seines Herzens.

Und jetzt, nach Jahrzehnten
klopft sie noch immer
wenn sie heimkommt,
im Takt ans Fenster
und an die Tür.
Und das wird so bleiben,
so lange sein Herz schlägt
oder das ihre.

Klingeln kann jede.

Friederike Mayröcker
was brauchst du

was brauchst du? einen Baum ein Haus zu
ermessen wie groß wie klein das Leben als Mensch
wie groß wie klein wenn du aufblickst zur Krone
dich verlierst in grüner üppiger Schönheit
wie groß wie klein bedenkst du wie kurz
dein Leben vergleichst du es mit dem Leben der Bäume
du brauchst einen Baum du brauchst ein Haus
keines für dich allein nur einen Winkel ein Dach
zu sitzen zu denken zu schlafen zu träumen
zu schreiben zu schweigen zu sehen den Freund
die Gestirne das Gras die Blume den Himmel

Radierung von Renate Herfurth zum Gedicht »Froher Morgen« von Georg Maurer – hier stark verkleinert.

Hanne F. Juritz

Wenn ich mein Bett nicht hätt

wenn ich mein bett
nicht hätt
wie freute ich mich drauf
wie freute ich mich
auf mein bett
wenn ich's nicht hätt

wenn ich mein bett
nicht hätt
dann könnt ich nicht
mein büchlein unters
kissen tun
die katze könnt nicht
auf mir ruhn
ich könnt nicht in die
federn heulen
könnt nicht die
matratze beulen
nicht in den zipfel
beißen
weil ich müde bin
nicht mit dem deckbett
schmeißen
weil ich fröhlich bin
könnt nicht den vater
bitten mich ins bett
zu tragen
könnt nicht die mutter
rufen mir gutnacht
zu sagen
mit einer geschichte
zum schlafen
und zigtausend
springenden schafen

wenn ich mein bett
nicht hätt
wie freute ich mich
drauf
wie freute ich mich
auf mein bett
wenn ich's nicht hätt

Foto Rudelius

Michail Krausnick
Pausenliebe

Frank liebt Anne.
In der Pause,
Als er Anne sieht,
Weiß er nicht, wie ihm geschieht:
Plötzlich im Vorübergehn
Lässt er sich ein Lächeln stehn.

Anne streicht ihr Haar zurück,
Schenkt ihm einen Augenblick.
Später an der Haltestelle
Stupst ihn Anne blitzesschnelle
Heimlich im Vorübergehn
Grade so – wie aus Versehn.

»Aua!« – denkt sich Frank im Bus,
»Autsch! Das war ja fast ein Kuss!«
Und er freut sich, kaum zu Hause,
Auf die nächste große Pause.

Irmela Wendt
Katharina

Es schmettert der freche Ottokar:
TATTARINA TANN TEIN TA!
TATTARINA TANN TEIN TA!
Auf der Straße tut er das,
und es macht ihm ries'gen Spaß.

Doch Katharina, die kleine,
ist nahe am Weinen,
dem Ottokar streckt sie die Zunge aus
und rennt dann ganz, ganz schnell nach Haus.
Wer sie kennt, der weiß es ja:

Katharina kann kein K –.
Wer sie tröstet, setzt hinzu: Doch
Katharina lernt es noch.
Ottokar, du sollst dich schämen,
dieses Kind so zu vergrämen.

V. Ballhaus

Rosita Davidson
Zu spät

Max muss!
Max rennt!
Es ist noch weit!
Zu weit!
Da ist das Haus!
Die Treppe hoch,
den Schlüssel rein!
!!!!!!!!!!!
Der Schlüssel klemmt!
Oh?!?
Najooh!

Benno Pludra
Erste Tage nirgendwo

An zu Hause denkt Jakob morgens nie. Und wenn schon doch, dann denkt er mit heimlicher Sehnsucht an Mareike und Sabine, seine Schwestern. An die Mutter denkt er mit Traurigkeit, ihre entsetzten Augen. »Jakob, Jakob!«, hat sie geschrien, und er, wie festgenagelt, hat sie angestarrt, das Messer noch in der Faust. Kein Messer zum Kartoffelschälen, das war sicher, so spitz und lang, blitzender Stahl, und sollte dem Vater in die Brust. Wahrhaftig in die Brust?
»Gib mir das Messer«, hat der Vater gesagt. »Leg es auf den Tisch«, und die Mutter hat Jakob beschworen: »Mach schon, was Papa sagt. Gib ihm das Messer, leg es auf den Tisch«, aber Jakob hat überhaupt nichts mehr begriffen, ist langsam zurückgewichen bis ans Fenster und hat es plötzlich aufgerissen und das Messer hinausgeschleudert.
Der Vater hat sich erst gar nicht gerührt, nachher geflüstert: »Bist du bescheuert?«, und wollte auf Jakob los, die Arme zum Schlag erhoben, doch die Mutter hat sich an ihn gehängt, ein komisches Bild, mehr zum Lachen, und hinter den beiden waren wie zwei Engel die Schwestern Mareike und Sabine erschienen: bleich vor Angst, und jedes Mal wieder, wenn Jakob an sie denkt, hat er dies Bild vor Augen wie aus einem Film.
Er musste gehen, es war zu Ende für ihn.
Er musste gehen, konnte nicht bleiben, wollte sich nicht zu Tode schämen, den Vorwurf von Mareike und Sabine jeden Tag: Jakob, Jakob, warum?

Nun ist er bei Hugo, hier am Kanal, noch ziemlich früh, und schwappt sich Wasser übers Genick, gegen die Ohren, ins Gesicht, und am nackten Oberkörper abwärts rinnen Glitzerfäden, eisigkalt. Jakob friert, seine Haut wird höckrig, teilweise blau, doch als er sich trocken reibt, dann kommt ein Gefühl von Wärme.
»Hau ordentlich drauf«, sagt der alte Hugo. »Krank hier draußen, das geht nicht.«

»Ich werde nicht krank«, sagt Jakob. »Das hat mein Vater so gewollt.«
»Dass du nicht krank werden sollst?«
»Mit dem Wasser jeden Tag«, sagt Jakob, »eisekalt. Auch im Winter.«
»Ach darum«, sagt der alte Hugo.
»Was darum?«
»Das Messer«, sagt der alte Hugo.
»Nein, bewahre«, sagt Jakob. »Ich wollte das selber auch. Mich abhärten jeden Tag.«
Er sitzt dann am Feuer, den Pullover hoch bis zum Hals und zittert tief innen, wie im Sommer jedes Mal, wenn er zu lange im Wasser geblieben war, also immer. Der Plastikbecher ist heiß, der schwarze Kaffee dampft. Der alte Hugo sagt: »Das ist mein schönster Augenblick. Hast du Hunger?«
»Bisschen vielleicht«, sagt Jakob.
»Dann wollen wir sehen, dass wir was Festes in den Magen kriegen. Bei Mustafa oben an der Frittenbude.«
Den Wiesenhang aufwärts, und oben, das ist der reine Hammer, überfällt sie die Stadt mit Lärmgetöse und Benzingestank. Die blanken Karossen, ein Strom ohne Ende, und Jakob möchte wohl wissen, wohin sie denn alle fahren. Woher sie kommen, wohin sie fahren, den ganzen Tag und noch die halbe Nacht.
An Mustafas bunter Frittenbude geht der weiße Rolladen hoch. Die Kaffeemaschine zirpt und es duftet wie verrückt nach Marzipan und knusperbraunen Broten, Curry-Wurst, Schnetzelfleisch, Salat von grüner Paprika, und zwischen allem, was da brutzelt, duftet, zirpt oder dampft, und über den begehrlichen Nasen seiner Kunden thront der mächtige Schnurrbart ihres Freundes Mustafa: gewölbt wie ein schwarzes Sofakissen, die Zähne darunter wie Gletschereis.
Mustafa dort, wie Jakob ihn sieht: um die Stirn ein rotes Tuch, den Goldring im linken Ohr, als wäre er grad von einem Piratenschiff gestiegen, und Hugo mit der Seemannsmütze ist sein bester Freund. Von welchen Weltmeeren kennen sie sich? Und woher ist die Prinzessin gekommen: Kerima, an der Kaffeemaschine jetzt, in ihrem weißen Kleid wie eine Lilie?

Was würde Kerima, was Mustafa über Jakob sagen, mit dem Messer gegen den eigenen Vater?
Der alte Hugo hatte gesagt: »Es genügt, wenn ich es weiß, geht keinen weiter was an. Behalt's für dich. Kommt Zeit, kommt Rat.«
»Aber träume davon. Muss es manchmal sagen, egal auch, wem.«
»Sag's immer wieder bloß mir. Da ist es gut aufgehoben. Und Kerima sagst du erst mal gar nichts. Und starre sie nicht so hündisch an.«
Hündisch?, hat Jakob gedacht und Kerima weiter so angestarrt, tut es auch jetzt, von ihrer Schönheit wie betäubt.
»Jakob, heh, was nehmen wir heute?«
Mustafa hat ihn gefragt, und Jakob, aufgeschreckt, nimmt wortlos, was Kerima ihm zureicht, aber achtet kaum auf das Marzipan, die dünnen duftenden Röllchen, sondern blickt auf Kerimas sanfte Hände, die Fingernägel blau lackiert und blank.
Sie lächelt, sie ist ihm zugetan, ihr Vater Mustafa bemerkt das wohl, aber stört sich nicht daran, weil Jakob für ihn ein kleiner Junge ist, zart wie ein Mädchen selber, ungefährlich, gar nichts. Doch wüsste er nur, wie laut das Herz in Jakobs Ohren dröhnt, während Kerima auf ihn niederblickt, mit ihrem dunklen Lächeln so.
Später sagt der alte Hugo: »Das lasst mal bleiben, alle beide.«
»Was?«, fragt Jakob.
»Sie ist sein Goldkind«, sagt der alte Hugo. »Da beißt er zu, wenn jemand sich was ausdenkt, vielleicht.«
»Ich doch nicht«, sagt Jakob.
»Aber starrst sie immer weiter so hündisch an. Geht dir das nicht in deinen Nüschel rein?«
Sie sind schon ein Endchen von der Frittenbude weg und laufen den breiten Boulevard zur City hinunter: doppelspurige Fahrbahn, Grünstreifen dazwischen, mächtige Bäume, Buchen wohl, und vornehme, abweisende Häuser, da traut man sich nicht mal bis an die Sprechanlage neben den Eingangsportalen.
»Hier wohnt das Geld«, sagt der alte Hugo, und weiter noch mal: »Mit Kerima, das lässt du bleiben.«
»Ja was denn bloß?«, fragt Jakob.

»Du lässt es bleiben. Wir kriegen sonst keine Fritten mehr. Cola, Marzipan, alles Sense. Curry-Wurst bloß noch gegen Deutschmark. Savvy?«
Jakob antwortet nicht, da bleibt der alte Hugo nun stehn und Jakob hat nah vor seinen Augen jede Falte des zerknitterten Gesichts über dem weißen Stoppelbart. »Ihre Samtaugen fressen dich auf. Willst du das?«

Leo Ensel

Waschbären

Draußen wehten die Herbstwinde. Regen klatschte gegen die Fensterscheiben.
Lasse und Olaf saßen zusammen auf dem Boden vorm Fernseher. Es lief gerade ein Film über Waschbären.
In Amerika waren nämlich viele Waschbären aus den Wäldern, wo sie früher immer gelebt hatten, in die Städte der Menschen gewandert. Manche waren einfach von außen die Häuserwände hochgeklettert, dann hatten sie ein paar Dachziegel hochgehoben, waren durch das Loch unters Dach geklettert und hatten es sich dort schön bequem gemacht.
Jetzt lebten sie nicht mehr in den Wäldern, sondern einfach auf den Dachböden der Menschen.
Die Menschen in den Häusern hatten ihre neuen Mitbewohner ganz verschieden behandelt. Einige waren wütend auf die ungebetenen Gäste. Sie wollten sie wieder loswerden und zogen elektrisch geladene Zäune um ihr Haus, damit sich nur ja keine Waschbärfamilie mehr einquartieren konnte.
Andere Menschen aber freuten sich über ihre neuen Haustiere. Sie lebten jetzt gerne mit ihnen zusammen und stellten ihnen auch jeden Tag etwas zu essen hin. Und so eine Familie zeigte der Film gerade:
Es war abends, die Frau stellte Milch vor die Haustür und nach und nach kam die ganze Waschbärfamilie und trank sich satt. Zum Schluss, als sie alle ihre Bäuche schön voll hatten, kuschelten sich die Waschbärjungen ganz dicht an ihre Waschbärenmama ran und die leckte mit einer Engelsgeduld sie alle sauber.
»Ach, und deshalb heißen die auch *Waschbären*!«, rief Lasse und freute sich über seine Entdeckung.
Olaf musste laut lachen. Er schaute zu Lasse rüber und strahlte ihn an.

Jellymountain

Cordula Tollmien
Fragen und Antworten

»Was wollt ihr lieber«, frage ich die Kinder, »ein lebendiges Tier oder eine Puppe?«
»Ein Tier, ein Tier«, schreien alle durcheinander.
Nur Timo nicht.
»Du nicht, Timo?« frage ich.
Timo schüttelt den Kopf.
»Du willst lieber eine Puppe?« frage ich. »Aber warum denn das?«
»Puppen können nicht sterben«, antwortet Timo.

Franziska meldet sich. »Ich habe geträumt, dass ich meine Mutter umgebracht habe«, sagt sie. Alle lachen.
Franziska wird rot. »Ich wollte nur fragen, ob das schlimm ist?« spricht sie schnell weiter. Dabei sieht sie niemanden an.
Die Lehrerin lacht auch. »Hauptsache, du träumst nicht, dass du mich umbringst«, antwortet sie.
Franziska fängt an zu weinen.
»Warum weinst du denn?« fragt die Lehrerin. »Ich habe doch gesagt, dass das nicht schlimm ist.«
Franziska sagt nichts mehr.

»Wie ist das?«, frage ich die Kinder. »Wenn ihr einen Alptraum habt, findet ihr es dann besser, jemandem davon zu erzählen oder behaltet ihr ihn lieber für euch?«
»Ich behalte ihn lieber für mich«, sagt Franziska.
»Ich auch«, ruft Martin. »Am liebsten denke ich gar nicht daran, damit ich alles schnell wieder vergesse.«
»Ich nicht«, sagt Timo. »Wenn ich etwas Schlimmes geträumt habe, versuche ich mich genau daran zu erinnern. Denn wenn ich es vergesse, dann bleibt es für immer in meinem Gedächtnis.«

Ingeborg Feustel
Als ich achtzehn war …

Julia sagt: »Eine Geschichte muss witzig sein – oder wenigstens ein gutes Ende haben!« Diese Geschichte hat 17-mal ein böses Ende. Vielleicht will sie deshalb niemand hören. »War eben so, damals – ist längst vergangen«, sagt Julia.

Aber irgendjemand muss sie aufschreiben, auch wenn sie 17-mal das Leben kostete und über fünfzig Jahre seitdem vergangen sind.

Also – ich war achtzehn und das einzige Mädchen in einer Jungenklasse, kurz vor dem Abitur.

Ende 1944! Der Krieg rückte sozusagen Tag um Tag näher an Berlin heran. Da hieß es von heute auf morgen: Notabitur! Die Jungen hatten nämlich schon ihre Einberufungen in der Tasche. Das Notabitur war halb geschenkt. Und für manchen wie eine Befreiung. Fiel niemand durch.

Die Abiturfeier endete im Luftschutzkeller. Aber das war damals Alltag. Und während am Himmel die Bomber dröhnten und die Flakgeschütze bellten, hielt Heinz B. eine lange Rede. Er redete überhaupt gern, am liebsten über Heinz B. Er überlebte den Krieg, denn er fand ein Schlupfloch.

Aber die anderen! Da war Lothar. Er trug einen rosa Seidenschal als Talisman, immer. Er war unser Milchgesicht. Er schrieb Gedichte und las sie nur seinen besten Freunden vor. Ich kannte sie alle. Wir fuhren täglich gemeinsam mit der Bahn zur Schule, denn wir waren beinahe Nachbarn. Klar, dass wir auch zusammen arbeiteten. Die anderen kamen oft mit ihren Rädern bei uns vorbei – im Sommer zum Baden, im Winter zum Schilaufen.

Januar 1945. Die Zeit verflog. Manchen sah ich noch in Uniform wieder. Auch Lothar, der immer noch unter der Uniformjacke versteckt seinen rosa Seidenschal trug.

Der Krieg tobte sich in den Kiefernwäldern um Halbe aus. Ein ausgedehntes märkisches Dorf und unendliche Wälder, südlich von Berlin.

Das Gerücht erreichte uns, dass die Jungen aus meiner Klasse ge-

schlossen in einem Hexenkessel der sogenannten Abwehrschlacht um Berlin geschickt wurden. Die Mütter hatten es mir erzählt. Von Lothar wusste ich es genau.
Wir hörten den Kanonendonner – Tag und Nacht, und in der Berliner S-Bahn schleppten sich die Verwundeten in die letzten Lazarette. Die Mütter wechselten sich ab, durchsuchten die Züge. Aber keiner von ihren Söhnen war dabei. Das ließ hoffen und verbreitete Enttäuschung zugleich.
Ende April 1945 ging dem Krieg endlich der Atem aus. Aber aus Halbe kehrte niemand zurück.
Eines Morgens borgte sich Lothars Mutter mein Fahrrad. Fahrräder waren nicht viele übrig geblieben. Eine begehrte Kriegsbeute für russische Soldaten. Trotzdem – fünf Mütter hatten sich eins besorgt. Sie fuhren gemeinsam nach Halbe. Das war gefährlich, lebensgefährlich! Marodierende Soldaten, zerstörte Straßen, Blindgänger und Panzerfallen. Und dann die einsamen Kiefernwälder.
Die Mütter fanden das Entsetzen, aber ihre Söhne fanden sie nicht!
Wie oft sie noch um Halbe herum gesucht haben, weiß ich nicht. Nur Lothars Mutter entdeckte einen Fetzen von einem rosa Seidenschal. Verschmutzt hing er in einem Kiefernbusch. Seitdem hoffte sie, ihren Sohn wieder zu finden, als hätte er ihr ein Zeichen gegeben. Aber auch Lothars Spur verlor sich im Nichts.
Von einigen erfuhr man später das Todesdatum. Die meisten blieben vermisst – bei Halbe im Frühling 1945.
Siebzehn Leben abgebrochen, bevor sie richtig begonnen hatten, in dieser unnützen Schlacht in den Kiefernwäldern um Halbe. Für mich bleibt es ein Splitter in meiner Seele – auch morgen und übermorgen noch.

J. Kaergel

Andersens Zinnsoldat

»Wie herrlich die Welt doch ist«, so kann man es oft in den Märchen des Dichters Hans Christian Andersen lesen. Und was alles in seinen Märchen geschieht! Auf wunderbare Weise werden Wünsche erfüllt, Schicksalsreisen geschehen sozusagen im Handumdrehen. So ist es auch dem Zinnsoldaten ergangen. Er hat nur ein Bein, »denn er war zuletzt gegossen worden, und da war nicht mehr Zinn genug«. Und wie er die Tänzerin aus Papier in dem Papierschloss verehrt! »Sie war eine Tänzerin«, heißt es in dem Märchen vom standhaften Zinnsoldaten, »und dann hob sie ihr eines Bein so hoch empor, dass der Zinnsoldat es gar nicht finden konnte und glaubte, sie habe nur ein Bein, ebenso wie er.«

Bis er seine Prinzessin wiederfindet, muss der Zinnsoldat reisen (er fällt aus dem Fenster des dritten Stocks); die Gassenbuben machen ihm ein Papierschiffchen, setzen ihn mitten hinein, und schon geht es im Regenwasser den Rinnstein entlang: »Wie die Wellen in dem Rinnstein gingen, und welch eine Strömung da war! Es hatte aber auch gegossen. Das Papierschiffchen wippte auf und nieder, und manchmal drehte es sich im Kreise, so dass der Zinnsoldat im Innern erbebte.«

Im gleichen Augenblick kommt die große Wasserratte, die unter dem Rinnstein wohnt. Hu! Wie sie die Zähne fletscht! Ehe der Zinnsoldat auf wunderbare Weise heimfindet, wird er noch im Kanal von dem großen Fisch verschluckt. …

Oft schon sind die Märchen von Hans Christian Andersen illustriert worden, schon seit Generationen. Hier hat nun Klaus Ensikat einige Stationen der Lebensreise des Zinnsoldaten gezeichnet, aber am besten liest man dazu das ganze Märchen in einem Buch mit Andersens Märchen.

Klaus Ensikat

Dagmar Chidolue
Fräulein Mai

Warum ich eigentlich eine Prinzessin bin, *Fräulein Mai*, und über alles in der Welt Buntstifte mag, das hängt mit Weihnachten zusammen. Weihnachten 1950!!! Im April war ich in die Schule gekommen. Der erste Buchstabe, den wir lernten, war das kleine I: rauf, runter, rauf – Pünktchen drauf. Kritzekratzekritzekratze: *iiiiii*. Der Griffel, mit dem wir damals auf Schiefertafeln schreiben mussten, quietschte erbärmlich. Manchmal brach der Griffel ab. Und einmal hatte ich mir den Griffel durch die Handfläche gebohrt. Blut!!!

Der letzte Buchstabe, den wir lernten, war das Z. Es war kurz vor Weihnachten und das Z stand in einer Weihnachtsgeschichte. Nach dem Z gab es keine Buchstaben mehr zu lernen und ich konnte alles lesen. Nach Weihnachten würden wir lernen, mit dem Bleistift in linierte Hefte zu schreiben und später sogar mit dem Füllfederhalter. Dann würden wir die hölzernen Griffelkästen in Schüleretuis getauscht haben. Und wir würden groß sein!!!

Zu meinem fünften Geburtstag hatte ich meine Traumpuppe bekommen. Sabine. Sie besaß nicht viele Kleider. Das, was sie anhatte, als ich mich in sie verliebt hatte: Ein hellblaues Trachtenkleid mit weißer Spitze, Herzchen und einem Dirndlschürzchen. Und letztes Jahr zu Weihnachten hatte Sabine ein rotgelb gestreiftes Strickkleidchen bekommen. In diesem Jahr würde sie hoffentlich noch etwas zum Anziehen bekommen. Ein Sonntagskleid!!!

Die ganze Weihnachtszeit war schrecklich aufregend. Höhepunkt war natürlich der Heiligabend mit seiner endlosen Singerei, die besonders mein Vater genoss, der stickig warmen Kerzenluft und den glühenden Gesichtern, die im Dunkeln aussahen, als trüge man einen Heiligenschein. Meine Schwester, die zwei Jahre alt war, hopste abwechselnd auf dem Schoß von Mutter und Tante herum. Sie hatte noch keine Ahnung, was Weihnachten bedeutete. Geschenke!!!

Die Kerzen brannten herunter. Bevor sie ausliefen, steckte mein Vater neue Kerzen in die Halter und gab somit das Zeichen, dass Bewegung in die Sache kommen konnte. Meine Mutter zog das große Laken vom Esstisch, auf dem die Weihnachtspäckchen lagen. Und die bunten Teller!!! Sabine hatte ein neues Kleid bekommen. Natürlich ein Sonntagskleid. Es war aus weißem Organdy genäht und um die Taille war eine lilafarbene Schärpe gebunden. Schön!!!

Und dann bekam ich noch was: Ein wunderbar dickes Buch mit einem hellen, weichen Umschlag. Auf dem dunkelbraunen Rücken des Buches standen in goldenen Buchstaben zwei Wörter, die ich mit Hilfe des Zeigefingers Buchstabe für Buchstabe entzifferte: A-n-d-e-r-s-e-n-s M-ä-r-c-h-e-n. Viel zu lesen!!!

Und dann bekam ich noch was: Eine flache, blaugoldene Metallschachtel mit vierundzwanzig Buntstiften, die – angefangen bei Weiß und aufhörend mit Schwarz – den Regenbogen umfassten. Und mehr!!!

Und dann bekam ich noch was: Ein mattglänzendes Schüleretui aus echtem Leder, das herrlich roch und mit allem gefüllt war, was man brauchte, wenn man groß war: Bleistifte, Radiergummi, Lineal und silberner Spitzer. Nur der Füllfederhalter fehlte noch. Den würde ich zu Beginn des zweiten Schuljahres bekommen. Mit meinem Namen eingraviert!!!

Und dann bekam ich noch was: S-o-n-n-e-n-s-c-h-e-i-n-c-h-e-n. Ein hübsches Buch mit einer kleinen Geschichte und vielen bunten Bildern von Sonnenscheinchen, von dem ich nicht mehr weiß, was es eigentlich war, ein Mäuschen, ein Bärchen, ein Engelchen, ein Sternenkind. Ein Sonnentropfen!!!

Und dann bekam ich noch was: S-o-n-n-e-n-s-c-h-e-i-n-c-h-e-n-s K-i-n-d-e-r. Wie herrlich, wenn eine schöne Geschichte weitergeht und Sonnenscheinchen Kinder bekommt und sie alle am Wasser herumtollen und es sich gut gehen lassen. Weiter! Weiter!!!

Mittlerweile war es den großen Leuten um mich herum aufgefallen, dass irgendetwas an diesem Weihnachtsfest schief gegangen war. Es dauerte ein Weilchen, bis klar war, was das sein könnte. Ich hatte S-o-n-n-e-n-s-c-h-e-i-n-c-h-e-n-s K-i-n-d-e-r ausgelesen, klappte das Buch zu und spürte, wie mich die ganze Familie ansah. Was war los? Nichts war los. Außer dass meine kleine Schwester, die sowieso nur Interesse am bunten Teller zeigte, kein Weihnachtsgeschenk bekommen hatte. Wieso auch? Konnte sie vielleicht A-n-d-e-r-s-e-n-s M-ä-r-c-h-e-n lesen? Sie ging ja noch nicht einmal in den Kindergarten. Würde sie was mit einem Schüleretui anfangen können? Wusste sie, wozu Buntstifte gut waren? Zum Fressen vielleicht? Und hatte sie je eine Puppe aus- und angezogen? Mit ihren kleinen Pfoten gar? Nein!!!

Vater, Mutter und Tante waren ein wenig erschrocken, als sie merkten, dass sie mit all diesen wunderbaren Geschenken nur einen bedacht hatten. Mich!!!

Ich saß dick und satt und froh inmitten des strahlenden Lichterglanzes, sah die Blicke der Großen und las ihre Gedanken, fast Buchstabe für Buchstabe. Würdest du … Schätzchen … vielleicht … schau mal … könntest du nicht … Aber ja, ich konnte!!!

Wir wurden uns schnell einig. Es fiel mir leicht, die beiden Bilderbücher von S-o-n-n-e-n-s-c-h-e-i-n-c-h-e-n zu opfern. Ich hatte sie, als ob ich es geahnt hätte, als Erstes und schnell wie der Wind gelesen. Und ich konnte jetzt darauf verzichten sie zu besitzen. Längst waren es meine Geschichten geworden. Im Kopf!!!

Es war ein wundervolles Weihnachtsfest. Ab und zu roch ich an meinem Lederetui, fuhr mit den Fingern über die Regenbogenstifte und las A-n-d-e-r-s-e-n-s M-ä-r-c-h-e-n. Ich weinte über das Mädchen mit den Schwefelhölzern, ich war bei der eiskalten Schneekönigin und ich litt mit der kleinen Seejungfrau. Herzschmerzen!!!

Mein Lieblingsmärchen hieß Z-w-ö-l-f m-i-t d-e-r P-o-s-t. Das Märchenbuch hatte bunte Bilder und das Bild zu diesem Märchen zeigte *Fräulein Mai.* Der Mai ist mein Geburtstagsmonat und so zeigte das Bild mich, wie ich einmal aussehen würde. Wie eine Prinzessin!!!

Wie stand da geschrieben: Sie hatte Anemonen im Haar, trug ein hellgrünes Seidenkleid und duftete so stark nach Waldmeister, dass die Schildwache niesen musste. »Helf Gott!«, sagte sie im Vorübergehen; das war ihr Gruß. Sie sah sehr hübsch aus und war eine prachtvolle Sängerin. Meist sang sie draußen im frischen, grünen Wald, wenn sie unter den schattigen Bäumen ruhte. Das war ich!!!

Von da an wusste ich, dass ich im Grunde eine Prinzessin war, *Fräulein*

Mai. Ich liebe seitdem über alles auf der Welt Regenbogenstifte und rieche gerne echtes Leder. Sabine besitze ich immer noch, aber Waldmeister habe ich nur mit Bier vermischt ausprobieren können. A-n-d-e-r-s-e-n-s M-ä-r-c-h-e-n stehen – arg zerfleddert inzwischen und von meiner Tochter als ihr Eigentum betrachtet – im Bücherregal, aber um was es sich eigentlich bei S-o-n-n-e-n-s-c-h-e-i-n-c-h-e-n gehandelt hat, weiß ich bis heute nicht. Ach ja: Sonnentropfen!!!

Franziska Biermann

Peter Maiwald
Jule Popp

Paul liebt Jule Popp.
Die tut so als ob
sie den Paul nicht sieht.
Paul pfeift laut ein Lied.

Paul liebt Jule Popp.
Die tut so als ob
sie den Paul nicht schaut.
Paul pfeift lauter laut.

Paul liebt Jule Popp.
Die tut so als ob
sie den Paul nicht kennt.
Paul schwenkt wild sein Hemd.

Paul liebt Jule Popp.
Die tut so als ob
sie den Paul nicht säh.
Paul steht Kopf. Ach nee!

Paul liebt Jule Popp.
Die tut so als ob
sie weiß Gott was wär.
Paul liebt sie nicht mehr.

Gerald Jatzek
Rumpelstilz sucht Freunde

Ach wie dumm, dass niemand weiß,
dass ich Rumpelstilzchen heiß.

Niemand schreibt mir Liebesbriefe,
niemand fragt, ob ich gut schliefe.

Niemand schreibt mir Ansichtskarten,
lädt mich ein in seinen Garten.

Niemand wünscht mir frohe Feste,
niemals kommen zu mir Gäste.

Niemals schrillt das Telefon,
so geht das seit Jahren schon.

Doch so will ich nicht verweilen,
deshalb schreib ich diese Zeilen.

Damit nun ein jeder weiß,
dass ich Rumpelstilzchen heiß.

Heiner Feldhoff

Ein glücklicher Rebell

Über Henry David Thoreau

Der glückliche Rebell Thoreau lebte von 1817 bis 1862 in Concord/Massachusetts. Einen bürgerlichen Beruf lehnte er ab, war aber vielseitig tätig als Dichter, Naturforscher und Handwerker. Zwei Jahre verbrachte er in einer selbst erbauten Blockhütte. Darüber schrieb er das berühmte Buch Walden oder Leben in den Wäldern. *Heute gilt er als Pionier für Natur- und Umweltschutz. Thoreau protestierte gegen Krieg und Sklaverei, gegen bloßes Geld- und Machtstreben. Als Begründer des »zivilen Ungehorsams« wurde er zum Vorbild für Gandhi und Martin Luther King.*

»Der Oberaffe in Paris setzt sich eine Reisemütze auf und alle Affen in Amerika machen es ihm nach.« Der das sagte, hatte mit der Mode nichts am Hut. Ihm war grundsätzlich alles zuwider, was ein anderer ihm vorschreiben wollte, mochte es der Papst sein, der Präsident oder der so genannte Zeitgeist.

Jede Generation, wusste Thoreau, lacht über die alte Mode und folgt doch wie gebannt der neuen. Er selbst, der Mann aus Concord, Massachusetts, in seinen geflickten derben Hosen, den Lederstiefeln, im dicken, zeitlosen Mantel und dem Strohhut tief über den buschigen Augenbrauen, lachte am lautesten über die Menschen, die sich so viel Sorgen darum machen, wie sie ihren Kopf schmücken sollen – und nichts als Stroh *im* Kopf haben.

H. D. Thoreau, nach einem Foto gezeichnet von Willi Glasauer.

Eine Reisemütze hätte Thoreau ohnehin nicht gebraucht. Denn er reiste nicht. Lebenslang blieb er in seiner neuenglischen Heimat. Concord, ein kleines Städtchen von damals 2000 Einwohnern, eine halbe Eisenbahnstunde von Boston entfernt, war und ist historisch berühmt, weil es hier den ersten Widerstand gegen die englische Kolonialmacht gegeben hatte. Thoreau wuchs in einfachen Verhältnissen auf. Die Familie bestritt ihren Unterhalt mit der Herstellung von Bleistiften. Bei aller Strenge, die das Leben der puritanischen Einwanderer in Nordamerika prägte, herrschte im Hause Thoreau ein fröhlicher, offener Ton. Henry hing sehr an seinem älteren Bruder John. Es war eine glückliche Zeit: An Flüssen, durch Wiesen und Wildnis tollten die Jungen herum und fanden überall noch die Pfeilspitzen der Indianer.

Mit 16 Jahren kam der junge Thoreau auf das Harvard College – doch sein eigentlicher Lehrmeister, der ihn in die Welt des Geistes einführte, unterrichtete nicht an der Universität, sondern schrieb und lehrte in Concord: Ralph Waldo Emerson. Dieser große Denker hatte zahlreiche kreative Köpfe um sich geschart, die sich kühne, neue Lebensentwürfe ausdachten, so dass Concord damals als das Weimar der Neuen Welt galt. Bald sollte die unverwechselbare Stimme des jungen Henry David Thoreau dazugehören.
Nach Abschluss der Studien bot sich ihm die Chance, eine Lehrerstelle an der Volksschule seines Heimatorts anzunehmen. Er leistete sich dort freilich nur ein 14-tägiges Gastspiel, weil er die Prügelstrafe nicht anwenden wollte. Die guten Nachbarn schüttelten den Kopf über den jungen Mann, der einen so begehrten Job einfach sausen ließ, lieber in der Gegend herumlungerte und dem Konzert der Frösche lauschte. Auch die Mutter kritisierte den Arbeitslosen: Hilf wenigstens deinem Vater! Und das tat er, denn er war ein sehr geschickter Handwerker und Tüftler und erfand eine stabilere Graphitmine. Doch als die Firma John Thoreau & Sons zu florieren begann, stieg er wieder aus, wollte sich durch einen Beruf »mit Zukunft« nicht die Gegenwart verbauen lassen. Ja, was tat er denn jetzt, außer dass er sich in die Einsamkeit des Wiesentals, der Bäche und Sümpfe verdrückte, in sein Tagebuch schrieb, indische Weisheitsbücher las oder sich mit den seltsamen Gelehrten der Emerson-Gruppe traf? Hatte er keine Freundin? Doch, doch, für ein paar Wochen, dabei spannte er seinem Bruder das Mädchen aus, aber Ellens Vater, ein sittenstrenger Herr, machte der harmlosen Beziehung ein Ende: Dieser Freidenker ohne Beruf war nun wirklich nicht die beste Partie.
Ein schlimmerer Schlag war für Henry der Tod seines Bruders John, der an Tuberkulose starb. Er hatte mit ihm zusammen eine Privatschule aufgemacht und ihre naturnahen, praktischen Erziehungsmethoden waren auf große Zustimmung gestoßen. Die Schule musste geschlossen werden.

Auch dieses Experiment war also gescheitert, aber schon lange ging ihm ein anderes durch den Kopf und jetzt war die Zeit gekommen, es in die Tat umzusetzen, nicht zuletzt mit Unterstützung seines väterlichen Freundes Emerson. Der hatte seinem Lieb-

Die Hütte im Nachbau (die ursprüngliche Original-Hütte wurde vernichtet), so wie sie heute beim Museum (und nicht mehr am Pond) steht.

lingsschüler schon oft unter die Arme gegriffen und ihm Jobs als Bibliothekar, Redakteur, Gärtner und Hauslehrer verschafft. Zwei Meilen von Concord entfernt besaß Emerson ein Grundstück am Waldensee, das er erworben hatte, damit die schönen Bäume dort stehen bleiben konnten. Hier baute sich Thoreau in der ersten Jahreshälfte 1845 eine Blockhütte, hier führte er sein Experiment eines einfachen Lebens durch, das ihn berühmt gemacht hat.

»Mit Bedacht« hatte Thoreau – er war jetzt fast 28 Jahre alt – den Zeitpunkt seines Umzugs gewählt: 4. Juli, nationaler Gedenktag der Unabhängigkeit. Zwei Jahre, zwei Monate und zwei Tage sollte Thoreau am Walden Pond verbringen. Hier wollte er »intensiv leben, alles Mark des Lebens aussaugen und so standhaft und spartanisch leben, um alles, was nicht Leben war, davonzujagen«. Seine Erfahrungen hielt er schriftlich fest: *Walden oder Leben in den Wäldern* wurde sein literarisches Hauptwerk und für unzählige Leser eine Quelle geistiger Erneuerung und Besinnung. Dieses Buch, das die »stille Verzweiflung« so vieler Menschen davonjagen kann, muss man gelesen haben – ich

Kamin u. Schreibtisch in der Hütte.

scheue diese abgenutzte Empfehlungsformel nicht!

Der Walden-Wohnsitz war nicht ganz ohne Komfort; es gab einen Kamin, zwei Fenster und drei Stühle, »einen für die Einsamkeit, zwei für die Freundschaft, drei für Gesellschaft«. Von der Außenwelt war Thoreau keineswegs abgeschnitten. Die Eisenbahn keuchte vorüber, Neugierige kamen zu Besuch und er selbst ging oft über die Bahngeleise heim ins Städtchen und aß von der

Der See im Abendlicht (könnte irgendeiner sein, ist aber der Waldensee).

Apfeltorte, die seine Mutter gebacken hatte. Er ernährte sich vegetarisch – meistens. Ein Farmer hielt ihm vor, die Pflanzenkost tue nichts für den Knochenbau, »und während er mir alles erklärt, läuft er hinter seinen Ochsen her, die mit ihren vegetarisch aufgebauten Knochen ihn mitsamt seinem rumpelnden Pflug über alle Hindernisse hinwegziehen«. Einmal, nachdem ihm ein Murmeltier sein Bohnenfeld wiederholt verwüstet hatte, fing er es ein, schlachtete es und verspeiste es mit Genuss.

Ansonsten erinnert sein Verhältnis zu Tieren an den heiligen Franz von Assisi. Dem stundenlang ausharrenden Beobachter näherten sich Bisamratten, Eichhörnchen und Falken schließlich voller Zutrauen. Fische schwammen ihm in die Hand. *Walden* ist ein einziger Preisgesang auf die immer währende Frische und Fruchtbarkeit der Welt. Welch heiterer, staunender Blick auf Ameisen, Eistaucher, auf den silbernen See – und dann auf die komischen Menschen, die nicht wissen, dass sie Königskinder sind und ihre kostbare Lebenszeit vergeuden.

Thoreau besaß die Fähigkeit, das Lebenstempo zu verlangsamen, im Hier und Jetzt bewusst da zu sein. Mit Urvertrauen zur Mutter Natur. Er las keine Zeitung, trank keinen Alkohol, keinen Kaffee, er rauchte nicht, das biblische Gebot: Sechs Tage sollst du arbeiten – kehrte er einfach um! Tatsächlich reichte ihm *ein* Tag Lohnarbeit pro Woche, genügten ihm 30 bis 40 Arbeitstage im Jahr, meist als Landvermesser, im Übrigen nahm er sich »das Leben«, nahm er sich seine Freiheit und war stets auf den Beinen, ein Fußgänger, ein Müßiggänger, ein Einzelgänger.

Doch mitten in dieser freiheitlichen Experimentierphase gab es einen Tag, genauer gesagt: eine Nacht der Unfreiheit. Da Thoreau sich immer wieder weigerte, seinen jährlichen Dollar Wahlsteuer zu bezahlen, sperrte ihn der Konstabler des Orts vor rund 150 Jahren, am 23. Juli 1846, kurzerhand ins Gefängnis. Genau das hatte Thoreau beabsichtigt. In seiner berühmten Schrift *Über die Pflicht zum Ungehorsam gegen den Staat* nannte er den Grund: »Unter einer Regierung, die irgendjemand unrechtmäßig einsperrt, ist das Gefängnis der angemessene Platz auch für einen gerechten Menschen.«

Als Emerson seinen Freund hinter Gittern sah, rief er ihm zu: »Henry,

warum bist du hier?« Thoreau darauf: »Warum bist du *nicht* hier, Waldo?« Für Thoreau war es eine Frage der Ehre. Aus Solidarität mit den politischen Opfern seiner Zeit: dem Sklaven in den Südstaaten, dem Gefangenen im Raubkrieg gegen Mexiko und dem misshandelten Indianer.
Der Steuerverweigerer protestierte mit seiner Aktion vor allem gegen den Mexiko-Krieg (mit dem die Südstaaten ihren Machtbereich erweiterten) und die Haltung der Nordstaaten in der Sklavenfrage: Um der Einheit willen und aus geschäftlicher Rücksicht duldete der Norden offiziell die Sklavenhaltung des Südens. Aufrechte Bürger Neuenglands halfen dagegen heimlich entflohenen Schwarzen auf ihrem Weg in die Freiheit nach Kanada – auch die Familie Thoreau engagierte sich im Fluchthilfe-Netzwerk. Ihren guten bürgerlichen Ruf wollte sie aber auf keinen Fall aufs Spiel setzen: Am frühen Morgen beglichen die Thoreaus Henrys Steuerschuld, so dass er, ein wenig kleinlaut, den Rückzug in seinen Wald antrat und sich in den geliebten Heidelbeerbüschen verkroch.

Die Knast-Komödie hatte aber, man muss es so sagen, weltpolitische Folgen. Die in Thoreaus Aufsatz entwickelten Gedanken des *»Zivilen Ungehorsams«* erlangten später für Mahatma Gandhi und seine Bewegung des gewaltfreien Widerstands eine entscheidende Bedeutung. Gandhi erklärte den Essay zur Pflichtlektüre für seine Anhänger. Und auch die Bürgerrechtsbewegung in Amerika fand in Thoreaus Widerstandsschrift ihre moralische Rechtfertigung formuliert. 1957 schreibt Martin Luther King: »Der Gedanke, dass man sich weigern sollte, mit einem bösen Staat zusammenzuarbeiten, faszinierte mich so sehr, dass ich das Werk mehrmals las.« Wer – wie Thoreau gar in einem Rechtsstaat – Gesetze demonstrativ missachtet, weil er sich einer höheren Macht, nämlich seinem Gewissen, verpflichtet fühlt, muss freilich bereit sein, die strafrechtlichen Folgen auf sich zu nehmen – und sei es eine Nacht im Gefängnis.

Auch nach seiner Waldenzeit blieb Thoreau in der Frage der Sklaverei wachsam. Seit 1850 gab es ein verschärftes Gesetz, das auch die Nordstaaten verpflichtete, entflohene Schwarze wieder an den »rechtmäßigen Besitzer« auszuliefern. Als der Sklave Anthony Burns in Boston unter gewaltigem militärischen Schutz auf ein Schiff verschleppt wurde, das ihn nach Virginia zurückbringen sollte, hielt Thoreau eine scharfe Anklagerede unter dem Titel *Sklaverei in Massachusetts*, in der er zum aktiven Widerstand aufrief: zum Zeitungsboykott, zur Niederlegung von Staatsämtern, zum Austritt Massachusetts aus der Union. Thoreaus höhere moralische Gesetze sollten ihn bald eine Position einnehmen lassen, die Gandhi später so formuliert hat: »Gewaltlosigkeit ist besser als Gewalt; Gewalt ist besser als Feigheit.«

Wer Thoreau bisher für einen Künder gewaltfreier, friedlicher Gesellschaftsveränderung hält, der seine Kraft aus der heilen Natur schöpfte, für den muss die Fortsetzung seiner Lebensgeschichte ein heikles Thema darstellen. Denn Thoreau unterstützte schließlich mit aller rednerischen und literarischen Kraft einen Mann, den die öffentliche Meinung zum terroristischen Gewalttäter erklärte: John Brown. Dieser fanatische Vorkämpfer für die Befreiung der Schwarzen in den Vereinigten Staaten hatte in Kansas eine kleine Guerillatruppe aufgebaut und war für das Massaker

Der Erste Grüne trifft den Letzten Roten.
Henry David Thoreau und der letzte Mohikaner bei einer zufälligen Begegnung in den buntgefärbten Wäldern Neu-Englands.

Hans Traxler

an fünf Siedlern, die Sklaven hielten, verantwortlich. Für Captain John Brown heiligte der Zweck die Mittel. In ihm sah Thoreau einen Mann, der endlich Ernst machte mit den moralischen Grundsätzen und nach dem Motto handelte: Wer, wenn nicht ich – und wann, wenn nicht jetzt.
Als Brown nach einem Überfall auf das US-Waffenarsenal von Harper's Ferry in Virginia wegen Hochverrats angeklagt und hingerichtet wurde, hielt Thoreau eine flammende Verteidigungsrede. Er kannte kein Pardon, weder für die Sklavenhalter im Süden noch für die heuchlerische Einstellung in Neuengland. Viele Zuhörer waren beeindruckt; sie begriffen plötzlich, wie furchtsam und zögerlich sie sich in der Sklavenfrage verhielten, und änderten ihre Meinung über den Charakter und die Ideale des John Brown.

Noch zu seinen Lebzeiten wollte Thoreau das Sklaverei-Thema, das ihn so sehr bedrückte, geklärt sehen, wollte Denken und Handeln in Übereinstimmung bringen. Doch jetzt, da Brown tot war, wandte er sich in seiner Trauer wieder den Trostkräften der Natur zu. Es blieb ihm nicht mehr viel Zeit: Immer wieder machte sich auch bei ihm die Krankheit seiner Familie, seiner Generation bemerkbar: die Tuberkulose.
Mehr und mehr interessierte ihn das Leben der Indianer. Schon immer hatte ihn das »Wilde« angezogen. In seinem Aufsatz *Vom Wandern* heißt es: »In der Wildheit liegen die Rettungsreserven der Welt«, ein Satz, den der World Wildlife Fund (WWF) zu seinem Motto gemacht hat. Thoreau respektierte Indianer, auch als Fischer und Jäger, zu deren Leben auch das Töten von Tieren gehörte – aber er empfand es als grässlich, wenn zum Beispiel der Elch aus purer Lust am Töten zur Strecke gebracht wurde.
Wintertags, beim Zählen von Jahresringen alter Baumstämme, zog sich der Lungenkranke eine schlimme Erkältung zu. Monatelang musste er das Bett hüten. An dem Bürgerkrieg, der zwischen Nord und Süd ausgebrochen war, nahm er nur noch geringen Anteil. Mehr als jede Militärparade erfreute ihn der letzte Herbst seines Lebens, der »indian summer« mit seinen leuchtenden Farben. Einer frommen Tante, die ihn fragte, ob er nicht jetzt, im Angesicht des Todes, mit Gott Frieden schließen wolle, antwortete er: »Ich wüsste nicht, dass wir jemals Streit miteinander gehabt haben.«
Thoreau starb am 6. Mai 1862. Er war erst 44 Jahre alt. Seine letzten Worte waren »Elch« und »Indianer«.

Die erstaunliche Lebendigkeit seiner Schriften gerade in unserem Jahrhundert ist wohl damit zu erklären, dass sie jedem einzelnen Menschen Mut machen, er selber zu sein, selbstverantwortlich dem eigenen Gewissen zu folgen, den eigenen Weg zu gehen. Und nicht ungeprüft den Weg, den Kirche, Staat, Schule, Elternhaus, Philosophie und Dichtung vorschreiben.

Fotos Reinhold Ziegler

Fredrik Vahle
Kreisen, kreisen
(Ein Gedicht, bei dem man sich auch bewegen kann!)

Kreisen, kreisen mit den Armen,
kreisen Mond und Sonne mit.
Langsam kreisen mit dem Kopf
tief und traurig bis nach unten …
Seitwärts über eine Schulter
spüre ich die eigne Nähe.
Kopf im Nacken blick ich staunend
zu dem weiten Himmel hoch.
Sonne, Wolken, Mond und Sterne
schau ich in die fernste Ferne.
Dreh ich auf der Schulter weiter
und hinab, da ist die Nähe
von der großen runden Erde,
die mit mir durchs Weltall fliegt,
während ich mit beiden Beinen
und sehr ruhig auf ihr stehe.

Philip Waechter

Rosita Davidson
In der Nacht

Gestern Nacht
bin ich aufgewacht:
Hat da nicht einer gelacht
im Garten?!
Mucksmäuschenstill.
Warten.
Durchs Fenster
in der Dunkelheit
nichts zu sehen
weit und breit.
Da hört ich meine Schaukel quietschen,
leise ächzen,
barfuß schlich ich hinunter,
mit meiner Taschenlampe,
tappte durchs feuchte Gras,
leises Kichern,
irgendwer hatte seinen Spaß,
auf meiner Schaukel,
eine dunkle Gestalt.
He! rief ich und sah im
Lampenschein,
es waren zwei:
Mein Vater und meine Mutter
auf seinem Schoß.
Wir schaukeln bloß,
lachten beide,
komm mach mit!
Und so schaukelten wir
durch die Nacht
zu dritt.

Gerald Jatzek
Vom Tisch und vom Fisch

Es war einmal ein einfacher Holztisch mit vier Beinen. Der stand im Wohnzimmer und trug eine Vase auf seiner Platte. In der Lade bewahrte er das Besteck auf. Manchmal wackelte er ein bisschen, aber er klagte nie, wenn jemand die Suppe verschüttete. Und er war stolz auf seine Tischtücher, die jeden Freitag wechselten.
Er hatte tische Ideen, fühlte sich tischig und fand das Leben tischartig. Kurz, er war zufrieden mit sich und der Welt. Zumindest bis zu dem

Tag, an dem das Aquarium auftauchte. Genau gesagt, lag es nicht am Aquarium, sondern an dem Karpfen darin. Der glotzte böse und nannte den Tisch einen hölzernen Gesellen. »Und besonders hell auf der Platte bist du auch nicht«, fügte er hinzu.
Der Tisch war sein Lebtag mit allen gut ausgekommen. Umso weniger konnte er mit den Sticheleien des Fisches anfangen. »Was soll der Unsinn«, sagte er. Und fügte versöhnlich hinzu: »Hör mal, wir reimen uns sogar, du und ich.«

»Ich glaube, in dir ist der Holzwurm«, höhnte der Fisch. »Vielleicht kannst du dem deine Lügen auftischen. Mir ist jedenfalls kein Reim auf Karpfen bekannt! Du bist nun mal kein Fisch, also mach gefälligst keine Wellen!« Sprach's und wandte dem Tisch seine Schwanzflosse zu.
In der Folge wurde der Karpfen immer frecher und fetter. Behäbig ruderte er durch das Aquarium, und wenn er das Maul öffnete, kam eine Beleidigung heraus. Er machte sich über die Muster der Tischtücher lustig und spottete, wenn die Lade klemmte.
Der Tisch wäre am liebsten ins Schlafzimmer ausgewandert, aber niemand trug ihn dorthin. So ging das bis Weihnachten. Da wurde der Fisch aus dem Aquarium geholt und kam kurz darauf gebacken auf den Tisch.
Das war dem Tisch natürlich lieber als umgekehrt. Aber als er die Menschen kauen und schmatzen hörte, verstand er den Fisch ein bisschen. Obwohl er nur ein einfacher Holztisch war.

Bilder von Moni Port

Frieder Stöckle

Arten des Redens

Auf einen groben Klotz gehört ein grober Keil
Ein heißes Eisen anpacken
Für jemanden die Kohlen aus dem Feuer holen
Hast du schon jemand zur Weißglut gebracht?
Man muss das Eisen schmieden so lange es warm ist
Und früh krümmt sich, was ein Häkchen werden will
Seine ganze Habe unter den Hammer bringen
Arten des Redens.
Wo kommen sie her und was haben sie für einen Zweck?

Heiner Feldhoff

Traurige Kurzgeschichte mit fröhlichem Schluss, der neuen Kummer bereitet

Einem Schulmädchen waren die Leistungen, aber auch das Taschengeld und die Lebensfreude unter Ausreichend gesunken. Die ständigen Ermahnungen der Erziehungsberechtigten schnitten ihr ins Herz. Als ein Lehrer eines Tages vergaß, seine Aufsichtspflicht auch auf sein Notenbuch auszudehnen, nahm es die Schülerin unbemerkt an sich und zerschnitt es zu Hause in tausend Stücke. Hei, wie wohl ihr da wurde bei diesem Notendurchschnitt.

»Gesichter im Hof« *M. M. Thun*

Ingrid Gündisch

Rumänien 1995, aus meinem Tagebuch

10. April 1995, Osterferien

Als in Bukarest um zehn Uhr wie üblich das Wasser abgestellt wurde, stand ich gerade eingeseift unter der Dusche. Ich bin ziemlich westdeutsch geworden.

11. April 1995

Mihai, ein guter Freund, hat einen Flug Bukarest–Paris bei Tarom gebucht. Er muss geschäftlich verreisen. Wegen eines Verkehrsstaus verpasst Mihai seinen Flug um wenige Minuten. Auf der Nachhausefahrt im Taxi hört er die Radiomeldung, dass das Flugzeug Nummer soundsoviel Bukarest–Paris wenige Kilometer nach dem Abflug aus unerklärlichen Gründen abgestürzt und explodiert ist. Vermutlich sind alle Insassen ums Leben gekommen.

12. April 1995

Wenn die Ballerinen in der Staatsoper tanzen, fliegt der Staub hoch. Der Dirigent singt mit dem Orchester mit. Er trägt einen Frack, der unter den Achseln weiße Schweißflecken hat, die bis unter die Schulterblätter reichen. Eine Eintrittskarte kostet 1800 Lei, das sind anderthalb Liter Milch.

Familie W. gibt ein Drittel des Monatseinkommens für Milch aus.

13. April 1995
Besuch bei einem Freund in Bukarest. Es stinkt fürchterlich nach Tier. Herr Ionescu, der Nachbar, hält im sechsten Stock ein Schwein in der Badewanne. Essensvorrat.

13. April 1995
Bukarest vor zehn Jahren. Thealinde erzählt: Ein Drittklässler von einer Schule für Diplomatenkinder wird ausgewählt, Ceauşescu Blumen zu überreichen. Er ist klein, aber hübsch, seit der ersten Klasse leistungsstärkster Schüler und gewissenhafter Pionier. An seinem großen Tag stolpert er über den roten Teppich und fällt mit den Blumen vor Ceauşescu auf den Boden. Seine Familie beobachtet die Szene im Fernsehen. Der Junge wird sofort von der Schule geworfen. Es hätte ein Attentat sein können.

13. April 1995
Bukarest verbraucht dreimal mehr Wasser als Paris. Ein Drittel des Wassers geht aufgrund von undichten Leitungen verloren.

14. April 1995
Besuch meiner Kinderfrau in Bukarest, Drumul Taberei. Tante Minni hat seit Monaten ihre Wohnung im fünften Stock nicht mehr verlassen, es ist sehr kalt draußen. Mehrere Stunden steht sie überglücklich am Fenster und wartet auf unseren Besuch. »Mein Engelchen«, sagt sie, umarmt mich, »mein Engelchen, wer hätte gedacht, dass wir uns nach zehn Jahren wieder sehen.« Sie streckt sich zu mir hoch und küsst mich auf die Wangen. Dann holt sie die alten Knöpfe aus der Lade und breitet sie am Boden vor mir aus. »Spiel, Engelchen, spiel.« Tante Minni streicht mir übers Haar, dann geht sie in die Küche. Ich höre, wie sie kocht und brät. Ich will nicht spielen, räume die Knöpfe langsam wieder in die Lade, behalte aber einen großen, grünen in der Hand. Ich gehe in die Küche, stelle mich ans Fenster. Die Bäume sind groß geworden. Tante Minni legt ihre Hände auf meine Schultern. »Wie früher«, flüstert sie. »Stundenlang bist du am Fenster gestanden.« Ich weiß nicht, was ich erwidern soll, ich komme mir seltsam vor in dieser Umarmung. Die Frau ist mir fremd geworden. Ich schweige und starre weiter hinaus. »Stundenlang hast du mit Knöpfen gespielt. Wenn du alleine warst, hast du angerufen und gerannt ist Tante Minni zu ihrem Engelchen. Wenn du nicht alles essen konntest, hast du gesagt: Ich muss alles essen, denn Tante Minni hat keine Hunde, keine Katzen.«
Tante Minni tischt uns sieben Gänge auf, Karin und Dietmar essen und erzählen fröhlich, ich mache mit, merke aber, dass ich Theater spiele.
Beim Abschied hat Tante Minni Tränen in den Augen. Sie drückt mich an ihre Brust. »Du musst wieder kommen, mein Kind. Lass mich nicht wieder zehn Jahre warten. Wer weiß, ob ich dann noch lebe.« Wir verlassen das Haus, sie steht am Fenster, schaut uns nach.

21. August 1995, Sommerferien
Bukarest. Der Asphalt ist geschmolzen, man sinkt bei jedem Schritt leicht ein. Es ist unerträglich heiß. Vor mir läuft eine elegante Frau eiligen Schritts. Plötzlich schreit sie schrill auf: Ihr Stöckel ist im Asphalt versunken.
Sie versucht den Schuh freizubekommen, der Stöckel bricht ab.
Laut fluchend wirft sie ihre Handtasche zu Boden, schreit die umstehenden Gaffer an, hebt schließlich die Handtasche wieder auf und hinkt davon, den Schuh in der Hand.

20. August 1995
Schinken-Hans erzählt, dass bei ihm eingebrochen wurde: Der Dieb nahm sechs Matratzen mit, sonst nichts.

23. August 1995
Michelsberg. Die Überwindung, die man benötigt, um in sintflutartigem Regen durch den Garten zum Klo zu laufen, wo man, während man sich Erleichterung verschafft, gleichzeitig von allen Seiten durchnässt wird, nimmt übermenschliche Züge an.

24. August 1995
In der ganzen Umgebung von Hermannstadt ist das bleifreie Benzin ausverkauft. Kilometerlange Autoschlangen vor den Tankstellen, die Leute warten Tag und Nacht. Viele Bundesdeutsche sind dabei, sie warten auf das Benzin für die Heimreise und schimpfen über die Verhältnisse.

25. August 1995
Karin kommt hinkend nach Hause und strahlt: »Ich habe mir das Bein nicht gebrochen!« Sie ist mit einem Fuß in ein Kanalloch getreten, der Deckel fehlte. In der dunklen Unterführung sah man nichts.

26. August 1995
Der Pfarrer erzählt von einem Einbruch im Dorf: Während der Besitzer ruhig in seinem Bett schlief, verschafften sich die Diebe Eintritt durchs Fenster, plünderten den Kühlschrank und setzten sich schließlich auf die Treppe vor das Haus, um dort eine Wassermelone zu essen. Übrig blieben Kerne und Schalen.

W. Rudelius

Peter Jepsen
Graue Ha re

D eses Gedi ht
ist alt.
Es verliert s hon
 uchstaben.
Aber es wi l nicht
in die Bibliothe
Auf gar kein Fall.

k

Nasrin Siege
Maria an der Straße

Maria stand an der großen Kreuzung in der Maktaba-Straße. Immer wenn die Ampel auf Rot sprang, lief sie mit ihrem voll gepackten Blechteller zu den wartenden Autofahrern und bot ihnen ihre Erdnüsse an. Mutter kaufte jede Woche fünf Kilo Erdnüsse von einem Händler, röstete und packte sie, zusammen mit Maria, in kleine Tüten ab. Seit einiger Zeit war der Verkauf der Nüsse der einzige Broterwerb für die kleine Familie.

Sonst hatte Mutter jeden Tag in der Nähe der Busstation auf Holzkohlekochern Reis und Bohnen gekocht und an die Reisenden verkauft. Viele Frauen verdienen sich so ihr Geld. Aber seit einiger Zeit war Mutter krank und konnte nicht mehr arbeiten. So lag sie meist auf ihrem Lager in der winzigen, aus Brettern gebauten Hütte, die sich etwas außerhalb der Innenstadt befand. Die einzige Arbeit, die sie inzwischen verrichten konnte, war das Rösten der Erdnüsse.

Maria war acht Jahre alt. Sie wäre gerne zur Schule gegangen, aber Mutter hatte nie Geld für die Schuluniform und die Unterrichtsgebühren übrig gehabt. Solange Maria denken konnte, hatte sie Mutter bei der Arbeit geholfen. Damals, als Vater noch lebte, hatte er manchmal etwas Geld mit nach Hause gebracht. Das hatte Mutter ihr erzählt, denn erinnern konnte Maria sich nicht an ihn. Auch nicht an die kleine Schwester, die bald nach ihrer Geburt gestorben war.

Nun war sie Mutters einzige Stütze. Sie freute sich, wenn sie am Ende des Tages heimkehrte und alle Nüsse verkauft hatte. Dann lobte Mutter sie. Maria kochte dann das Essen und im Schein einer Kerze füllten sie gemeinsam neue Plastiktütchen mit Nüssen für den nächsten Tag. Mit der gleichen Flamme versiegelten sie die Tüten.

Manchmal, wenn Maria an der Straße stand, vergaß sie ihre Nüsse. Dann stellte sie sich vor, sie sei eines der kleinen Mädchen, die frisch frisiert und sauber gekleidet in Autos vorbeigefahren wurden. Wohin sie wohl gingen? Vielleicht in die Schule? Oder zum Eisessen? Oder einfach spazieren und sich die Stadt angucken?

Einmal starrte ein kleines Mädchen aus einem an der Ampel wartenden Auto sie an. Sie sagte etwas zu dem Fahrer und dann öffnete sie das Fenster. »Wie heißt du?«, fragte sie.
»Maria.«
»Papa, kaufst du mir Nüsse?«, wendete sich das Mädchen ihrem Vater zu. Und der Mann kaufte fünf kleine Päckchen von Maria. Als die Ampel auf Grün sprang, winkte das Mädchen ihr zu.
Warum hab ich sie nicht nach ihrem Namen gefragt?, dachte Maria traurig.
Die nächsten Tage schaute Maria nach ihr aus, traf sie aber nie wieder. Ganz anders war es mit dem Mann, der ihr jeden Tag zwei Tüten abkaufte. Er war auch sehr freundlich und immer sagte er etwas Lustiges oder Nettes zu Maria. Dass sie niedlich wäre und in einem hübschen neuen Kleid würde sie die Schönste sein.
Maria war jedes Mal verlegen und sie mochte es nicht, wenn er ihren Arm streichelte.
Heute hatte er ihr vorgeschlagen, mit ihm zu einem Laden zu gehen. »Ich kauf dir etwas Schönes zum Anziehen«, hatte er gesagt.
Maria hatte mit dem Kopf geschüttelt.
»Ich kauf dir auch alle Nüsse«, hatte er gesagt. »Ich will dir doch nur helfen!«
Maria hatte ihren Arm weggezogen und der Mann war ärgerlich geworden. Plötzlich hatte er nicht mehr so freundlich gelächelt wie sonst. Die Ampel war auf Grün umgesprungen, und weil der Mann nicht gleich losgefahren war, hatten die anderen Autos hinter ihm laut gehupt. »Dummes Flittchen!«, hatte der Mann geschimpft und hatte ihr die bereits bezahlten zwei Päckchen Nüsse vor die Füße geschmissen. Maria hatte Angst bekommen. Als er endlich weggefahren war, hatte sie aufgeatmet. Was ist, wenn er wiederkommt?, hatte Maria gedacht. – Ich will ihn nie wieder treffen. Morgen stelle ich mich woanders hin. Vielleicht fährt da ja das kleine Mädchen vorbei und ich kann sie endlich fragen, wie sie heißt.
An diesem Tag hat Maria lange gebraucht, bis sie alle Nüsse verkauft hat.

Am Abend ging es Mutter nicht so gut. Sie konnte das Essen nicht bei sich behalten. Maria machte sich Sorgen. »Morgen gehen wir zum Krankenhaus«, hatte Maria entschieden.
»Von welchem Geld sollen wir die Behandlung und die Medikamente bezahlen?«, hatte Mutter leise gefragt.
»Nächste Woche kaufen wir nur ein oder zwei Kilo Nüsse«, hatte Maria geantwortet. »Und das restliche Geld soll dich wieder gesund machen.«

Matthias Duderstadt

Karoly

Niemand hat ihn in den Arm genommen
Niemand hat ihn gebadet
Niemand hat mit ihm gespielt
Niemand ihn gestreichelt
Niemand hat ihn hochgenommen
Wenn er nachts laut schrie
Niemand hat ihn je getröstet
Wenn er wund und müde war
Niemand hat ihn was gefragt
Niemand hat ihm was gesagt
Niemand hat ihm vorgelesen
Niemand ist ihm nah gewesen
Niemand war die Mutter
Niemand war der Vater
Niemand war sein Bruder
Niemand seine Schwester
Niemand war die ganze Welt
Mit fünf ist er gestorben

Rupert Schützbach

Ernstfall

Spielende Kinder,
die Töten spielten,
wurden von einer
Granate getötet –
ganz so als wäre
Töten ein Kinderspiel.

Charlotte Reinhilde Jugel

Und wer froh ist …

Froh
dass mein Kopf
sich in deine Hände legt
und doch
nicht kopflos wird
Froh
dass deine Sprache
sich in meinem Mund wiederfindet
und doch
nicht Sprachrohr ist
Froh
dass ich dich verlassen kann
und doch
nicht verlassen bin

Erwin Moser

So im Schatten liegen möcht ich

So im Schatten liegen möcht ich
und den Vögeln zusehen,
wie sie mit dem Wind ihre
Pfeilspiele treiben.
In die weißen Wolken schaun
und sie bei ihren
Verwandlungskünsten ertappen.

So im Schatten liegen möcht ich
und eine Raupe bei ihrem
Mittagessen betrachten
und ihre Borsten zählen.
Die zitternden Grashalme ansehn
und beobachten,
wie sie ihre Samen fallen lassen.

So im Schatten liegen möcht ich
und spüren,
wie mir die Sonne
an den Beinen hochklettert.
Zusehn,
wie sich die Katze
gründlich wäscht,
und versuchen,
ob ich aus ihrer Sicht
die Welt betrachten kann.

Das rohe Ei auf dem Löffel
in der Obhut des Raben, ...
das möcht ich so gern haben ...,
das möcht ich so gern haben ...

Jutta Bauer

Nora Clormann-Lietz

Was zum Kuss gehört

Wimpernklimpern
Augenglänzen
Lächeln
Händchenhalten
Streicheln
Herzbumpern
rote Ohren
Wonnerieselrückenschauer
Kribbeln
bisschen schwitzen
unruhig sitzen
glücklich sein

Dagmar Chidolue

Entzücken

Matthias rieb Anna am Fluss von Zweibrücken
den Rücken mit Öl ein voller Entzücken.
Das war nicht sehr klug,
ja, reiner Unfug:
Bald nämlich trug Anna nur Stiche von Mücken.

Scheffler

Irmela Wendt
Vom Land der Zukunft, ein Märchen

Ein Kamel hatte vom Land der Zukunft gehört. Dort seien die Menschen gut zueinander, auch zu Kamelen. Und es machte sich auf den Weg dorthin.
Als es eine Zeitlang gegangen war, traf es an einer Tränke einen Händler, der unterwegs war zum Markt, um dort ein Kamel zu kaufen. Hier könnte ich es billiger haben, dachte der Händler und sagte in scharfem Ton: »Ein Kamel ohne Reiter ist nichts Halbes und nichts Ganzes. Lass mich aufsitzen, dann bist du vollständig.« Das Kamel kniete nieder und ließ den Händler aufsitzen. Noch keine hundert Schritte waren sie weiter, da sagte der Händler: »Der Reiter bestimmt den Weg.«
»Mag sein«, erwiderte das Kamel, »doch für mich trifft das nicht zu.«
»Und warum nicht?«, fragte der Händler.
»Meine vier Füße bestimmen den Weg!«, antwortete das Kamel.
Eine solche Antwort hatte der Händler, der alle Kamele für dumm hielt, nicht erwartet. Ärgerlich fragte er: »Und wohin wollen deine vier Füße?«
»Ins Land der Zukunft«, erklärte das Kamel, »wo die Menschen gut zueinander sind, auch zu Kamelen.«
Im Land der Zukunft war der Händler noch nie gewesen. Gleich dachte er an die guten Geschäfte, die sich ihm dort bieten würden und so sagte er, genau dahin wolle er auch.
Das Kamel war froh, dass es keinen Streit gab um den Weg und vor lauter Freude fing es an, aus seinem Leben zu erzählen. Das war ganz gegen seine Gewohnheit, denn gesprächig war es eigentlich nicht. Es erzählte von mancherlei Wegen, die es gegangen war, von schweren Lasten, die es für die Menschen geschleppt hatte. Doch am liebsten erzählte es von den Kindern. Wenn sie Hunger hatten, hatte es ihnen zu essen gebracht; wenn sie Durst quälte, war es mit ihnen zum Brunnen gegangen. Waren sie müde, hatte es sie getragen. Hatten sie Kummer, hatte es sie getröstet. Doch wenn sie lustig waren, hatte es mit ihnen gelacht.

»Ich hab mich noch nie um Kinder gekümmert«, sagte der Händler, »meine Geschäfte lassen mir dazu keine Zeit. Ich hab auch noch nie über das Leben eines Kamels nachgedacht.«
Da fing das Kamel an, von den Herren zu erzählen, denen es gedient hatte, den guten wie den bösen. Und von den Kameltreibern erzählte es, den geduldigen und den ungeduldigen. Der letzte hatte es geschlagen. Da war es fortgelaufen.
Der Händler lachte. Hässlich, dieses Lachen!, dachte das Kamel. Wie kann einer lachen, wenn ein anderer geschlagen wird?
»Das ist doch zum Lachen! Wirklich zum Lachen!«, rief der Händler. »Ich schlug mein Kamel, weil es störrisch war wie ein Ziegenbock. Es lief fort und ich wünschte ihm, es solle auf eine Mine treten und in der Luft zerrissen werden, so wütend war ich. Anderswo wurde ein anderes Kamel geschlagen und das lief mir zu wie ein Hündchen. Hahahaha!« Der Händler brüllte vor Lachen.
Das Kamel dachte: Dieser Mann ist für mich unerträglich. In der nächsten Kurve werfe ich ihn ab. Doch in der Kurve war dichtes Dornengestrüpp und das Kamel brachte es nicht übers Herz, den Händler in die Dornen zu werfen. In der nächsten Kurve lagen dicke Steine. Er würde sich die Knochen brechen und das konnte das Kamel nicht verantworten. In der übernächsten Kurve hustete der Händler. Er könnte leicht an seinem eigenen Husten ersticken, wenn ich ihn jetzt abwerfen würde, dachte das Kamel. Nein, es konnte einem anderen nicht weh tun, so ein Kamel war das.
Eines Morgens endete der Weg vor einem Tor. Es war genauso, wie es dem Kamel gesagt worden war: Der Weg würde vor einem Tor enden. Und dort vor dem Tor würde sich entscheiden, ob einer eingelassen wurde in das Land der Zukunft oder nicht. Das Kamel hatte immer an ein großes breites Tor gedacht. Aber dieses Tor war klein und eng, beinahe sah es wie ein Nadelöhr aus. Ganz unmöglich, dass ein Kamel hindurchgehen konnte.
»Sitz ab!«, sagte das Kamel zum Händler, »wenn du deinen Bauch ein wenig einziehst, kommst du vielleicht hindurch. Ich aber habe den Weg umsonst gemacht.«

Über dem Tor flammte jetzt eine Schrift auf. Das Kamel hatte mit den Kindern lesen geübt und sprach die Worte leise nach:

DIE ZUKUNFT GEHÖRT UNS KINDERN

Kaum war das letzte Wort heraus, da sprang ein Kind durchs Tor, ein kleines dünnes Mädchen, danach ein etwas dickeres, dann ein Junge und noch mehr Jungen und Mädchen. Voller Staunen beobachtete das Kamel, wie sich das Tor bei jedem Sprung weiter öffnete. »Ein Glück, dass du gekommen bist!«, riefen die Kinder. Sie umringten das Kamel, streichelten sein Gesicht und seine Ohren und kraulten es in der Wolle. Dann zogen sie mit ihm durch das Tor, das nun weit genug war für alle. Das Kamel sah sich um. Wo war der Händler?
»Der bleibt draußen!«, riefen die Kinder, »vor ihm hat sich das Tor ganz von selbst geschlossen. Er ist noch böser als der Wolf im Märchen von den sieben Geißlein. Er verkauft Minen, die in der Erde versteckt werden, und wer darüber geht, der wird zerrissen. So was Gemeines darf nicht sein in unserm Zukunftsland.«
Da war das Kamel froh, so froh. Es fing an zu tanzen und zu singen. Und alle Kinder tanzten und sangen mit. Sie feierten ein Freudenfest. Und dann? Dann fing das Leben so richtig an.

Peter Härtling

Ein Pudel spricht zur Nudel

Hase

Hier hast du einen Hasen
mit zwei zu langen Nasen.
Aus beiden kann er blasen:
ein zweistimmig Hasenlied,
vor dem ein jeder Jäger flieht.

Hahn

Gemeinhin ist der Hahn
geschwellt.
Er hält
viel von dem, was er getan.
Was gar nichts ist
als der Gipfel vom Mist.

Löwe

Den Löwen darf ich nicht vergessen.
Er hat schon viele wie mich gefressen.
Und wenn er satt ist, rülpst er vor sich hin.
Wie froh bin ich, dass ich nicht gefressen bin.

Qualle

Trittst du in eine Qualle
beginnt schon das Gelalle.
Dabei hat die Qualle
nicht alle.
Sie will nämlich schweben
ihr ganzes Leben.

Bär

Ein dicker, schwarzer Bär
stellt feine weiße Milch her.
Das tut er nicht aus Vererbung,
sondern bloß für die Werbung.

Elefant

Der Elefant, den lieb ich sehr.
Er ist wie eine Lokomotive schwer.
Er hat ein Herz, das ist so groß,
dass meines in ihm schwimmen könnte.
Er frisst nur Blätter und nur Moos
und niemals eine Schweinelende.
Der Elefant, den lieb ich sehr.
Bald gibt es keine Elefanten mehr.

Pudel und Nudel

Ein Pudel
spricht zur Nudel:
Ich mag dich nicht.
Die Nudel
spricht zum Pudel:
Du bist nicht dicht.

Bilder von Egbert Herfurth

Karoline Elke Löffler

Mustafa Haikal
Preisrätsel

Ob Krokodile kitzlig sind,
ist noch lange nicht bewiesen.
Mag sein, sie sind es,
aber wo?
Vorn oder hinten?
Und wenn ja,
wieso?
Am Bauch oder im Gesicht?
Und wenn nein,
warum nicht?
Zwischen den Zähnen?
Beim Fressen? Beim Gähnen?
Beim Schlafen? Im Traum?
Wir wissen es kaum!

Drum fordern wir zum Wettbewerb,
den Fall zu klären.
Wer gewinnt,
ob Mann oder Kind,
bekommt einen Preis.

Ob Krokodile kitzlig sind?
lautet die Frage.

Jeder suche sich ein Krokodil,
ob im Wald, ob im Zoo
oder sonst irgendwo.
Doch sollte es nicht zu klein sein.
Dreieinhalb Meter vom Schwanz
bis zum Maul
wären gut.

Wenn das Krokodil lacht,
habt acht!
Seid auf der Hut,
wie lange –
und wo
sich die kitzligen Stellen befinden.

Notiert es genau!
Lasst euch Zeit!
Wir stehen bereit
die Ergebnisse auszuwerten.
Und nun geht!
Sonst wird es spät,
zu spät für die Krokodile.
Es gibt deren viele.

Simone Klages

Angelika Ehret
Zeitungsmeldung

In der Zeitung stand's:
See verschwunden!
Wurde nicht mehr gefunden!

Was war da los?
Was ist da geschehn?

Ein Seeräuber stahl ihn!
Ich hab's genau gesehn!

Klaus-Peter Wolf
Felix, der Glückliche
Ein Märchen?

Es waren einmal ein Vater und eine Mutter, die wünschten sich so sehr ein Kind, wie man sich ein Kind nur wünschen kann. Als sie dann endlich einen kleinen Jungen bekamen, tauften sie ihn Felix. Das heißt: der Glückliche.

Sie weinten vor Freude und mussten ihren Felix immer wieder ansehen, so gern hatten sie ihn.

Sie wollten natürlich nur das Beste für ihren Sohn. Vor allen Übeln der Welt sollte er bewahrt werden.

Nie sollte Felix an Zahnschmerzen leiden wie sein Vater; darum gaben sie ihm weder Bonbons noch Schokolade. Die lieben Eltern ernährten ihren Felix so gesund, dass er nie krank wurde. Nach jeder Mahlzeit putzte er sich gründlich die Zähne. Dreimal am Tag.

Er hatte keinen Game-boy und kannte keine Videospiele; denn seine Eltern hatten gelesen, dass so etwas schädlich für Kinder ist.

Weil Felix weder Skateboard fuhr noch Rollschuh oder Fahrrad, verletzte er sich auch nie wie andere Kinder. So wurden ihm viele Schmerzen erspart: blutige Knie, Gehirnerschütterungen und ausgehauene Zähne.

Weil Felix nie einen Film im Fernsehen sah, bekam er auch keine viereckigen Augen.

Seine Eltern lasen viele Bücher über richtige Erziehung und versuchten, aus Felix einen vernünftigen Menschen zu machen. Das gelang ihnen auch, denn Felix gehörte in der Schule immer zu den Besten.

Die Eltern liebten ihren Felix so sehr, dass sie sich Mühe gaben, wirklich nichts falsch zu machen. Es war nicht leicht, aber sie schafften es.

Als endlich alles perfekt war, wunderten sie sich, warum ihr Felix niemals lachte.

V. Ballhaus

Susanne Corva
Das Tier

Es war ein ziemlich unauffälliger Tag gewesen, lauwarm und mit einem diesigen Himmel über der Stadt. Susan las abends noch die Zeitung. Da klingelte es, Susan öffnete die Wohnungstür und draußen stand ein Tier, ziemlich groß, mit Reisetasche und überreichte ihr einen Brief. Er war von einem Rechtsanwalt geschrieben und es stand darin: »... darf ich Ihnen mitteilen, dass Sie von Ihrem Onkel dieses Tier geerbt haben.« Verblüfft sah Susan auf.

Tier war ins Wohnzimmer gegangen. Es blickte sich um, ging dann zu der Ecke mit dem Sofa und der Kommode. Es öffnete seine Tasche, nahm eine kleine Dose heraus, machte eine Bewegung, als wollte es sie auf die Kommode stellen, und sah dabei fragend zu Susan hin.

Susan sagte eilig: »Ja, ja, bitte, tu nur.«

Tier packte aus und setzte sich dann aufs Sofa.

Susan räusperte sich. »Na ja, dann, äh, also ... willst du vielleicht Tee?«

Tier schien nicht abgeneigt. Susan ging also in die Küche, stellte Wasser auf und kam mit der Kanne und zwei Tassen zurück. Sie tranken ihren Tee, dann räumte Tier das Geschirr weg und wusch es gleich ab. Dann setzte es sich wieder auf das Sofa.

Allmählich wurde es Zeit zum Schlafengehen. Susan brachte Tier eine Decke. Susan sah, was Tier auf die Kommode gestellt hatte: eine kleine bunte Dose, eine kleine rote Plüschkatze und ein Schneckenhaus.

»Na ja, dann gute Nacht«, sagte Susan und ging in ihr Zimmer.

Der nächste Tag war Susans Waschtag. Als die Maschine fertig war, nahm Tier den Korb und sie gingen in den Hof hinunter, wo die Wäscheleinen gespannt waren. Sie waren mitten in der Arbeit, als die Familie Untermeier auftauchte: Herr Untermeier, Frau Untermeier, der halbwüchsige Berti und die kleine Dolly.

»Ja, guten Tag, guten Tag, ja, was haben wir denn da gesehen vom Fenster aus?«, fragte Herr Untermeier eifrig und laut. Da begann Berti schon zu lachen und dann lachten alle und zeigten mit den Fingern: »Was für eine Art Tier soll das denn sein?«

Andreas Röckener

Susan hielt es kurze Zeit aus, dann trat sie mit Tier den Rückzug an. Nachdem die beiden ziemlich schnell die Treppen hinaufgerannt waren, mussten sie im Vorzimmer erst verschnaufen. Susan lehnte sich an die Wand und sagte noch etwas keuchend: »Vielleicht ist es besser, wenn du zunächst einmal in der Wohnung bleibst.«

Tier ging ins Zimmer, setzte sich aufs Sofa, ganz schmal in eine Ecke, und nahm seine kleine rote Plüschkatze zu sich auf den Schoß. Dann saß es einfach ganz still so da.

Susan sah eine Weile zu, dann drehte sie sich plötzlich um, riss das Fenster auf, schrie hinunter: »Sie sollten sich schämen, ein so gutes und harmloses Tier auszulachen!« und knallte über den verblüfften Gesichtern im Hof die Fensterflügel wieder zu.

Die nächsten Tage gingen ruhig dahin und allmählich gewöhnte sich Susan an Tier. Es blieb still und zurückhaltend; es erledigte schnell und gründlich alles, was an Hausarbeit anfiel; es wischte auch Staub und goss die Zimmerlinde. Es äußerte nie irgendwelche Wünsche.

Außer den drei kleinen Dingen, die jetzt auf der Kommode standen, hatte Tier kaum noch etwas in seiner Reisetasche gehabt, nur Buntstifte und eine Mappe; denn sein einziges Hobby war Zeichnen. Es legte sich seine Stifte und Papier auf den Tisch und begann dann zu malen: manchmal die Katze mit dem Schneckenhaus oder das Schneckenhaus mit der Dose oder nur die Katze. Die fertigen Zeichnungen hob es in der Mappe auf. Die Buntstifte wird ihm mein Onkel gegeben haben, damit es etwas zu tun hat, dachte Susan. Eigentlich waren die Abende recht gemütlich so: Tier zeichnete, Susan las die Zeitung.

Es war nur so, einmal während dieser Zeit ertappte Susan beim Nachhausekommen Berti und Dolly, gebeugt beim Schlüsselloch stehend. Sie liefen kichernd weg, als Susan etwas zu ihnen sagen wollte.

Und einmal redete Frau Untermeier Susan an, als sie sich in der Bäckerei trafen. Sie begann beim Wetter und sprach plötzlich über Tier. »Wir haben ja einen ordentlichen Haushalt, da hätte so ein Etwas keinen Platz, seien Sie mir nicht böse …«, sagte sie, bezahlte schnell ihre vier Semmeln und ließ die verblüffte Susan hinter sich zurück.

Und einmal traf sie Herrn Untermeier im Stiegenhaus, als sie von der Arbeit kam. »Sind diese Tapser nicht von Ihrem Tier? Ach, es geht nie hinaus? Warum denn nicht, findet es womöglich selbst, dass es eigenartig aussieht?«

»Sie und Ihre Familie interessieren sich ja sehr für mein Tier«, erwiderte Susan, ziemlich ungeduldig und gereizt.

»Interessieren, aber nein, doch nicht für so etwas«, sagte Herr Untermeier und versuchte, an ihr vorbei in die Wohnung zu lugen. Susan schloss schnell hinter sich ab.
Als Susan einmal Blumen mit nach Hause brachte, stellte Tier den Strauß sofort mitten auf den Tisch, setzte sich dazu und sah ihn lange an. »Blumen gefallen dir wohl«, sagte Susan.
Tier nickte etwas schüchtern.
»Hast sie gern, weil sie so schön bunt sind«, sagte Susan.
Tier begann zu malen.
Nach einer Weile schaute Susan auf das Papier: Tier hatte zwei Tulpen zum Schneckenhaus dazugezeichnet.
Susan faltete zufrieden ihre Zeitung. Sie hatte das Gefühl, Tier jetzt schon recht gut zu verstehen.
An einem regnerischen Samstag beschloss Susan, ihm eine Freude zu machen. Sie ging in die Gärtnerei, um einen schönen bunten Strauß zu besorgen, und schaute dann noch beim Bäcker vorbei.
Als sie zurückkam, sah sie überrascht, dass ihre Wohnungstür offen stand. Einiger Lärm war im Wohnzimmer zu hören. Schnell ging sie hinein – und war dann zu erschrocken, um etwas zu tun.
Tier war wohl beim Zeichnen gewesen. Wie die Mitglieder der Familie Untermeier in die Wohnung gekommen waren, wusste sie nicht; wahrscheinlich hatte sie wieder einmal vergessen zuzusperren und sie hatten einfach die Tür aufgemacht und waren hineinspaziert. Jetzt umstanden Frau Untermeier, Berti und Dolly kichernd und kreischend Tier, warfen seine Zeichnungen durch die Luft oder zogen sie ihm weg, wenn es danach greifen wollte. Es versuchte verzweifelt, sie einzusammeln, aber kaum hatte es ein paar auf dem Tisch liegen, nahmen sie die anderen wieder weg.
Da hörte man aus der Zimmerecke plötzlich: »Na, was haben wir denn daaa Komisches?«, und als alle sich umdrehten, sahen sie Herrn Untermeier, ein abschätziges Lächeln auf dem Gesicht, wie er das kleine, zerbrechliche Schneckenhaus in die Hand nahm.
Tier eilte zu seiner Ecke, streckte die Hände nach seinem Schneckenhaus aus und – trat in der Hast Herrn Untermeier ordentlich auf die Ze-

hen. Der heulte auf, ließ das Schneckenhaus fallen und schrie: »Hilfe, es hat mich verletzt, ich werde mich beschweren.«
»So«, sagte Susan. Sie sagte es nicht einmal besonders laut, aber es wurde still im Zimmer und alle Gesichter schauten auf sie. Sie war so wütend, dass sie sich kaum beherrschen konnte. Sie sagte mit zusammengebissenen Zähnen: »Ich habe Sie nicht eingeladen. Sie beleidigen in meiner Wohnung mein Tier, spätestens jetzt sind Sie ausgeladen!«
Die Leute schauten zu Boden und gingen dann ohne ein weiteres Wort; aber Herr Untermeier humpelte recht theatralisch hinaus.
Susan machte die Tür hinter ihnen zu und ging dann wieder ins Wohnzimmer. Tier stand zitternd bei der Kommode, das Schneckenhaus in der Hand. Susan begann, die verstreuten Buntstifte und Zeichnungen einzusammeln, versuchte die zerknitterten Blätter glatt zu streichen und legte sie in die Mappe. Dann sagte sie: »Na komm, jetzt machen wir uns erst einmal Kaffee, ich habe einen Kuchen gekauft und schau dir die Blumen an!« Aber Tier saß wieder am äußersten Sofaeck, hatte seine kleine Katze in den Arm genommen und schaute nicht auf.
Susan konnte das nicht sehen. Sie sagte: »Kränk dich nicht, die Leute denken einfach nicht, bevor sie etwas Dummes machen.«
Dabei dachte sie, eigentlich ist das kein Trost, und Tier schien das auch zu finden.
Drei Tage danach kam ein Brief vom Hausbesitzer. Susan las ihn am Frühstückstisch: »Betreffend den Vorfall, bei dem Herrn Untermeiers mittlere Zehe (am linken Fuß) verletzt wurde … muss ich Ihnen mitteilen … weiters … kann ich nicht akzeptieren, dass in meinem Haus so ungewöhnliche Tiere gehalten werden. Ich muss Sie auffordern, das Tier zu entfernen, andernfalls ich die Kündigung aussprechen muss. Gez., Obermeier.«
Susan wusste nicht, was sie tun sollte. Da gerade der Teekessel pfiff, ging sie zunächst einmal in die Küche. Als sie zurückkam, legte Tier den Brief gerade aus der Hand. Das hätte es nicht lesen sollen, dachte Susan. Sie sagte: »Komm, gibt mir deine Tasse.«
Aber Tier saß nur da und rührte sich nicht. Es aß nichts zum Frühstück, stand nachher langsam auf und kümmerte sich um das Geschirr.

Susan saß im Wohnzimmer und dachte: Was soll ich nur sagen? Sie hörte, wie Tier in der Küche fertig wurde. Dann kam es ins Zimmer, holte seine Reisetasche unter dem Sofa hervor und begann zu packen.
Susan sah ihm zu, mit einem ganz schlechten Gefühl im Bauch, und wusste noch immer nicht, was sie sagen sollte.
Schließlich stand Tier mit der fertig gepackten Tasche vor ihr.
»Wo willst du denn hin?«
Tier zuckte mit den Achseln und sah vor sich hin auf den Boden.
Da fiel Susan endlich ein, was sie eigentlich sagen wollte. »Aber so bleib doch da! Denkst du, ich richte mich nach Herrn Obermeier? Die anderen waren doch im Unrecht!«
Tier sah sie an und schien zum ersten Mal ein bisschen zu lächeln.
Susan nahm ihre Tasche aus den Händen, stellte sie wieder zur Kommode, zog Tier in die Küche und begann, eine Riesenportion Schokoladencreme-mit-Streusel-drauf zu kochen. Daneben machte sie noch eine große Kanne Kaffee und richtete den Tisch noch einmal schön her, so wie es Tier sonst immer tat. Und während es frühstückte, holte Susan sich Papier, setzte sich dazu und schrieb Herrn Obermeier einen Brief. Und dabei sagte sie zu Tier: »Wenn wir nicht da bleiben können – vielleicht *wollen* wir gar nicht da bleiben –, dann suchen wir uns eben eine andere Wohnung. Wir bleiben auf jeden Fall zusammen. Ich finde die anderen Leute nicht so wichtig. *Ich* mag dich, Tier!«
Und Tier lächelte jetzt richtig.
Drei Wochen später zogen sie aus; sie hatten eine kleine Wohnung am Stadtrand gefunden. Sie schickten die Möbel und die Zimmerlinde am Vormittag voraus und am Nachmittag sperrten sie die Wohnungstür hinter sich zu und spazierten gut gelaunt die Treppe hinunter und durch den Hof hinaus, Susan einen Koffer in der Hand, Tier seine Reisetasche.
Frau Untermeier schaute etwas betroffen, als sie das von ihrem Fenster aus sah. Dolly sagte zu ihrer Mutter: »Weißt du, eigentlich hat das Tier doch ganz freundlich ausgeschaut?«
Frau Untermeier zögerte und sagte dann gar nichts. Und Dolly dachte: Eigentlich wäre es doch nett, wenn ich so ein Tier hätte. Dann könnten wir zusammen beim Tisch sitzen und zeichnen.

Evelyne Stein-Fischer
So oder anders

Wenn die Welt gerade entsteht, kann man alles anders machen und neu erfinden. Die Worte tanzen um ihre alte Bedeutung, bis ihnen schwindlig wird und sie sich neu finden müssen. Also könnte es durchaus passieren, dass eine Mauer plötzlich ein Huhn ist und ein Tisch eine Zahnbürste. Aber wenn die Mauer ein Huhn ist, wer legt dann ein Ei? Der Bär?
Und wenn der Tisch eine Zahnbürste ist, womit putzt man sich dann die Zähne? Mit einer Salatgurke? Aber was schneidet man dann in einen Gurkensalat? Vielleicht einen Regenschirm?
Und was hält man sich dann über den Kopf, wenn es regnet? Schuhe? Nur ... worin steckt man seine Füße, wenn man über den Hauptplatz geht? In Mülltonnen? Und wohin wirft man dann den Müll? Einfach über den nächstbesten Zaun?
Aber so würde ja alles beim Alten bleiben! Außer ... es gibt auch keine Zäune mehr. Keine Grenzen. Es entsteht eine grenzenlose Welt.
Und wie schreibt man Briefe in einer grenzenlosen Welt? Wenn es keine Kontinente, keine Länder, keine Städte mehr gibt? Was klebt man für eine Marke auf einen Brief? Oder schneidet man etwa ein Loch?
Ich finde, einige nützliche Wörter sollten trotz der gerade neu entstehenden Welt beibehalten werden:

Regenbogen
Liebe *Luftballon*
Traum *himmelblau*
Freude *Vertrauen*

Solche Worte würden sowohl aus der alten wie aus der neu gestalteten Welt eine schöne machen.

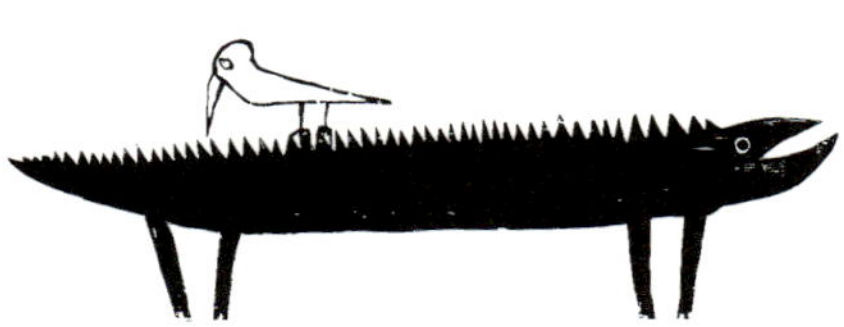

Julia Kaergel

4. *Kapitel*

Du lieber Himmel

Wolfgang Rudelius

»Fürchtenmachen« *Julia Kaergel*

Irmela Wendt

Schicken Sie Ihren Engel, Herr Kant!

Sehr geehrter Herr Prof. Immanuel Kant, Ihr Buch »Zum ewigen Frieden« hat Klarheit in meinen Kopf gebracht. Jetzt weiß ich, wie Politiker einzuordnen sind, wenn sie nach dem Grundsatz des moralischen Rechts handeln oder wenn sie sich allein vom zu erwartenden Vorteil und Nutzen bestimmen lassen.

Ihr Buch hat aber nicht nur meinen Verstand geschärft. Mehr noch erwärmte es mein Herz durch Ihre Entschiedenheit, mit der Sie sich einsetzen für das Recht der Menschen, das Heiligste, was Gott auf Erden hat, so sagen Sie wörtlich. In Sold genommen sein zum Töten oder getötet werden, das lässt sich in unserer eigenen Person nicht mit dem Recht der Menschheit vereinigen, das sagen Sie auch.

Im Aufbrechen von Denkschablonen sind Sie der Meister, bei dem ich in die Lehre gehen möchte. Fälschlich so genannte Friedensschlüsse sind bisher nur Waffenstillstände gewesen,

sagen Sie, den dauernden, den ewigen Frieden haben sie nie gebracht. Vor zweihundert Jahren schrieben Sie Ihr Buch, ich weiß nicht, wie weit Sie informiert sind, was inzwischen geschah. Vor fünfzig Jahren, nach dem Ende des Zweiten Weltkrieges, gab es nur eine Kapitulation, keinen Friedensschluss und keinen Waffenstillstand. Bis heute haben wir in Deutschland keinen Waffen-stillstand. Waffen werden bei uns täglich in riesigen Mengen produziert und in andere Länder befördert, eine transportable Handelsware, die Deutschland zum zweitgrößten Waffenexporteur der Welt avancieren ließ. Leiden, Blut und Tod anderer Völker füllen Deutschlands Kassen und kein Mensch verbietet das.
Schicken Sie Ihren Engel, Herr Kant, dass er den Stillstand der Waffen befehle! Dass er über alle Medien verkünde: Hundertmillionen Kriegstote im 20. Jahrhundert. Genug! Für immer! *Eine Frau in Deutschland*

Hubert Schirneck
Windgedicht

Wirf ein Wort
in die Luft, der Wind
trägt es fort

Dann warte
bis der Wind sich dreht
und Antwort bringt

Hannelies Taschau
Kinderleben

Nicolschätzchen?
Süße …
Ni ko lle.
Wirds bald!
Ni koll!
Wenn ich dich rufe!
Ich glaub es geht los!
Jetzt aber marsch!

Scheffler

Nazif Telek
Mein Lehrer

Als mein Vater
in Kurdistan
mich in eine Schule anmeldete,
sagte er:
»Nehmen Sie ihn, verehrter
Herr Lehrer,
seine Knochen gehören mir
und sein Fleisch Ihnen.«
Als ich später
in der Klasse lachte,
schlug er mich.
Als ich auf dem Schulhof rannte,
schlug er mich.
Als ich kurdisch sprach,
schlug er mich.
Mein türkischer Lehrer.

Arnulf Zitelmann
Burin mit der Engelshand

Den Engel kennt jeder in Thuban. Denn in den meisten Häusern der Stadt befindet sich sein Bild. Und jedermann weiß, dass Thubans Engel seit Menschengedenken in einem besonderen Schutzverhältnis zu dem Sehergeschlecht der Burins steht. Die Begebenheiten aber, mit denen dieses Schutzverhältnis seinen Anfang genommen hatte, sind längst in Vergessenheit geraten. Führen doch jene Ereignisse weit zurück in die Vergangenheit des Planeten Schedir mit seinem Doppelmond.

Dem Engel Talit war damals seine erste größere Aufgabe zugefallen. Die Betreuung einer Karawane, die von Thuban nach Jildiz reiste. Das goldene Jildiz aber liegt am Unteren Meer und der Weg dahin ist lang und schwer. Den Engel schreckte das nicht. Ja, er willigte freudig ein, den Schutz der Karawane zu übernehmen. Dachte er doch, sich in seinem neuen Dienst gleich gebührend zu bewähren.

In jener Karawane befand sich auch der junge Burin, der, unter dem Namen Burin mit der Engelshand, später weit über Thuban hinaus bekannt wurde. Zu dieser Zeit jedoch sprosste dem jungen Mann gerade das erste Barthaar.

Der Engel fasste zu Burin schnell eine schwer erklärbare Zuneigung. Vielleicht war es die Ernsthaftigkeit des jungen Mannes, dessen Besonnenheit, die Talit für ihn einnahm. Womöglich war es aber auch die Schönheit seiner Leibesgestalt. Vermutlich kam beides zusammen. Überdies musste der junge Mann dem Engel schon darum als besonders schutzbedürftig erscheinen, weil Burin noch so jung an Jahren war, ein ganz unerfahrener Neuling im Karawanengeschäft.

Zwar reiste auch Burins Vaterbruder mit der Karawane, sodass der junge Mann nicht ganz ohne Aufsicht war. Trotzdem, sagte sich Talit, hätte Burin lieber zwei, drei Jahre noch warten sollen, ehe er sich auf ein derart gefahrvolles Unternehmen einließ. Denn als einziges Kind seiner Eltern war Burin bis dahin überaus umsorgt und behütet aufgewachsen. Seinen Wehrdienst bei der Stadtwache hatte der junge Mann zwar schon abgeleistet, doch die verschworene Gemeinschaft einer Karawanengesellschaft erfordert bekanntlich eine besondere Portion von Ausdauer und Mut.

Wie der Engel bald feststellte, lernte Burin jedoch schnell hinzu. Morgens riss er die Zeltpflöcke aus, abends schlug er sie ein, saß im Kreis der Handelsmänner am Feuer und hielt Augen und Ohren offen. Die Mitreisenden lernten die bescheidene und höfliche Art des jungen Mannes zu schätzen. Besonders die beiden Karawanenführer schlossen Burin ins Herz. Wenn er im Sattel seines Alkor-Pferdes neben ihnen ritt, erhielt Burin wichtige Hinweise, die Land und Leute und den Umgang mit den ewig störrischen Enif-Lasttieren betrafen.

Schließlich gab's noch die Zeltrunde der Söldner mit ihrer derben Geselligkeit. Auch bei ihnen war Burin wohlgelitten. Zumal nachdem er sich bei einem Überfall von Bergbanditen, die es auf das reiche Karawanengut abgesehen hatten, mannhaft geschlagen hatte. Damals trug Burin die ersten Narben davon. Sein Vaterbruder, unter dessen Zeltdach der junge Mann von seinen Wunden genas, tadelte ihn mit vielen Worten, freute sich aber insgeheim des Lobes, mit dem die anderen Männer den Kampfesmut seines Neffen bedachten.

Der Engel Talit hatte bei dem Handgemenge um seinen Schützling gebangt. Dabei lag der längste und gefahrvollste Teil der Reise noch vor ihnen. Die beiden Königreiche Anak und Algol nämlich waren um diese Zeit miteinander zerstritten. Und die Straße hinauf nach Jildiz berührte die Grenzgebiete der verfeindeten Reiche. Plünderer und reguläre Einheiten von beiden Seiten machten die Gegend unsicher. Wer weiß, was für gefährliche Situationen sich daraus für die Reisenden ergeben mochten.

Nach dem blutigen Zwischenfall in den Bergen beschloss Talit daher, sich zusätzlicher Hilfe zu versichern. Es hätte nahe gelegen, an die beiden Karawanenführer zu denken. Oder sich des alten Sehers zu bedienen, der mit der Karawane zog. Doch der Engel entschied sich für den jungen Burin. Vielleicht aus jener schwer erklärbaren Zuneigung, von der bereits die Rede war. Und er fand auch mühelos Zugang zu dem Inneren seines Schützlings. Beim Einschlafen, noch halb wach, tauchen wir manchmal schon in eine Traumwelt ein, die bilderreich an uns vor-

beizieht. Bei Burin waren es meist menschliche Gesichter, Mienenspiele, Augen, die sich ihm freundlich und mit beredtem Ausdruck darboten. Der junge Mann hatte diesen Traumvorboten bisher keine große Beachtung geschenkt. Aufmerksam wurde Burin erst nach dem Überfall der Bergbanditen, als zwischen den anderen flüchtigen Bildern ein einzelnes bestimmtes Gesicht immer öfter auftauchte. Es schaute ihn mit dunklen Augen unter einer kupferglühroten Haarfülle fragend an, das Kinn angehoben, den Mund wie zum Sprechen geöffnet. Bald sah Burin das Traumbild sogar tagsüber vor sich. Ja, und er wartete abends, wenn er die Zeltpflöcke einschlug, schon darauf, dass ihm an der Schwelle zum Schlaf die erwartungsvollen Augen wieder begegneten.
Talit aber hatte dieses besondere Gesicht gewählt, um den jungen Burin für seine Botschaften empfänglich zu machen. Und so war der Engel erfreut, als der junge Mann nach einer Weile begann, nach einem Rufnamen für sein Traumgegenüber zu suchen. Burin versuchte es mit mehreren Namen. Aber dann entschied er sich plötzlich, wie unter einer Eingebung, für den Namen Talit.
Der Engel lächelte. Denn damit hatte er den Beweis, dass er sich dem jungen Mann auch ohne den Umweg über Worte mitteilen konnte. Und die Möglichkeit, seinen Schützling auf dem Gedankenwege zu erreichen, nutzte Talit in der Folgezeit, wann immer es galt, die Karawane zu warnen. Sei es vor unliebsamen Begegnungen, schwierigen Geländelagen oder auch wenn sich in der Nähe des Berglandes ein Wettersturz ankündete.
Zunächst maßen die Karawanenführer den Empfehlungen des jungen Mannes wenig Bedeutung bei. Als es sich dann aber mehrmals erwies, dass Burins Ahnungen und Warnungen begründet gewesen waren, zogen sie ihn bei ihren Entscheidungen mit zu Rate.
Das tat schließlich sogar der alte Seher, der mit den Seinen die Karawane begleitete. Wann immer seine Pendelkunst oder das Pfeilorakel versagte, holte er Burins Meinung ein. Unter großen Vorbehalten zunächst, das versteht sich. War doch die Gabe des Sehertums in den Städten Schedirs erblich, und der junge Burin entstammte einem Händlergeschlecht.

Um die Glaubwürdigkeit seines Schützlings nicht zu gefährden, musste Talit infolgedessen den jungen Burin bei allen möglichen Anlässen mit den richtigen Antworten versorgen, wann immer der Seher mit seiner Kunst am Ende war.

Ganz wohl war's dem Engel dabei nicht. Seines Amtes konnte es ja nicht sein, beispielsweise darüber Auskunft zu geben, warum ein gewisser Liebeszauber versagte. Bei derartigen Gelegenheiten begann Talit damals schon, sich leise Vorwürfe zu machen. Hatte er sich doch zu sehr mit dem jungen Mann eingelassen? Zurück aber konnte aber nicht. Denn – wie heißt es? – mitten im Fluss wechselt man nicht die Pferde. Außerdem gab ihm der glückliche Verlauf der Reise Recht. Die Handelsgüter auf den Rücken der Enifs passierten sogar unbehelligt die Raubnester am oberen Hadarfluss. Eben weil glücklicher- oder passenderweise die Banditen tags zuvor zu einem Streifzug jenseits des Flusses aufgebrochen waren. Talit konnte also durchaus mit sich zufrieden sein.

So nahm denn das Unternehmen seinen weiteren, wenngleich gemächlichen Fortgang. Noch immer befanden sich die Reisenden jenseits vom Unteren Meer. Und je länger sich der Weg hinzog, um so öfter eilten ihre Gedanken voraus, dem goldenen Jildiz entgegen, der hoch gebauten Stadt. Man diskutierte Märkte und Gewinne, traf Preisabsprachen, und jeder malte sich den Geldregen aus, der auf ihn niedergehen würde. Bei den Söldnern machten deftige Scherze die Runde. Die Männer überboten sich in Schilderungen der Gelage und Liebesfreuden, die sie in den Schänken von Jildiz erwarten würden.

In diesen Tagen verliebte sich Burin in Nunki, die Tochter des Sehers. Seit zwei Jahren trug sie das Obergewand der Frauen und gerade erst zeichneten sich darunter ihre Brustspitzen ab. Und wie alle weiblichen Nachkommen des Sehergeschlechts zierte ein winziges Muttermal Nunkis linken Nasenflügel. Ja, schön war sie, Nunki, die Seherstochter, und für Burin war sie die Schönste unter den Mädchen Thubans. So verzaubert hatte ihn der Schritt ihrer Sandalen.

Burins Werben war Nunkis Vater, dem alten Seher, nicht unlieb. Sah er doch für den jungen Mann eine glänzende Zukunft voraus. Der Vaterbruder Burins meinte zwar, es sei noch ein wenig früh für den Jungen, sich fest zu binden, doch in Wahrheit fand auch er großen Gefallen an dem jungen Paar. Besonders, weil er sah, wie Burin unter dem Ansturm seiner ersten großen Liebe wie umgewandelt war, vor lauter Lebenslust sprühte.

Die frühreife Ernsthaftigkeit des jungen Mannes, seine ein wenig altkluge Art hatte neuen, leidenschaftlichen Gefühlen Platz gemacht, einem Taumel des Entzückens, das schier keine Grenzen kannte.

Wie üblich tauschten die beiden Liebenden eine Körperhaarlocke aus. Abends lag Burin unter seinem Zeltdach, die Hand auf dem Brustbeutel mit dem Pfand der Geliebten. Vor dem Schlaf gingen seine letzten Gedanken zu ihr, der Tochter des Sehers.

Die Leidenschaftlichkeit von Burins Gefühlen hatte auch den Engel überrascht. Und Talit trauerte – wie konnte es anders sein? – der verlorenen Zweisamkeit nach. Ja, es wurde für ihn zunehmend schwieriger, mit dem jungen Mann in Fühlung zu bleiben. Nunkis liebes Gesicht mit dem winzigen Muttermal am Nasenflügel verdrängte alle anderen Bilder.

Dabei wäre es jetzt gerade nötig gewesen, der Karawane Warnungen zukommen zu lassen. Denn ein Truppenaufgebot Anaks befand sich unterwegs zum Hadar-Fluss. Und die Soldaten mussten unweigerlich den Weg der Karawane kreuzen, wenn man nicht rechtzeitig in den Schutz der Berge zur Rechten auswich.

Die beiden Karawanenführer spürten die Gefahr. Bei Faras, am Mittellauf des Hadar-Flusses, hielten sie Rat. Auch den Seher zogen sie hinzu. Alle drei stimmten überein, dass der Flussweg zwar kürzer, die Bergroute aber sicherer sei. Vorsichtshalber schickten sie nach Burin, um ebenfalls dessen Meinung einzuholen. – Denn die Entscheidung kam die Männer schwer an. Über die Bergwege würde man Jildiz nämlich erst erreichen, wenn die beiden Monde Schedirs übereinander standen, also mit einer Verzögerung von zweimal zehn Tagen.

Nachdem Burin sich eingefunden hatte, forderten die Karawanenführer den Seher auf, unter Anrufung der Götter die Orakelhölzer zu werfen. Ihre Antwort war eindeutig: Die Hölzer wiesen die Berge hinauf.

Der junge Burin aber erblasste. Denn der hätte die Reise jetzt am liebsten möglichst schnell hinter sich gebracht, um zurück in Thuban Hochzeit zu feiern.

»Deine Hölzer lügen!«, fuhr er den Seher an. »Mein Engel hat mir den Flussweg gewiesen.«

Die Männer blickten nachdenklich unter sich. Sollten sie, wider bessere Einsicht, selbst der Stimme des Orakels zum Trotz, weiter dem Flusslauf folgen?

Endlich ließ sich der Seher vernehmen. »Auch Orakel können täuschen«, räumte er ein. »Schadgeister können die Hölzer verfälschen. Entscheidet nach eurem Ermessen.«

Die beiden Führer gingen mit sich zu Rate. Dann wandte sich der ältere an Burin und fragte: »Du bist sicher, mein Sohn, dass dein Engel nicht trügt?«

»Er hat mich nie hintergangen«, antwortete Burin gereizt. »Erst gestern ist er mir erschienen«, fügte er hinzu, ohne bei seiner Lüge zu erröten. Diese Erklärung beendete jede Diskussion. Die Männer entschieden sich für den Flussweg.

Talit aber trauerte. Er grollte dem jungen Mann. Burin hatte seinen Namen missbraucht. Frech und aus reiner Selbstsucht. Das tat weh, wo so viel Vertraulichkeit zwischen ihnen gewesen war.

Ja, es tat doppelt weh, weil Talit sich vorhalten musste, jenem Missbrauch Vorschub geleistet zu haben. Das hatte er nun davon. Und zum ersten Mal sorgte der Engel sich ernstlich um die Sicherheit seiner Karawane.

Freilich, er unternahm alles, um das Unglück abzuwenden. Warnträume, drohende Vorzeichen schickte er den Reisenden, Enifs stürzten unter ihren Lasten, plötzliche Regengüsse machten die Flussstraße für die Alkor-Pferde fast unpassierbar, umsonst. Der Zusage des jungen Mannes vertrauend setzte die Karawane unbeirrt ihren Weg fort.

Burins Augen aber waren gehalten von seiner großen Liebe. Sie machte ihn blind für alles, was um ihn geschah. Sehnsuchtsvoll sah er nur jenem Tag entgegen, an dem er endlich Nunki als Braut in Thuban heimführen durfte.

Nur einer der Monde Schedirs leuchtete, als Anaks Soldaten das Nachtlager der Reisenden in einer Flussschleife überfielen. Sie machten alles nieder, was sich ihnen in den Weg stellte. Dann zogen sie beutebeladen weiter, eine Hand voll Gefangener vor sich her treibend. Darunter waren auch Burin und Nunki. Mehr hatte der Engel für sie nicht tun können.

In der Königsstadt schlug man Burin in Ketten und überstellte ihn einem Steinbruchkommando. Nunki aber musste in den Küchen der Residenz die Steinmühle drehen.

Als Burin aus seiner Betäubung erwachte, ging ihm das ganze Ausmaß seiner Schuld auf. Und hätte er damals Mittel und Wege besessen, sein Leben zu beenden, würde Burin sich den Tod gegeben haben. Er versuchte es, wütete in seinen Ketten, arbeitete sich in Raserei. Und wann immer in der Wand ein Steinschlag niederging, wünschte er, unter den Felsmassen begraben zu sein.

Ihn, dessen Schlaf einst freundliche Gesichter bewachten, suchten nun die Schatten der Toten heim. Laut verklagten sie ihn: seines Vaters Bruder, die Karawanenführer, der Seher und dessen Frau. Und ein Entrinnen gab es nicht. Weder bei Tag noch bei Nacht. Ach, hätte er doch selbst mit unter den Toten am Hadar-Fluss gelegen, es wäre die geringste Sühne für seine Untat gewesen! Doch ein grausames Schicksal hatte ihn aufgespart. Die Toten vor Augen, die Seele wund vor Scham.

Der Engel sah die Not des jungen Mannes. Und er konnte Burin nicht einfach seinem Schicksal überlassen. War er doch mitschuldig an dessen Schuld. Ja, und nur der Engel weiß genau, wie es zuging, dass Burin eines Tages von der mörderischen Arbeit im Steinbruch erlöst wurde.

Bei einer Inspektion war der Blick des königlichen Kurators auf den bärtigen jungen Mann gefallen, der Aufseher hatte Burins Arbeit gelobt, und tags darauf wurde er dem Gärtner der Residenz als Gehilfe beigegeben. Der Gärtner zuckte die Schultern. Er benötigte keinen zusätzlichen Gehilfen. Und weil er sah, dass Burins Hände hart von Schwielen waren, lud er ihm die schwersten Arbeiten auf. Immerhin aber hatten sich Burins Verhältnisse spürbar verbessert.

Burin selbst nahm die Wende zum Besseren kaum wahr. Doch wütete er nicht mehr gegen sich selbst wie zuvor. Nicht als ob er sich inzwischen mit seinem Gewissen ausgesöhnt hätte. Burin stumpfte einfach ab. Seine verdunkelte Seele registrierte nichts mehr. Sogar die Schatten der Toten um ihn verblassten. Stumm, unbeteiligt verrichtete er die ihm zugewiesenen Arbeiten, karrte Mist aus den Stallungen der Residenz in die königlichen Gärten, ein lebender Leichnam.

Der Umschwung geschah erst an jenem Tag, an dem er Nunki wieder begegnete. Sie kam mit Brotfladen auf dem Kopf daher, Burin aber ging gebückt in den Zugseilen vor seinem Mistkarren. Beinah wären beide aneinander vorbeigelaufen, doch dann begegneten sich ihre Blicke. Da erkannte Burin sie, Nunki, die Tochter des Sehers, und Nunki sah, dass dies ihr Geliebter war. Nur einen Lidschlag dauerte das Wiedererkennen, dann wandten beide ihre Augen voneinander ab. Jeder ging weiter für sich seines Weges.

Der Engel wusste es jedoch einzurichten, dass sie sich nicht aus den Augen verloren. Und Nunki liebte Burin immer noch, sie liebte ihn in seinem Elend sogar noch mehr. Unter Tränen bemerkte sie, wie entstellt er war. Das Gesicht verschmiert von Schweiß, den Rücken voller Narben, schleppte er sich in den Zugseilen seines Wagens, nur bekleidet mit einem schmutzigen Schenkeltuch.

Doch beide wechselten, sooft sich ihre Wege auch kreuzten, miteinander kein Wort. Burin wandte sogar den Kopf ab. Denn Nunki war selbst in dem elenden Gewand einer Dienstmagd noch immer sehr schön. Und unter ihrem Blick schämte er sich noch mehr als vor den Toten. Ja, Burin wäre am liebsten jeder weiteren Begegnung mit der Tochter des Sehers ausgewichen.

Doch nur mit Hilfe Nunkis konnte der Engel hoffen, das Innere seines Schützlings zu berühren. – Talit aber hatte dazugelernt und er hütete sich, der jungen Frau zu nahe zu treten. Nunki musste aus eigenem Antrieb den entscheidenden Schritt tun, wollte sie den Geliebten zurückgewinnen und sei es nur für einen Blick. Und dieser Entschluss kam sie schwer an.

Die Trauer um ihre Eltern, Burins Verschulden, ihre eigene große Liebe, das alles bedrängte sie mit gleicher Macht. Wie konnte da Nunki trennen und unterscheiden? Ihre Liebe auf die eine Seite stellen und gegen Burins Schuld abwägen? Aber genau vor diese Entscheidung stellte sie jede neue Begegnung. Wen wundert's, dass Nunki zögerte.

Aber irgendwann, zwischen zwei Herzschlägen, war sie so weit. Mit einem Mal hatte sich Nunki entschlossen. Nahe der Residenz trat sie Burin in den Weg, blieb vor ihm stehen und sprach ihn in seinen Zugseilen an. »Hast du all unsere Schwüre vergessen?«, fragte sie ihn. »Sogar die Locken, die wir miteinander tauschten?«

Burin aber entgegnete: »Geh mir aus dem Weg. Habe ich dir nicht Leid genug gebracht?«

Damit ließ er Nunki stehen und zog mit dem Mistkarren an ihr vorbei. Sobald er sich außer Sicht glaubte, sank er zusammen. Er weinte bittere Tränen, weinte über das Schicksal, das ihm widerfahren war.

Der Engel aber atmete auf. Er hatte auf dem Weg zur Residenz für Nunki die Zeit angehalten, einen Augenblick zu einer kleinen Ewigkeit gedehnt, bis die junge Frau sich entschließen konnte, auf Burin zuzugehen. Und Talit segnete Nunki dafür, dass sie es getan hatte.

Seinen Schützling jedoch ließ er weinen. Es störte ihn nicht, dass Burins Tränen nur ihm selbst, seinem Elend galten. Wenigstens kehrte sein Gefühl zurück. Und es stand Burin ja auch zu, sich zu bemitleiden. Eine einzige Lüge hatte sein ganzes Leben zerstört. Also überließ ihn der Engel sich selbst, bis Burin ausgeweint hatte.

Gestutzt an Bart und Haaren erschien Burin bei ihrer nächsten Begegnung. Sogar ein frisches Schenkeltuch hatte er auftreiben können. Nunki brachte er süße Dodo-Kirschen mit und die steckte Burin einen Brotfladen zu. – Alles Zögern und Zaudern war vergessen. Ihre Hände fanden wie von selbst wieder zueinander. Sie konnten jedoch nicht lange verweilen, denn beide hatten harte Herrschaften, die sie unablässig trieben. Im Abendschatten der königlichen Gärten fanden sie dann aber Zeit füreinander. Und dort erneuerten sie unter Tränen und Küssen ihre Liebe.

Um diese Zeit begann der Engel, sich zurück in Burins Träume zu stehlen. Nein, der junge Mann hatte Talit nicht vergessen. Doch es traf ihn

ins Herz, als der Engel ihm zum ersten Mal wieder erschien: Den Mund wie zum Sprechen geöffnet, das Kinn leicht angehoben. In panischer Angst wehrte er Talits Augen ab, jenes Gesicht unter der kupferglühroten Haarfülle, das ihm einst so teuer gewesen war. Der Engel jedoch hatte Geduld. Er wusste, dass er Zeit brauchen würde, bis er Burin wieder an sich gewöhnte. Doch das musste geschehen. Denn Talit sann auf die Flucht der jungen Leute. Dazu aber musste er Burins inneres Ohr wieder seiner Stimme öffnen.
Mit winzigen Fingerzeigen begann es. Unter dem alten Ladinum-Baum zum Beispiel zog eine starke Wasserader, da bot es sich an, eine neue Brunnenstube auszuheben. Bei anderer Gelegenheit zeigte ihm Talit ein unscheinbares Kraut, das geeignet war, den Gichtschmerz des Gärtners zu lindern. So ging es weiter, mit lauter kleinen Hinweisen und Zeichen. Und irgendwann machte der Engel den jungen Mann auf ein besonderes Himmelsereignis aufmerksam: Beide Monde Schedirs würden zusammen in der nächstfolgenden Nacht ihr Licht verlieren, Burin aber möge sich nicht fürchten.
Der Gärtnergehilfe erzählte seinen Kameraden von der bevorstehenden Verfinsterung. Diese wieder sagten es weiter, auf den Feldern und in der Mühle. – Und tatsächlich traf das vorausgesagte Ereignis pünktlich ein. Die Leute in der Königsstadt aber schrien vor Entsetzen und bedeckten ihr Gesicht mit den Händen, als ein finsteres Maul Schedirs Doppelmond verschluckte. – Bei Tageslicht erinnerte man sich an das Gerede draußen vor der Stadt. Burin wurde ausfindig gemacht, die Stadtwache nahm ihn fest, und er wurde dem König vorgeführt.
Der musterte ungläubig den jungen Mann, als Burin vor ihm stand. Sollte dieser Elende, ein Sklave mit kotigen Füßen, wirklich derjenige gewesen sein, der das Himmelszeichen vorausgesagt hatte?
Und als Burin bestätigte, seine Kameraden gewarnt zu haben, fuhr der König zornig auf. Wie das denn zugehe?, wollte er wissen. Hätten doch seine Himmelsmechaniker errechnet, dass eine Doppelverfinsterung von Schedirs Monden nur alle dreihundertsechsundzwanzig Jahre eintrete. Und ausgerechnet er, ein Gartenbursche, hätte davon Kenntnis gehabt?

»Mein Engel war es, der hatte es gewusst«, antwortete Burin.

»Was –, ein Kraftengel steht dir zur Seite?«, erkundigte sich der König, nun vollends aus der Fassung gebracht.

Burin nickte stumm.

Ein Berater beugte sich zu seinem Herrn und flüsterte mit ihm. Der König lächelte und wandte sich wieder dem jungen Mann zu. »Dein Engel könnte uns von großem Nutzen sein«, sagte er. »Wie rufst du ihn?«

»Er kommt ungefragt, ich rufe ihn nicht«, erwiderte Burin.

»Doch du kennst seinen Namen?«, wollte der König wissen.

Wiederum nickte Burin stumm.

»Nenne mir seinen Namen und ich werde dich aus der Grube ziehen«, versprach der König.

Ja, Burin dachte an Nunki, er dachte an ihre Liebe. Der Name seines Engels, ein einziges Wort, würde ihnen beiden die Freiheit schenken. Doch Burin brauchte keinen Augenblick, um dem Ansinnen des Königs zu widerstehen. Den Namen seines Engels würde er kein zweites Mal missbrauchen. – Und so blickte er weiter unter sich.

Der König drang von neuem in ihn, versprach Burin über und über zu vergolden, wenn er den Namen seines Engels preisgeben werde.

Burin jedoch blieb bei seiner Weigerung.

Da wurde der König sehr zornig. »Eine armselige Kreatur wagt es, sich meinem Willen zu widersetzen?«, rief er. »Du wirst mir den Namen deines Kraftengels nennen! Denn ich habe Mittel, dir den Mund zu öffnen.«

Und er befahl den Wachen, Burin abzuführen, ihn einzukerkern und an ihm, mit dem jetzigen Tage beginnend, die Strafe der Tausend-Schnitte zu vollziehen.

Der erste Schnitt durchtrennte die Sehnen des kleinen Fingers an der linken Hand, der zweite die des Ringfingers. Am dritten Tag zerschnitt man Burin die Sehnen des Mittelfingers und so fuhr der Scharfrichter Tag für Tag fort, bis Burins linke Hand lose im Gelenk hing. In Begleitung des Scharfrichters befand sich aber jedes Mal der königliche Schreiber. Und der bedrängte Burin unablässig, endlich zu reden. Dessen Mund jedoch blieb verschlossen.

Der Engel sah es und weinte. Wusste er doch, dass Burin für ihn die Strafe der Tausend-Schnitte erduldete. Also setzte Talit alles daran, Burins Flucht zu ermöglichen. Ehe sein Schützling, an Händen und Füßen verkrüppelt, den Weg in die Freiheit nicht mehr gehen konnte.
Nunki hatte gleich am ersten Tag von der Einkerkerung Burins erfahren. Und sie kam Abend für Abend, um ihm durch die Hand des Beschließers Brot zu bringen. Der Mann aber sah ihre Schönheit und es gelüstete ihn nach ihr. Als sie am sechsten Tag wieder kam, ergriff er Nunki und er zerrte sie in seine Kammer. Die junge Frau widerstand ihm, biss und schlug um sich, dass der Mann von ihr abließ. Sie stürzte zur Tür, die aber war verschlossen.
Der Beschließer schwenkte seinen Schlüsselbund. »In meiner Hand liegt der Schlüssel zu deiner Freiheit«, rief er lachend.
In diesem Moment begriff Nunki, dass dies zugleich der Schlüssel zu Burins Freiheit war. So ergab sie sich in den Willen des Mannes. Der stillte seine Lust an ihr, bis er abließ, den Weinkrug an die Lippen setzte und augenblicklich einschlief. Da nahm die Sehertochter den Schemel, schlug den Beschließer über den Kopf und entkam mit dessen Schlüsseln.
Unwillkürlich fragt man, wie es den beiden gelang, sich bis nach Thuban durchzuschlagen. Denn die Stadt liegt am Oberen Meer und der Weg dahin ist lang und schwer.
In den Chroniken heißt es, dass den beiden ein Alkor-Pferd zugelaufen sei. Nun aber weiß man doch, dass Alkor-Pferde menschenscheu sind. Und es braucht bekanntlich kräftige Fäuste, um sie zu regieren. Burin jedoch konnte sich nur noch seiner Rechten bedienen. – Also müssen wir diese Episode wohl in den Bereich der Legende verweisen. – Andererseits sagt man den Alkor-Pferden nach, sie verstünden in den Herzen der Menschen zu lesen. Das allerdings lässt den Hergang in anderem Licht erscheinen. Denn Burins Herz war rein gewaschen von aller Schuld, das Bild des Engels leuchtete in ihm. – Wer weiß, vielleicht erbot sich ihnen darum das legendäre Alkor-Pferd, sie in die Stadt am Oberen Meer zu tragen?
In Thuban hatte man die Karawane längst verloren gegeben und so

wurde das Paar unter Freudentränen willkommen geheißen. Noch im selben Jahr feierten Nunki und Burin Hochzeit. Und nicht lange darauf bestellte die Stadt den jungen Mann zu ihrem Seher. Damit wurde Burin mit der Engelshand, wie man ihn jetzt nannte, zum Begründer jenes berühmten Geschlechts, das bis heute in Thuban den Seherdienst versieht.

Und bis in unsere Gegenwart verehrt man dort das Bild des Engels, der seine Betrachter mit dunklen Augen anschaut, Stirn und Wangen umflossen von kupferglühroter Haarpracht, das Kinn leicht angehoben, den Mund wie zum Sprechen geöffnet. Seinen Namen hat bis heute niemand erfahren. In Thuban nennt man ihn einfach den Engel der Burins. Und auch dieser Bericht arbeitet mit einem erfundenen Namen.

Wie gesagt, aus dem Gedächtnis der Stadt sind jene Begebenheiten längst entschwunden. Natürlich auch der Augenblick, als Nunki sich Burin bei den Ställen in den Weg stellte und ihn fragte: »Hast du all unsere Schwüre vergessen?« Ob der Seherstochter die Tragweite ihres Entschlusses bewusst gewesen war? Wohl kaum. Denn die meisten Entscheidungen treffen wir zwischen zwei Herzschlägen. In so flüchtigen Momenten, dass unsere Erinnerung sie selten bewahrt.

Die Gegenwart der Engel jedoch bleibt unseren Augen verborgen. Entfalten sie doch ihr Wirken in den versteckten Falten der Zeit. Tritt einer aber in unser Leben und hält die Zeit für uns an, dann öffnet sich plötzlich eine neue Tür in die Welt.

Ein stilles Erschrecken ist immer dabei. Darum sagt man in Thuban, wenn in der lebhaften Unterhaltung einer Gesellschaft unversehens Ruhe eintritt: Ein Engel geht durchs Haus! – Die Hand an der Stirn grüßen wir dann schweigend den Engel, mit dem in unserer Stadt das Sehergeschlecht der Burins begann.

messergabelschereICH

Peter Jepsen

Paul Maar

Gegenwart

Langsam wird es höchste Zeit:
Weg mit der Vergangenheit,
ich werde sie verlassen!
Ich schau nach vorn und nicht retour,
in Zukunft werde ich mich nur
mit *Gegenwart* befassen.

In Zukunft mit der Gegenwart?
Halt, Moment! Ist das gescheit?
In Zukunft ist die Gegenwart
doch wieder nur Vergangenheit.

Cornelia Augustin

Rätsel – Haiku

Manchmal ist er klein,
und manchmal sehr vermessen,
unerfüllbar gar?
(der Wunsch)

Zuerst noch im Bauch,
ein Jahr später auf Beinen
und läuft schnell davon.
(das Baby)

In ihm steckt der Ort,
nicht zu verstehn ist es oft,
es kommt aus dem Mund.
(das Wort)

Manchmal kommt er schnell,
dann ewig und ewig nicht,
keiner weiß warum.
(der Schlaf)

Henriette Sauvant

Plötzlich ist sie da,
ganz unerwartet, super,
doch schnell wieder weg.
(die Idee)

Hans Georg Lenzen

Der Chinese im Fernsehen

»Von meinem Großvater«, sagte er,
»habe ich gelernt
im Umgang mit meinen
Mitmenschen
verlieren zu können.«

Verlieren können –
das ist leicht gesagt.

Ich denke immer noch
darüber nach.

Helmut Preißler

Bitte im Frühling

Was Amseln in Frühlingstagen
einander flöten und sagen,
das soll keine Sprache sein?
Mir redet ihr das nicht ein.

Hört: Es klingt wie Erzählen,
wenn sie die Tonfolge wählen.
Und wie sie die Sätze austauschen:
Wie sie einander lauschen:
Eine schweigt, wenn die andere spricht.

Nein, mir erzählt ihr das nicht,
dass nur Menschen sich etwas sagen.
Lauscht in den Frühlingstagen
den Amseln!
Ach, ihr Gescheiten,
die ihr Atomkerne sprengt
und Schiffe zu Sternen lenkt,
hört, wie das tönt über Weiten,
morgens, noch ehe es tagt!

Was wohl die Amsel
dem Amsel sagt,
wenn ich durch schallenden
Jubel erwache?

Ihr Klugen, tut mir den Gefallen:
Entschlüsselt die Amselsprache
und die Lieder der Nachtigallen!

Matthias Duderstadt

Lotta

Ein kleines Kind
Tapst die Straße hoch
Und versteckt sich hinter
Einer großen Mülltonne.
Der Vater wartet.
Nach einer Weile
Kommt es wieder
Hervor und tapst
Zu einem Fahrrad
Bückt sich und dreht
An den Pedalen
Wartet, bis sie
Stehenbleiben
Dreht noch einmal
Wartet, bis sie
Stehenbleiben
Und dreht sie
Wieder und wieder und wieder.
Der Vater hat sich
Gesetzt und schaut
Seinem Kind zu.

Peter Jepsen

Meine Wörter

Kleine, fliegende Öfen.
Sogar im Sommer.

Dorothee Bachem

Regine Beckmann
Ein russischer Film

Ane darf einen Cowboyfilm sehen. Sie sitzt mit Tommi oben bei der Oma auf dem Sofa. Tante Elke ist zu Besuch gekommen. Alle warten darauf, dass der Cowboyfilm beginnt.
Der Cowboyfilm aber fällt aus. Die Fernsehansagerin lächelt und sagt, dass es eine Programmänderung gibt. Der Cowboyfilm wird zu einem späteren Zeitpunkt gesendet. Ane ist enttäuscht. Sie trampelt mit den Füßen gegen das Sofa. »Ich will aber den Cowboyfilm sehen. Letztes Mal durfte ich schon keinen anschauen.«
»Wenn du nicht sofort aufhörst, mit den Schuhen gegen mein gutes Sofa zu treten, darfst du gar nicht mehr bei mir fernsehen«, sagt die Oma.
Ane dreht den Kopf fort vom Fernsehbild. Der Ersatzfilm beginnt. Ane hört die Filmmusik. Sie ist schön. Ane hat diese Musik noch nie gehört. Sie klingt sanft und traurig. Cowboymusik ist wild und fröhlich. Ane schaut nicht zum Bildschirm.
»Ane, Ane, guck mal, der kleine Hund!« Tommi stupst Ane an.
Langsam dreht Ane den Kopf. Quer durch den Fernseher läuft ein kleiner, schwarzer Hund. Neben dem Hund geht ein Mann mit einer Pelzmütze auf dem Kopf. »Ja, schau nur hin. Dann siehst du mal einen echten Russenfilm.« Tante Elke zündet sich eine Zigarette an.
In diesem Film ist kein Indianergeheul und kein Pistolenknallen. Immerfort läuft der kleine Hund neben dem Mann und der Mann läuft neben dem Hund. Sie wandern durch ein weites, flaches Land.
Der Mann hat den kleinen Hund gern. Ab und zu streicht er ihm über das zottige Fell. Der Hund wedelt und schaut den Mann mit schiefem Kopf an. Der Mann lächelt zufrieden. So wandern die beiden weiter und weiter. Meistens sind sie allein, der Mann mit dem Hund und der Hund mit dem Mann. Selten begegnet ihnen ein Mensch. Manchmal treffen sie einen Bauern bei der Feldarbeit. Dann schwatzt der Mann mit dem Bauern. Beide zünden sich ein Pfeifchen an.
Der Hund wartet geduldig. Vielleicht schickt der Bauer die beiden heim zu seiner Frau. Die Frau empfängt sie freundlich. Sie gibt dem

Mann Speck, Brot und Tee. Der Hund bekommt fettes Fleisch oder einen Knochen und eine Schale Wasser. Das ist ein Festtag für die beiden. Der Mann packt den Hund bei den Pfoten und tanzt mit ihm über den Hof. Es gibt auch Zeiten, da treffen sie tagelang auf keinen Menschen. Sie müssen von dem leben, was der Mann in seinem Rucksack findet. Wenn er nichts findet, müssen sie hungern. Abends sammelt der Mann Reisig aus dürrem Birkenholz und zündet ein Feuer an. Sie legen sich dicht ans Feuer. Der Mann wärmt den Hund, der Hund wärmt den Mann. Die Glut des Feuers tanzt in ihren Augen.

Es wird Herbst. Das Laub fällt von den dürren Bäumen. Bald stehen die Bäume ganz ohne Blätter, noch dürrer sind sie nun. Es wird kälter und kälter. Immer dichter legen sich Mann und Hund abends ans Feuer.

Der kleine Hund wird krank. Erst läuft er nur noch sehr langsam. Der Mann wartet ruhig, bis der Hund ihn eingeholt hat. Schließlich taumelt der kleine Hund und bricht mitten auf dem einsamen Weg zusammen. Der Mann beugt sich hinab und weint. Vorsichtig hebt er den kleinen Hund in seine starken Arme und trägt ihn bis zum Abend. Unter einem Baum setzt er den Hund behutsam auf die Erde. Der Mann sammelt Brennholz und macht dem Hund ein schönes, warmes Feuer. Er bietet dem Hund ein Stück Fleisch, aber der Hund frisst nicht. Er leckt dem Mann die Hand. Da legt sich der Mann neben den kleinen Hund. Er legt seinen Arm schützend um den Hund. So schlafen die beiden ein. Morgens wacht der Mann früh auf. Es ist noch dämmrig. Sein Arm liegt noch immer um den kleinen Hund. Der Hund ist kalt und steif, er ist in der Nacht gestorben.

Anes Augen schwimmen. Sie kann den Fernseher nicht mehr sehen. Sie will nicht mehr sehen. Der kleine Hund ist tot. Der Mann hat den Hund sehr lieb gehabt. Nun ist der Mann ganz allein in dem einsamen, weiten Land.

»Die Ane ist ein seltsames Kind.« Tante Elke lacht und zündet sich eine neue Zigarette an. »Wenn sich hundert Cowboys gegenseitig erschießen, verzieht sie keine Miene, aber wenn ein kleiner Hund stirbt, dann heult sie, als könnte sie nie wieder aufhören. Das ist doch seltsam.«

Günter Saalmann

Der atemlose Spiegel

Ob mein Spiegel immer spiegelt?
Heute überlist ich ihn,
schleiche mäuschenstill ins Zimmer,
springe blitzschnell vor ihn hin.

Hopp!
Beinahe! Eines Tages
werd ich fixer sein, mein Freund!
Bist schon heute außer Puste,
wie mir scheint.

Lino Fastnacht

Jellymountain

Sigrun Casper

Die anderen und ich

Wer falsch ist, macht mich unsicher
Wer gerne lacht, kriegt mein Herz
Wer nachdenkt, lässt mich Fragen stellen
Wer oft traurig ist, das bin ich.

Wer schweigt, dem lausch ich mit der Haut
Wer schwätzt, da fällt mir nichts ein
Wer die Welt noch in einer Pfütze erfasst
Wer frisst, faucht und kratzt, das bin ich.

Wer mich schön findet, der hat den zweiten Blick
Wer den Clown sieht, muss auch einer sein
Wer mich aufbläht, dem spuck ich vor die Tür
Wer mich ernst nimmt und grinst, das bin ich.

Wer wartet schon, bis ich mich umdreh zu ihm
Wer kennt mehr von mir, als ich erlaube
Wer zeigt mir endlich, was ich kann
Wer so dumm fragt, das bin ich.

Rosemarie Neie

Was sind wir?

Wir stehen im Licht
und leben im Schatten;
getrennt von den Freunden,
den Nimmersatten.

Zu nichts sind wir nutz,
vom Zeitzahn die Beute,
schließt auf, verhelft uns
unter die Leute!

Dann sind wir ein Schatz,
für jeden zu heben,
nicht auszuschöpfen
in einem Leben.

(Bücher in der Bibliothek)

Günther Feustel
Pauline zwischen zwei Heuhaufen

Das mit den Heuhaufen passt eigentlich zu einem Esel, der zwischen ihnen steht und sich nicht entscheiden kann, von welchem er fressen will.

Pauline ist natürlich kein Esel. Im Gegenteil, ein Mädchen wie ein blonder Engel – meint Großmutter aus Rostock jedenfalls. Und die bewussten Heuhaufen wuchsen sozusagen erst in dem irren Jahr 89, als in Berlin die Mauer fiel.

Pauline war sechs, der Vater Professor, die Mutter so jung, dass manche meinten, sie wäre Paulines Schwester. Das war ein Leben wie Erdbeeren mit Schlagsahne, fand Pauline.

Und dann kam eben das verdrehte Jahr mit dem Bananenmonat. Die Züge von Potsdam nach Berlin waren so voll gestopft mit Menschen, dass man Pauline in das Gepäcknetz hob – wie einen Koffer. Aber die Menschen lachten und jeder redete mit jedem, als hätten sie allesamt Geburtstag.

Der Vater fuhr nicht nach Berlin. »Ich werfe meine Würde nicht für hundert Mark auf die Straße!«, sagte er. Die hundert Mark bekam nämlich jeder geschenkt. Man musste sich nur ein Weilchen drängeln.

Pauline dachte damals: Die Würde ist also grüne Jeans, Bananen und Schokolade wert.

Die Mutter genoss die Tage, auch wenn man in Schönefeld nicht zum Potsdamer Zug laufen konnte, sondern wie ein Teig geknetet und geschoben wurde.

Damals entstand wohl der erste Riss zwischen Paulines Eltern.

Ein Jahr verging so schnell wie ein langer Monat. Vater war kein Professor mehr und Mutter fuhr noch immer nach Berlin. Sie war völlig wirbelig, fand Pauline – und der Riss zwischen den beiden wurde zum tiefen Spalt. Vater sah plötzlich so alt aus wie Großvater Robert in Rostock.

Trotzdem, Pauline gefiel, was sich jetzt veränderte. Es war so mickymausbunt und aufregend. Nun war das Leben wie Erdbeeren mit

Schlagsahne und einem Schirmchen drauf. Dauerte leider nicht lange, denn Mutter ließ sich von Vater scheiden. Sie zog nach Berlin und nahm Pauline mit. Das war wie ein schwarzes Loch in Paulines Leben. Der Vater gab dem Fall der Mauer Schuld, dass sich Mutter so verändert hatte und überhaupt … Für Mutter aber hatte eine ganz neue Zeit begonnen, die wollte sie auskosten – und Pauline fühlte sich oft allein gelassen.

Der Vater fuhr jetzt jedes Wochenende in die Havelgegend und fotografierte Vögel. Weil die Vögel sich nicht verändern, wenn eine Mauer fällt, glaubte Pauline. Seitdem nannte sie den Vater Vogelvater und fuhr jeden Sonnabend mit ihm zu den märkischen Wiesen und Wäldern. Pauline lernte Vögel kennen, von denen andere Kinder nichts wussten – den Ziegenmelker, die Rohrdommel und den schillernden Eisvogel. So langsam rappelte sich Paulines Leben wieder zusammen. War auch Zeit, Pauline wurde elf.

Max war jetzt Mutters Mann oder so ähnlich, ein richtiger Kumpel. Am liebsten bummelte Pauline mit ihm über den Rummel. Dann fühlte sie sich so, als wäre Max ihr großer Bruder. Wenn große Brüder überhaupt so nett sein können.

Doch die Veränderei war nicht aufzuhalten. Mutter zog nämlich zu Max und Pauline musste mit, als wäre sie bloß ein Papagei im Käfig. Immer neue Freunde, immer neue Nachbarn, immer eine neue Gegend! Pauline stellte sich vor den Spiegel. »Vielleicht bekommen Zigeuner schon mit elf graue Haare!«, seufzte sie und streckte ihrem Spiegelbild die Zunge heraus. Und nun wollten Mutter und Max auch noch heiraten! Als Vogelvater davon erfuhr, putzte er nachdenklich seine Brille und sagte dann entschlossen: »Pauline, dann ziehst du ganz zu mir!«

Da standen die beiden Heuhaufen und Pauline dazwischen! Zog sie zu Vogelvater, verlor sie Mutter und Maxvater. Blieb sie in Berlin, verlor sie Vogelvater. Aber Pauline wollte nichts verlieren – nicht Potsdam und nicht Berlin.

Die Mutter wurde nervös und manchmal unausstehlich, besonders als Vogelvater amtlich beantragt hatte, dass er allein für Pauline das Sorgerecht erhielt.

Aber zu einer Katastrophe kam es erst, als sich Mutter eines Abends auf Paulines Bettkante setzte. »Pauline, du musst deinem Vater in Potsdam schreiben, dass du für immer bei uns bleiben willst!«
»Schreibe ich nicht!« Pauline drehte sich zur Wand und schwieg.
Die Mutter stand auf. »Du musst dich jetzt entscheiden.«
Pauline zog sich die Decke über den Kopf und grübelte. Das hatte sie früher schon getan, wenn sie Kummer hatte. Sie musste an die Wochenenden mit Vogelvater denken, an die kleine gemütliche Wohnung, in der er jetzt wohnte – und wie er immer lange im Portmonee herumkramte, wenn er Pauline ein Eis kaufte. Auch deshalb hatte ihn Pauline so lieb.
Aber wenn Pauline dann wieder ein paar Tage in Berlin war, meinte sie, es wäre doch ein großes Glück, einen Maxvater zu haben. Mit ihm konnte man über alles reden, sogar über die erste Liebe.
In dieser Nacht konnte Pauline nicht schlafen. Warum durfte man denn nicht zwei Väter haben? Auch wenn es manchmal schwer war. Pauline grübelte, bis es draußen hell wurde, dann hatte sie einen Entschluss gefasst: Davonlaufen! Einfach vor allen Problemen davonlaufen!
Heimlich packte Pauline ein paar Sachen in den Rucksack und fuhr nach Rostock zu den Großeltern. Kein Groschen blieb übrig, als sie ihr Spargeld aus der Zuckerdose mit dem Goldrand nahm, die sie hinter den Pullovern im Kleiderschrank versteckte.
Großvater Robert verstand Pauline. Großmutter aber wollte sofort in Berlin anrufen. Sie war nun einmal für Ordnung. Doch Großvater meinte, Pauline müsste erst etwas essen – etwas Warmes auf diesen Schreck.
Aber Großmutter hatte wohl inzwischen in Berlin angerufen. Jedenfalls hielt gegen Abend ein Auto vor dem Haus. Es klingelte. Maxvater!
»Ist Mutter nicht mitgekommen?«, flüsterte Pauline Großvater zu. Großvater schüttelte den Kopf. Aber Maxvater nahm Pauline in den Arm. »Wir haben Angst um dich gehabt. Da bin ich Hals über Kopf losgefahren.«
»Mutter hatte auch Angst?«, fragte Pauline misstrauisch.
Maxvater nickte.

Großvater redete lange allein mit Max. Pauline saß inzwischen traurig und trotzig zugleich am Küchentisch bei Großmutter.
Und dann ging alles sehr schnell. Pauline fuhr mit Max nach Berlin zurück. Großmutter hatte Tränen in den Augen. Pauline auch, aber sie wollte es nicht zeigen.
Seltsam, in einer Nacht im Auto lässt sich über vieles leichter sprechen – auch über die Sache mit den zwei Vätern.
Max hörte geduldig zu. Er kann überhaupt wunderbar zuhören. Und er verstand auch, dass Pauline beide Väter behalten wollte. »Ich möchte, dass es so bleibt, wie es ist – sonst wandere ich nach Amerika aus!«
Alles hatte sich Pauline von der Seele geredet und dabei war sie eingeschlafen.
Pauline wachte erst auf, als das Auto hielt. Verwirrt sah sie durch die Scheibe. Sie parkten nämlich vor dem Haus, in dem der Vogelvater wohnte.
»Geh und sage Bescheid, dass du wieder da bist. Denn er macht sich bestimmt auch große Sorgen um dich!«
Misstrauisch sah Pauline Maxvater an. »Muss ich mich denn nicht mehr entscheiden?«
Max schüttelte den Kopf.
Pauline stürmte die Treppen hinauf.
Nach einer Weile brachte der Vogelvater Pauline wieder vor die Tür. Die beiden Männer standen sich gegenüber. »Ihr könnt euch ruhig die Hand geben«, sagte Pauline leise, »denn ihr seid beide meine Väter.«
Der Vogelvater wollte sofort etwas sagen, aber Max streckte ihm die Hand entgegen – und Vogelvater umfasste sie.
»Wird schon alles werden«, flüsterte Pauline, »wird vielleicht doch wieder wie Erdbeeren mit Schlagsahne.«

Peter Jepsen

Komma!

Hör nicht auf meine Worte.
Hör auf meine Satzzeichen,

Scheffler

Erwin Grosche

Nach dem Spülen

Und Löffel zu Löffel ins Löffelfach
Und Gabel zu Gabel ins Gabelfach
Und Messer zu Messer ins Messerfach

Ach, was für'n Krach!
Wenn ich will, bin ich still.

(geflüstert)
Und Löffel zu Löffel ins Löffelfach
Und Gabel zu Gabel ins Gabelfach
Und Messer zu Messer ins Messerfach

Wenn ich will, bin ich still.
Manchmal, wenn ich lustig bin,
werf ich alles lustig hin:

Und Löffel zu Löffel ins Gabelfach
Und Gabel zu Gabel ins Messerfach
Und Messer zu Messer ins Löffelfach

Manchmal, wenn ich lustig bin,
werf ich alles lustig hin.
Manchmal geht es mir so gut,
da packt mich der Übermut:

Und Löffel zu Gabel ins Messerfach
Und Gabel zu Messer ins Löffelfach
Und Messer zu Löffel ins Gabelfach

Wenn ich will –
bin ich still.

(Sprich dieses Gedicht tatsächlich mal beim Einräumen des Bestecks.)

Bilder von Jutta Bauer

Rosita Davidson

Schön

Morgens
ganz früh
piep piep piep piep piep
aufwachen
auf den Wecker hauen
aufstehen
ans Fenster gehen
Regen
kalter Regen
alles grau
grinsen
Anlauf nehmen
Sprung
zurück ins Bett
rumdrehen
Decke über den Kopf.
Bis morgen!

Christine Nöstlinger
Als mein Opa wieder gesund war

Heuer im Frühling war mein Opa krank. Sehr krank sogar, aber doch ein bisschen weniger krank, als er vermutete. Er wurde nämlich wieder gesund und daran hatte er nicht mehr geglaubt. Er hatte gedacht, er müsse sterben.

Und als er dann wieder gesund war, saß er die meiste Zeit des Tages im Wohnzimmer auf dem Sofa herum und tat gar nichts. Obwohl ihm unser Arzt gesagt hatte, er brauche sich nicht mehr zu schonen. Nicht mal die Zeitung las mein Opa. Auch Kreuzworträtsel löste er keines. Er schaute nur so vor sich hin.

Meine Oma redete ihm gut zu. »So geh doch ins Kaffeehaus runter«, sagte sie. »Zu deiner alten Kartenrunde, die hat schon zweimal angerufen und wollte wissen, wo du bleibst!«

Sie schlug ihm auch vor, spazieren zu gehen, seine Briefmarkensammlung zu ordnen oder ihr beim Kochen und Aufräumen zu helfen. Oder die Küchentür neu zu lackieren. Oder mit ihr Domino zu spielen. Oder ein bisschen fern zu sehen und Radio zu hören.

Aber mein Großvater wollte nichts tun. »Lass mich, ich muss nachdenken«, sagte er dann immer nur.

Natürlich wollten wir alle wissen, worüber er denn nachdenken müsse. Zuerst war aus ihm rein gar nichts rauszukriegen. »Das ist meine Sache, das geht nur mich etwas an, ich rede erst drüber, wenn ich mir klar geworden bin!«, sagte er stur, wenn man ihn fragte.

Eines Tages dann war er endlich mit dem Nachdenken fertig. Und weil ich zu diesem Zeitpunkt auch gerade im Wohnzimmer saß, informierte er mich als Ersten, worüber er sich endlich klar geworden war.

Er erzählte mir, dass er sich während seiner Krankheit ganz sicher gewesen war, dass ihm sein Ende bevorstehe. Und da habe er sehr viel über sein Leben nachgedacht. Im Großen und Ganzen sei er damit völlig zufrieden gewesen. Wenigstens mit all den Jahren seines Lebens, seit er erwachsen ist. Nur mit seiner Kindheit, sagte er, sei er rückblickend sehr, sehr unzufrieden. Die sei einfach nicht schön gewesen. »Was heißt da, nicht schön?«, rief er und schlug sich mit der geballten Faust aufs Knie. »Meine Kindheit war eine grausige, bittere, freudlose Zeit, hinten und vorne nichts wie seelisches Elend und Not. Im Grunde habe ich überhaupt keine Kindheit gehabt!«

Meine beiden Urgroßeltern väterlicherseits dürften tatsächlich schreckliche Kotzbrocken gewesen sein. Alles und jedes was einem Kind auch nur ein bisschen Spaß macht, hatten sie ihrem kleinen Sohn streng verboten, dauernd hatte er brav sein und lernen und den Mund halten müssen, nicht einmal laut lachen hatte er dürfen und für Verfehlungen hatten sie so harte Strafen parat gehabt, dass mein Opa überhaupt nicht gewagt hätte, unfolgsam zu sein. Doch da das alles jedem in der Familie wohl bekannt war – schließlich hatte sich mein Opa schon sehr oft darüber beklagt –, konnte ich mir nicht vorstellen, was es diesbezüglich für ihn wochenlang zum Nachdenken und Klarwerden gegeben habe. So fragte ich ihn danach. »Als ich so todkrank war«, antwortete mir mein Opa, »habe ich mir den bitteren Vorwurf gemacht, dass ich, endlich der grausigen Fuchtel meiner Eltern entronnen, meine Kindheit nicht schleunigst nachgeholt habe. Immerhin bin ich damals sehr jung von daheim weg. In einem Alter, wo man heutzutage noch in die Schule geht. Wäre also noch Zeit dafür gewesen. Selbst Schuld, dass du nie eine Kindheit gehabt hast, habe ich mir daher auf meinem vermeintlichen Todeslager gesagt! Und irgendwann in den nächsten Jahren werde ich wieder todkrank sein, aber dann endgültig, und ich will nicht, dass ich mir dann wieder diesen bitteren Vorwurf machen muss!«

»Und was folgt daraus?«, fragte ich ihn.

»Dass ist jetzt daran gehe, es endlich zu tun, weil es sonst zu spät dazu sein könnte«, sagte mein Opa.

Meine Oma war ins Wohnzimmer gekommen. Sie hatte meines Opas letzten Satz gehört und freute sich darüber. Das sah man ihr richtig an.

»Was wirst du denn tun, wozu es sonst zu spät sein könnte?«, erkundigte sie sich.

»Ich werde meine Kindheit nachholen«, sagte mein Opa.

»Ich glaube, jetzt habe ich mich verhört!«, murmelte meine Oma verstört.

»Hast du nicht«, sagte ich. »Er will seine Kindheit nachholen.«

Meine Oma schaute meinen Opa an. Nicht sehr freundlich. Sie bekam fünf Querfalten auf der Stirn, kniff die Augen zusammen und sagte spitz: »Milch und Gries für ein Breichen sind im Haus, aber Pampers müsste ich erst einkaufen!«

»Nicht die frühe Kindheit!«, rief mein Opa. »An die erinnere ich mich gar nicht mehr, also bin ich ihr auch nicht gram. Ich denke so an das Alter ab fünf, sechs Jahre.«

»Na bestens!«, rief meine Oma. Jetzt hatte sie auch noch fünf Längsfalten auf der Stirn, was ein regelrechtes Falten-Karo-Muster ergab. Und von ihren Augäpfeln war kein bisschen mehr zu sehen.

»Und ich gehe natürlich auch nicht chronologisch vor«, rief mein Großvater.

»Was heißt chro-no-lo-gisch?«, fragte ich ihn. Dieses Fremdwort war mir nicht bekannt.

Meine Oma sagte: »Das dürfte heißen, dass er nicht heuer fünf Jahre ist, nächstes Jahr sechs und übernächstes sieben und so weiter, sondern dass er morgen vielleicht neun Jahre ist, möglicherweise übermorgen zwölf und überübermorgen eventuell sieben.«

»Das hast du aber wirklich sehr gut erklärt!«, strahlte mein Opa, dann fügte er hinzu: »So wie es mir halt gerade einfällt, gehe ich vor. In meinem Alter bin ich bereits unter enormem Zeitdruck, da ist es besser zu mischen. Sonst sterbe ich, bevor ich den zehnten Geburtstag erreicht habe!«

Meine Oma klatschte sich mit der flachen Hand auf das Stirn-Karo-Muster, drehte sich ruckartig um, stampfte aus dem Wohnzimmer und knallte die Tür hinter sich zu. In der Küche draußen schimpfte sie dann laut vor sich hin.

Was sie schimpfte, war nicht zu verstehen.

»Ich glaube, Oma hat etwas dagegen«, sagte ich zu meinem Opa.

»Darauf kann ich leider keine Rücksicht nehmen«, sagte mein Opa zu mir. »Was sein muss, muss sein!«

Daran erkannte ich, dass es ihm sehr ernst war und dass es ihm wirklich sehr wichtig war. Denn bisher hatte er immer Rücksicht auf alles genommen, was meine Oma wollte und hatte nie etwas gemacht, was ihr nicht gefiel.

Am Abend, als meine Eltern von der Arbeit heimkamen, berichtete ihnen meine Oma schon im Vorzimmer draußen, was mein Opa vorhatte. Meine Eltern waren darüber nicht so empört wie meine Oma, sie schauten nur ein bisschen komisch drein. Und beim Nachtmahl nachher fragte mein Vater kichernd seinen Vater: »Wann fängst du denn damit an, deine Kindheit nachzuholen?«

»Bin schon dabei!«, sagte mein Opa. Er griff mit Daumen und Zeigefinger in seinen Teller, holte eine dicke Bohne aus der Gemüsesuppe, legte sie aufs Tischtuch und sagte: »Pfui, mir graust vor dicken Bohnen!«

Diesen Vorgang wiederholte er noch dreimal, dann schleckte er Daumen und Zeigefinger ausführlich ab, schob hierauf den Suppenteller von sich und rief: »Suppe mag ich eigentlich überhaupt nicht!«

»Ich werde dich morgen in der Schule anmelden«, zischte ihm meine Oma mit schmalen Lippen zu. »Dann bin ich dich wenigstens an den Vormittagen los!«

»Gott bewahre!«, rief mein Opa. »Den grausigen Teil der Kindheit habe ich reichlich genossen, ich hole nur den spaßigen Teil nach.«

Mein Vater neigte sich zu meiner Oma und flüsterte ihr etwas ins Ohr. Ich vermute, es hieß: Einfach ignorieren!

Und das versuchten meine Eltern und meine Oma dann auch. Tagelang. Obwohl sich mein Opa aufführte wie verrückt, mit den Händen im Essen rummantschte, in der Nase bohrte und auffraß, was er rausgeholt hatte. Er klaute auch meiner Oma Geld aus dem Börsel, weckte sie um Mitternacht und wollte eine Geschichte erzählt haben. Wenn Besuch kam, verschränkte er die Hände hinter dem Rücken, weil er nicht grüßen wollte. Und alle paar Minuten greinte er: »Mir ist fad, was soll ich denn tun?«

Da ich damals ohnehin keinen richtig guten Freund hatte, dachte ich mir, mein nachholender Opa könnte nun diese Stelle einnehmen. Ich lud ihn in mein Zimmer ein und sagte ihm, dass er natürlich jetzt alle meine Sachen benützen dürfe. Inline-Skater, Game-Boy, Computer-

Spiele, Video-Kassetten, meinethalben auch meine alten Lego-Steine und die Star-Track-Figuren. Aber mein Opa lehnte ab. Es gehe darum, sagte er mir, *seine* Kindheit nachzuholen und damals habe es all diese Spielsachen und all diesen Zeitvertreib nicht gegeben.

Also zog ich mich – ich gebe zu etwas beleidigt – zurück. Und da ich eine Ganztagsschule besuche und unter der Woche immer erst gegen siebzehn Uhr heimkomme, bekam ich in der nächsten Zeit vom Betragen meines Opas nicht allzu viel mit. Vor allem deshalb, weil er am Abend nun meistens in seinem Arbeitszimmer war. Was er dort tat, wussten wir nicht. Er hatte ein Schild mit der Aufschrift *Eintritt verboten* an die Tür geklebt und wir hielten uns daran. Laute Geräusche jedenfalls oder sonst irgendwie Bedenkliches hörten wir nicht.

An den Wochenenden ging mein Opa aus. Gleich nach dem Frühstück. Bis zum Nachtmahl blieb er weg. Oft kam er auch zudem zu spät. Etliche Bekannte meiner Eltern berichteten, dass sie ihn in Parks rumsitzen gesehen hätten. Bei den Kartenspieltischen oder bei den riesigen Boden-Schachs, wo sich die Rentner versammeln. Und eine Freundin meiner Mutter, die Krankenschwester war, erzählte, dass mein Opa am Sonntagnachmittag immer ins Krankenhaus komme und nach alten Herren frage, die einsam und ohne Besucher seien. Ganz reizend und süß fand sie es, dass sich mein Opa an deren Bett setzte und ihnen die Zeit vertrieb!

Einmal fragte ich ihn, was er denn bei alten Männern suche, wenn er doch seine Kindheit nachholen wolle.

Einen Freund, antwortete er mir. Den habe er erstens in seiner Kindheit nicht gehabt, weil seine Eltern alle netten Kinder aus dem Haus getrieben hatten. Zweitens mache Kindheit ohne Freund keinen Spaß und drittens müsse es doch auch einen anderen Herrn in seinem Alter geben, der ähnliche Bedürfnisse habe wie er, und mit einem Super-Kumpel an der Seite wäre das Nachholen garantiert vergnüglicher.

Eines Morgens, als ich zum Frühstück in die Küche kam, stand meine Oma beim Herd und wischte sich die Augen. Mein ganzes Leben lang hatte ich meine Oma noch nie weinen gesehen.

»Was ist denn passiert?«, fragte ich sie.

Sie griff in die Schürzentasche, holte einen Zettel heraus und reichte ihn mir. Auf dem Zettel stand in der Handschrift meines Großvaters:
Bin ausgerissen, sucht nicht nach mir. Euer Franz.

Seit mein Opa »ausgerissen« ist, sind nun fast drei Monate vergangen. Vor mir reden meine Eltern und meine Oma nicht über ihn.
Aber ich bin ja nicht blöde, mir ist klar, was da läuft! Meine Oma hat sich eine rote Mappe gekauft, in der sammelt sie Zeitungsausschnitte. Alles Berichte über *Rätselhafte Vorkommnisse* und *Unerklärliche Begebenheiten.*
Der erste Zeitungsausschnitt ist fast drei Monate alt. In ihm wird berichtet, dass aus einer Remise der Bundesbahn eine uralte, längst ausrangierte Lokomotive »entführt« worden sei. Auf den Gleisen einer stillgelegten Nebenstrecke, unter einer Bahnbrücke, habe man dann tags darauf die Lokomotive unversehrt gefunden. Der Bundesbahn-Direktor sei sich sicher, dass der »Täter« sehr gute Ortskenntnis gehabt haben müsse und dazu viel Erfahrung mit alten Loks. Eine solche in Betrieb zu nehmen, aus der Remise und heil bis zum Auffindungsort zu fahren, das schaffe kein Ungelernter!
Schließlich wird in dem Artikel noch erwähnt, dass sich ein Mann bei der Polizei gemeldet und angegeben habe, er sei in der Nacht über diese Brücke gekommen und habe gesehen, wie eine Schar von Männern von der Lok geklettert und unter viel Gelächter über die Gleise davon gelaufen sei. Genau gesehen habe er von der Brücke aus die Männer freilich nicht. Aber einer sei sehr groß und sehr dünn gewesen und habe einen weißen Bart gehabt.
(Mein Opa ist lang und dünn und hat einen weißen Bart!!!)
In der Ausgabe dieser Tageszeitung vom nächsten Tag gab es zu dem Vorfall noch folgende klitzekleine Notiz:

Der angebliche Zeuge der »Lok-Entführung« musste nun zugeben, dass er zum Zeitpunkt seiner angeblichen Beobachtung reichlich alkoholisiert war. Die Polizei verfolgt daher dieser Spur nicht mehr. Dafür hat sie in der Lokomotive eine teure, goldene, alte Taschenuhr der Marke

IWC gefunden und sie hofft, durch einen Uhrmacher, der diese Taschenuhr eventuell in den letzten Jahren repariert haben könnte, den Besitzer auszuforschen.
(Mein Opa besitzt eine teure, alte, goldene IWC-Taschenuhr!!!)
In einem ausgeschnittenen Zeitungsartikel, der wiederum ein paar Tage später erschienen ist, steht zu lesen, die Angestellten eines Strandbades an der Alten Donau hätten seit Tagen schon den Verdacht gehabt, dass nach Betriebsschluss unerlaubterweise ein *nächtlicher Badebetrieb* stattfinde. Reste von Nahrung und deren Verpackung in den des Abends gesäuberten Abfallkörben hätten eindeutig darauf hingewiesen. Zudem sei bereits zweimal des Morgens die Wellenmaschine im Schwimmbecken in Betrieb gewesen, man habe auch etliche sogenannte *Schwimmflügerln* auf dem Wasser treibend gefunden und auf den sorgsam gereinigten Holzpritschen klebe überall Kaugummi. Daher habe man sich entschlossen, in der Nacht Wache zu halten. Den dafür abgestellten Bademeister habe jedoch das des Morgens zur Arbeit kommende Personal gleich nach der ersten Nachtwache im Dienstzimmer eingesperrt vorgefunden. Der Mann gab an, ein kurzes Nickerchen gemacht zu haben, dann sei er durch ein Geräusch hochgeschreckt und habe festgestellt, dass die Tür versperrt und er eingeschlossen sei. Da das einzige Fenster des Dienstzimmers vergittert ist, habe er auch zu diesem nicht raus können. Und vor die Fensteröffnung habe jemand eine der hölzernen Pritschen gelehnt, er habe also nicht sehen können, was sich im Bad abspiele. Er habe nur Gejohle und Gekreisch gehört, bis ins Morgengrauen rein und ziemlich ohrenbetäubend. Er könne es nicht beschwören, aber er sei überzeugt davon, ausschließlich Männerstimmen vernommen zu haben. Und diese Stimmen hätten keineswegs wie die Stimmen der verlotterten Jugendlichen geklungen, die tagsüber im Bad Radau machen. Aber beschwören könne er, dass mehrmals lauthals nach einem »Franz« gerufen worden sei.
(Mein Opa heißt Franz!!!!!)
Dann liegt in der Mappe auch ein Artikel, der von einem Einbruch in das Lager eines Geschäfts für *Faschings- und Scherzartikel* berichtet. An Diebsbeute wird angeführt: mehrere Großpackungen Knallerbsen

und mehrere Packungen kleiner Feuerwerks-Raketen sowie ein Dutzend bester »Zauberkästen«. Es müsse sich, heißt es weiter, um mehrere Täter gehandelt haben, da einer allein das umfangreiche Diebsgut kaum abtransportiert haben könne. Und erstaunlicherweise hätten die Diebe Geld hinterlegt. Allerdings gerade ein Zehntel des Wertes der entwendeten Ware.
(Als mein Opa Kind war, kostete alles nur ein Zehntel von dem, was es heute kostet!!!)
Außerdem ist da noch ein Artikel über Schäden, die unbekannte Täter neuerdings serienweise Pelztier-Farmen zufügen. Nerze, Silberfüchse, Hamster und jegliches Getier, welches zwecks Verarbeitung zu Fell in Käfigen gehalten wird, lassen diese Täter frei. Beim letzten Überfall auf eine Nerz-Farm konnten im matschigen Lehmboden rund um die Farm jede Menge Fußspuren sichergestellt werden. Die meisten wenig auffällig, aber darunter auch Abdrücke in Schuhgröße fünfzig – was eine Seltenheit ist.
(Mein Opa kauft seine Schuhe in »Übergrößenläden«, denn Schuhgröße fünfzig führen normale Schuhgeschäfte nicht!!!)
Und heute stand in der Zeitung:

Den Bewohnern der Häuser rund um den Hauptplatz von Gramsneusiedel bot sich gestern mitten in der Nacht ein merkwürdiges Schauspiel! Durch schrilles Sirenengeheul aus dem Schlaf gerissen, eilten sie an die Fenster und sahen unten auf dem Platz den neuen Löschwagen ihrer freiwilligen Feuerwehr. Er brauste mit Höchstgeschwindigkeit dort etliche Male im Kreis herum. So schnell wie er gekommen war, verschwand der Spuk wieder. Der von einem Anrainer verständigte ehrenamtliche Feuerwehrmann eilte sofort herbei, fand jedoch bei seinem Eintreffen den Löschwagen wieder in der Garage vor. Der Wirt des Ortes gibt an, dass am Abend des Vorkommnisses acht ihm unbekannte, garantiert nicht aus der näheren Umgebung stammende ältere Herren bei ihm eine Mahlzeit eingenommen und sich verdächtig benommen hätten. Eine nähere Beschreibung sei ihm aber unmöglich, da an diesem Abend seine Brille verschwunden sei.

Meine Oma schnitt auch diesen Artikel aus, legte ihn in ihre rote Mappe und sagte zu meinem Vater: »Nun wird er wohl bald zurückkommen, sein Nachholbedarf dürfte langsam gedeckt sein!«

Mein Vater nickte. Ziemlich versonnen. Dann sagte er zu meiner Mutter: »Mit einem Vater, der selbst keine Kindheit gehabt hat, hat man es in der Kindheit nicht immer leicht.«

Meine Mutter schaute meinen Vater an. Mit verkniffenen Augen und fünf Querfalten auf der Stirn.

Mein Vater fuhr fort: »Vätern ohne Kindheit fehlt für die Kindheit ihrer Kinder das richtige Verständnis.«

»Das darf ja wohl nicht dein Ernst sein!«, rief meine Mutter. Nun war auf ihrer Stirn auch ein Falten-Karo-Muster.

»Um Ernst geht es doch nicht!«, rief mein Vater. »Ernst hatte ich in meiner Kindheit reichlich.«

Meine Mutter drehte sich ruckartig um, stampfte in die Küche raus und knallte die Tür hinter sich zu. Bevor die Tür ins Schloss fiel, rief sie: »Aber warte gefälligst wenigstens, bis dein Alter wieder da ist, einen Mann in der Familie hätte ich schon gern daheim!«

Ich ging zu ihr in die Küche und sagte: »Aber Mama, ich bin doch auch ein Mann!«

Sie schaute mich sehr, sehr lieb an, dann seufzte sie, streichelte mir über die Haare und sagte: »Geh spielen, Liebling, schlag Purzelbäume, bring dein Zimmer in Unordnung, wirf mit einem Ball eine Fensterscheibe ein, lern nicht so viel, prügle dich mit größeren Buben herum, verschmiere das Schlüsselloch der Hausmeisterin mit Uhu, komm öfter später als versprochen heim, schreibe unanständige Wörter auf Hausmauern, sei ein bisserle frecher und komm mit deinem Taschengeld nur ja nimmer aus.« Dann griff sie in die Blazertasche, zog einen Tausend-Schillingschein heraus, hielt ihn mir hin und fragte: »Reicht das für ein paar Horror-Videos, Kindchen?«

Ich mag Horror-Videos überhaupt nicht. Aber ich nahm den Tausender und steckte ihn dankend ein. Ich wollte sie nicht beunruhigen. Aber wenn ich ganz ehrlich sein sollte: Ob ich unter diesen Umständen ab jetzt noch eine Kindheit haben werde, bin ich mir nicht sicher.

Drei Krähen saßen auf dem Stein...

Es war eine Frau,
die fiel in ein Loch,
und wenn sie nicht fort ist,
lebt sie dort noch.

Rosen sind rot,
grün ist der Lauch,
Zucker ist süß,
du bist es auch.

Drei Krähen saßen auf dem Stein,
saßen auf dem Stein,
saßen auf dem Stein.
Drei Krähen saßen auf dem Stein
an einem kalten Morgen.

Die erste Krähe legte gleich ein Ei,
legte gleich ein Ei,
legte gleich ein Ei.
Die erste Krähe legte gleich ein Ei
an einem kalten Morgen.

Die zweite Krähe brach sich gleich ein Bein,
brach sich gleich ein Bein,
brach sich gleich ein Bein.
Die zweite Krähe brach sich gleich ein Bein
an einem kalten Morgen.

Die dritte Krähe fing gleich an zu schrein,
fing gleich an zu schrein,
fing gleich an zu schrein.
Die dritte Krähe fing gleich an zu schrein
an einem kalten Morgen.

Die vierte Krähe war gar nicht dabei.

Ich ging nach Sill,
da war es still,
ich ging nach Kals,
dort ebenfalls,
nach Mistelbach,
wo niemand sprach.
Jedoch in Sankt Christophen,
da sprachen alle offen.

Ich möchte gern
woanders hin,
dann wäre ich,
wo ich nicht bin.
Doch wo ich bin,
da muss ich sein,
und wo ich hinwill,
leider nein.

Bilder von Christine Brand

Alte Verse aus dem Englischen
neu übersetzt von Gerald Jatzek

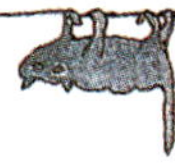

Der kleine Fritz Floh
hatte ein Schwein,
das war nicht sehr groß
und auch nicht sehr klein,
das war nicht sehr schwer,
das war nicht sehr leicht,
es konnte gut grunzen,
das hat Fritz gereicht.

Es war ein krummer Mann,
der ging den krummen Weg,
da fand er krumme Groschen
bei einem krummen Steg.
Er traf die krumme Katze,
die fing die krumme Maus,
dann lebten sie zusammen
in einem krummen Haus.

Wie viele Erdbeeren wachsen im Meer?
fragte mich einst ein seltsamer Herr.
Ich sagte ganz einfach, das müsste doch stimmen:
So viele, wie Fische im Wald herumschwimmen.

Drei kluge Männer aus Schilda
fuhren im Kochtopf aufs Meer.
Wäre der Kochtopf fester gewesen,
könntet ihr mehr über diese drei lesen.

Es war eine Dame,
die hatte kein Geld.
So hat man sie meistens
als dumm hingestellt.
Sie hatte kein Essen,
sie hatte kein Kleid
und keinerlei Sorgen
und keinerlei Leid.
Sie hatte kein Wissen,
sie hatte kein Glück
und ließ, als sie starb,
rein gar nichts zurück.

Die alte Frau hat gesponnen,
so hat das Märchen begonnen.
Sie hatte ein Kalb,
nun kennst du es halb.
Sie zog das Kalb am Schwanz
und führte es zum Tanz,
nun kennst du das Märchen ganz.

Sebastian Goy

Liebeserklärung an einen Apfel

Er hieß Boskop
und ich konnte ihn leiden.
Er war ein Apfel
aus unseren Breiten.

Ich nahm ihn nach Hause,
legte ihn auf meinen Tisch,
Woche um Woche
blieb er rotbackig und frisch.

Ob im Sonnenlicht
oder bei garstigem Regen,
er hieß Boskop
und ist einfach dagelegen.

Er schrieb sich nicht Gravensteiner,
nicht Jonathan,
er hieß einfach Boskop
und schaute mich listig an.

Er hieß Boskop,
war des schrumpligen Boskops Sohn,
er gefiel mir,
das erwähnte ich schon.

Nachts war ich traurig,
weil ich ihn nicht mehr sah,
da dachte ich mir »Boskop«
und er war wieder da.

Lino Fastnacht

Erwin Grosche

Das Nichts

(Jemand hält sich die Augen zu)

Hinter mir
und
vor mir
gibt es
Nichts!

Norbert Höchtlen

Wahnsinnig verliebt

Einerseits will ich es dir
mit einem Flugzeug
an den Himmel schreiben,
andererseits will ich es dir
nur unter der Bettdecke
in dein Ohr flüstern.

Jedenfalls schreibe ich dir
einen wunderschönen Brief
und lege ihn in den Kühlschrank,
damit er schön frisch bleibt.

Manfred Peter Hein

Der Specht

Am Telegrafenmast trommelt
quer durchs Trommelalphabet
der Specht.

Spannt eure Ohren,
Würmer und Larven!

Was er auch trommelt
auf Holz oder Blech,
der Specht hat Recht.

Susanne Härtel
Das Glück

Das Glück wohnt hoch oben im Pamir-Gebirge. Es kommt aus den Tälern herausgeweht, umhüllt dich – plötzlich ist es da.
Wir hatten das kleine Dorf besucht. Es ist in einem Hochtal weit hinter dem türkisfarbenen See, der am Fuß eisglitzernder Berge inmitten grüner Weiden liegt. Unser Kommen war schon angekündigt worden. Zwei kleine, rot gekleidete Mädchen waren uns vorausgeeilt. Sie hatten auf der Weide ihrem Vater beim Aufsammeln der braungrünen Fladen grunzender Yakrinder geholfen. Brennmaterial zum Kochen und Wärmen. Lachend und gestikulierend luden die Dorfbewohner uns ein, in ihren Häusern Buttertee zu trinken. Ich hatte schon von diesem Tee gehört, der mit Yakbutter gewürzt wird. Butter und Fettaugen im Tee? Vorsichtig nahm ich einen Schluck. Es schmeckte wie eine kräftige Brühe, die im langen Winter oder an den Abenden, wenn der Eiswind vom siebentausend Meter hohen Gletscher ins Dorf einfällt, sicherlich willkommen ist.
Zusammen saßen wir auf dem mit bunten Teppichen bedeckten Holzpodest, das gleichermaßen als Sitzplatz, Bett und Tisch diente. Die Wände schmückten bestickte Decken und stolz zeigte uns die Herrin des Hauses ihre goldglänzende Aussteuertruhe aus Messingblech.
Wir Fremden lauschten den rauhen Worten der Kirgisen, die wir nicht verstanden – unsere Gastgeber lachten über unsere Sprache, die sie nicht verstanden. Vielleicht erzählten sie uns von ihrem harten Leben am Fuße der Bergriesen, von dem langen, bitterkalten Winter, der bevorstand. Von ihren schwarzen Yaks, die kostbare Milch und Butter lieferten, Haare für die Teppiche und Leder und Fell für Mäntel und Schuhe. Vielleicht berichteten sie auch voller Stolz von ihren Kamelen mit den schwankenden, wohl gefüllten Höckern. Oder erzählten sie von dem Sohn, der weit unten in der Oasenstadt inmitten der staubigen Wüste arbeitete und sie mit lebenswichtigen Dingen versorgte? Vielleicht waren es auch Geschichten von Berggeistern oder dem haarigen Yeti, die im ewigen Schnee der Berge lebten. Irgendwann schlich

ich mich hinaus und sah den Frauen und Kindern zu, die in dem kleinen flachen Bach außerhalb des Dorfes ihre Kleider und Tücher wuschen. Wunderschön sah es aus, wie die leuchtend roten Stoffe in dem fettgrünen Gras zum Trocknen ausgebreitet lagen. Ich schreckte zurück, als ich nur kurz die Hand in das eiskalte Wasser hielt. – Waschmaschine und Wäschetrockner! Schnell vertrieb ich den Gedanken aus meinem Kopf.

Ein kleiner Junge fing angstvoll an zu weinen, als er mich erblickte. War ich so Furcht erregend? Die Frauen fanden mich eher komisch. Lachend unterhielten sie sich über mich und warfen mir kecke Blicke zu. Verlegen fing auch ich an zu reden, erzählte ihnen, woher ich kam und wie schön ich ihr kleines Dorf fand und die aus Backsteinen erbaute Moschee mit den beiden schlanken Türmen, dass wir in Deutschland nur in Zoos Kamele haben, und wie gern ich so gut reiten könnte wie sie auf ihren kleinen, schnellen Pferden mit den wehenden Mähnen. Lachend hörten sie mir zu, als könnten sie verstehen, was ich sagte.

Der Tag verging. Die Sonne näherte sich den hohen Berggipfeln. Wir mussten zurück zu der Jurte, dem kuppelförmigen Filzzelt auf der anderen Seite des Sees, in der wir die Nacht verbringen wollten. Also verabschiedeten wir uns. Das Weggehen fiel mir schwer.

Ich ließ die Freunde vorangehen und setzte mich auf einen weichen Grashocker mit Blick auf das Dorf. Die Schatten der hohen Berge hatten sich schon darüber gelegt. Ich wollte so lange hier sitzen bleiben, bis der Schatten auch mich erreichte. Es war vollkommen still, kein Laut war zu hören. Nur ab und zu das Grunzen eines Yaks oder das Rülpsen eines wiederkäuenden Kamels. Und da kam das Glück. Es wehte von einem Seitental herunter. Wusch, fuhr es in die Grasbüschel. Ein kleines Windsausen in der Stille. Es hüllte mich ein. Es füllte mich aus. Von den Zehen bis zu den Haarspitzen. Grün war es und türkis mit roten Farbtupfern unter gleißendem Weiß. Und ganz still war es, nur mit winzig kleinen Geräuschen, von denen ich wusste, woher sie stammten. Ich rührte mich nicht. Ein Ruf der Freunde, ein kurzes Schaudern im kalten Abendschatten – und das Glück flog weiter. Man kann es nicht lange behalten. Aber ich weiß nun, wo es wohnt.

Jürg Schubiger
Wind und Wetter

Es regnet, es regnet,
mir ist ein Fisch begegnet,
es windet, es windet,
der nicht nach Hause findet.

Es schneit, es schneit,
der Christbaum steht bereit.
Es friert, es friert,
er ist noch nicht verziert.

Es dunkelt, es dunkelt,
ein kleines Flugzeug funkelt.
Es fliegt, es fliegt
und weiß, wo Oslo liegt.

Es taut, es taut,
das Wetter ist heut laut.
Es rauscht, es rauscht,
auch ich bin wie vertauscht.

Es luftet, es luftet,
die Wiese summt und duftet.
Es sprießt, es sprießt,
wer Schnuppen hat, der niest.

Es blitzt, es blitzt,
ein Sperling sinnt und sitzt.
Es tropft, es tropft,
sein Herz und meines klopft.

F. Biermann

Peter Jepsen
Ich erfinde eine Farbe

parzivalfarben

ein Mantelfutterrot
das man nach außen wenden kann

Karola Heidenreich

Helga Glantschnig
Tintenfisch und Tintenfrau

Mein weichstes Tier, mein
Weichtier du. Hast du
viele Arme? Zum Spritzen
und zum Sitzen, zum Muschel
fangen und zum Kitzeln. Und
fast tausend Augen tun fleißig
saugen. Einen Tintenbeutel
hab ich auch, kichert
die Tintenfrau. Kennst du
meine Meerschrift, meine
Wasserzeichen? Die zeigen
dir ganz genau, ob ich jetzt
mit dir eine Weile durch
Höhlen schlüpfen werde. Psst!
sagt der Tintenfisch und
spritzt für seine Frau ein
weites Herz ins nasse Blau.

Monika Pelz
Eine Sucht

Ferdi Waldmüller, genannt Waldo (der Name ist aus Gründen der Anonymität geändert), war dafür berüchtigt, dass er Insekten aß, wenn man ihm Geld dafür gab. Man durfte dann zusehen, wie Waldo eine Fliege oder einen Käfer in den Mund steckte, zerbiss, zerkaute und hinunterschluckte. Bei kleinen Insekten kostete es weniger, bei großen Brummern verlangte Waldo mehr für die Vorführung. Und immer fand sich einer, der zahlte. Um gratis in den Genuss dieses haarsträubenden Schauspiels zu kommen, machten wir für ihn Schlepperdienste und priesen ihn an: Du, ich kenne einen, der frisst den dicksten Käfer, wenn man ihm dafür fünfzig Schilling zahlt.

Waldo überwand sich dazu nur, weil er ständig Geld brauchte. Von seinen Eltern bekam er nämlich keinen Schilling. Dass die Geldnot ihn zwang, etwas derart Ekliges zu tun, machte ihn beinahe zum Helden und Märtyrer. Keiner von uns anderen hätte das Zeug dazu gehabt. Kam Waldo dann mit irgendeiner neuen Erwerbung daher, einer Baseballmütze oder einer teuren Doppel-CD, so fingen wir unwillkürlich an nachzurechnen, wie viele Insekten er dafür wohl hatte hinunterwürgen müssen. Ich vermute, die Kids heutzutage machen sich keinen Begriff davon, wie abartig uns Waldos Nummer vorkam. Heute gibt es ja Fliegen in den Lollis und Spinnen in der Limonade. Alles, was ich dazu sage, ist: Diese Fliegen und Spinnen sind mausetot, während Waldos Krabbeltiere noch lebten. Ich habe es mit eigenen Augen gesehen.

Bis eines Tages die unerhörte Meldung kam und sich wie ein Lauffeuer verbreitete, dass Waldo von seinen Alten ausreichend Taschengeld kriegte und dass alles, was er darüber erzählt hatte, erstunken und erlogen war. Dass er mit anderen Worten nicht den geringsten Grund hatte, sich zur Insektenfresserei zu zwingen. Sie schmeckten ihm, das war alles. Seine kleine Schwester hatte es ausgeplaudert: Selbst wenn Waldo allein war und garantiert keiner ihm zusah, geschweige denn bezahlte, fraß er Käfer, kleine und große, gepunktete und grün schillernde. Er war in Wahrheit ganz süchtig nach ihnen. Unsere mit Grauen gemischte Bewunderung für Waldo erlosch schlagartig. Wir kamen uns total reingelegt vor. Über Nacht hatte Waldo sich vom Helden zum hinterhältigen Ekelmonster verwandelt. Später soll er übrigens ganz normal geworden sein und sich auf Gummibärlis, Kaugummis und Schokoriegel verlegt haben. Wir verloren ihn aber aus den Augen, weil seine Eltern in eine andere Stadt zogen.

Dann kam diese Maturafeier. So ziemlich die Hälfte der Klasse war damals in Sissy Kratky verliebt, die andere Hälfte bestand aus uns Mädchen. Die Knaben standen andachtsvoll um Sissy herum und Sissy flirtete mit ihnen. Aus purer Freundlichkeit, wie ich wusste, denn in Wirklichkeit hielt sie sie alle für ziemlich kindisch. Und dann tauchte auf einmal ein Junge auf, der exakt so aussah wie Brad Pitt, nur hübscher, und naturgemäß waren auf einmal alle anderen Luft für Sissy Kratky. Es war, wie sie mir später unter Schwierigkeiten anvertraute, Liebe auf den ersten Blick. Und das sei, als ob der Blitz einschlüge. Sissy und der fremde Junge – ich hielt ihn übrigens aus irgendeinem Grund für den Sohn von Direktor Schillhammer – klebten förmlich aneinander. Sie lächelten geheimnisvoll, sie flüsterten, sie schwiegen. Es sah ganz so aus, als wollten sie den Rest des Lebens miteinander verbringen. Wie sie da so zusammen saßen und auch schon unauffällig Händchen hielten, verbreiteten sie eine Aura der Vollkommenheit und des Glücks, sodass man sich neben ihnen irgendwie ganz misslungen vorkam. Bis Professor Hirsch, unsere Zeichenlehrerin, den jungen Mann als Einzige wieder erkannte: »Du bist der Waldmüller!«

Aus war es und vorbei. Wer die alte Geschichte nicht kannte, dem wurde sie erzählt. Sissy schloss sich auf dem Klo ein und kam erst nach langem Zureden wieder heraus. Mit dem Ekelmonster Waldo wollte sie kein Wort mehr reden, nicht ein einziges klitzekleines Wort! Obwohl er angeblich schon seit zehn Jahren keine Käfer mehr aß. »Stellt euch vor«, pflegte Sissy schaudernd zu sagen, »ich hätte ihn damals schon beinahe geküsst!«

Skizze D. Göbel

Frieder Stöckle
Kieselsteine

Dort, wo der Fluss aus dem Wald kommt und das Flussbett sich in weiten Schleifen und Windungen in der Talaue verliert, muss man das Boot einsetzen. Die Paddel braucht ihr nur zur gelegentlichen Korrektur. Ihr könnt sie auf dem Bootsrahmen liegen lassen. Über die Mitte einsteigen und sofort niederhocken. Mit dem Paddel vom Ufer abstoßen und möglichst in die Flussmitte treiben lassen. Das ist eigentlich schon alles. Das Boot sucht sich seine Bahn selbst.

Sanft geht es flussabwärts. Steinblöcke und Geröllmassen wellen das Wasser. Ein leises Schaukeln, wenn ihr darüber weg treibt.

Baumkronen spiegeln sich in den ruhigeren Stellen. Die braunen morastigen Wurzeln und Strünke sind geheimnisvolle Welten.

Mal anhalten und entdecken, was dort lebt und schwebt.

Nach Stunden, wenn das Wasser langsamer fließt und die Ufer weiter zurückweichen, könnt ihr an einer ruhigen Stelle vor Anker gehen.

Vielleicht auch baden. Das Wasser ist nicht tief. Setzt euch auf den Bootskörper und betrachtet den Grund.

Das Wasser ist klar.

Vielleicht taucht ihr auch mal unter und holt euch eine Hand voll Kieselsteine herauf. Wählt einen schönen und angenehmen Stein aus und tragt ihn in der Hosentasche. Ab jetzt dein ständiger Begleiter.

Der Stein ist eine Verschlusssache. In dem Stein ist die Bootsfahrt gespeichert. Wenn du sie nochmals erleben willst, brauchst du den Stein nur in die Hand zu nehmen und die Augen zu schließen. Schon treibst du mit deinem Boot unter den schattigen Eschen dahin.

Foto F. Stöckle

Mustafa Haikal
Großvater vom Dach der Welt

Großvater ist mein Vorbild. Deshalb habe ich ihn auch gemalt, als wir in der Schule unser Vorbild malen sollten. Bis dahin hatte ich noch gar nicht gewusst, dass Großvater mein Vorbild ist, aber auf einmal war es mir klar. Ich malte ihn in seinem grünen Hemd auf dem Stuhl, auf dem er immer sitzt, wenn wir uns unterhalten. In sein Gesicht malte ich viele Falten und seine Haut malte ich braun und schrumplig. Am besten gelangen mir die Augen – sie sind blau. Schade, dass er keinen Bart hat, einen Bart hätte ich gerne gemalt, doch dann wäre es irgendein Großvater geworden und nicht meiner. Als ich Großvater das Bild schenkte, fand er, dass es eine erstaunliche Ähnlichkeit mit ihm habe.
Großvater wohnt seit drei Monaten bei uns, weil er schlecht laufen kann. Früher war das anders, früher konnte er sehr gut laufen, ja, er war einer der besten Läufer überhaupt. In seinem berühmtesten Rennen hat er selbst gegen ein königliches Rennpferd nur knapp verloren. Doch das war damals und bei Großvater weiß man nie ganz genau, was stimmt und was nicht. Vater sagt sogar, dass er etwas wirr im Kopf ist und man nicht alles glauben soll.
Großvater hat das Zimmer zum Hof. Das Zimmer ist ruhig und im Hof steht ein Baum, so dass Großvater nur das Fenster aufmachen muss, wenn er ins Grüne sehen will. Jetzt im Sommer hat der Baum so viele Blätter, dass man die gegenüberliegende Seite des Hofes gar nicht erkennen kann. Großvater sagt, der Baum sei sein Urwald, ein grüner Dschungel. Großvater sitzt oft am Fenster, bei schönem Wetter fast immer. Nur wenn ich komme, dreht er sich um. Dann schrumpelt sein Gesicht noch mehr zusammen und die blauen Augen verschwinden fast.
»Na, Kapitän, alles klar?«, fragt er und ich nicke. Mir gefällt es, wenn Großvater mich Kapitän nennt. Großvater ist als Koch zur See gefahren, bis nach Südamerika und wieder zurück. Das aber muss lange her sein, so lange wie das Wettrennen gegen das königliche Rennpferd oder noch länger.
Das Schiff, auf dem Großvater Koch war, hat später die See geholt. Es

ist in einen Sturm geraten und irgendwo mitten im Ozean gesunken. Von der Besatzung hat man nie wieder etwas gehört, auch Großvater nicht. Nur eine alte Fotografie gibt es noch und die hängt jetzt in Großvaters Zimmer neben dem Bild, das ich von ihm gemalt habe. Das Schiff auf der Fotografie hat einen riesigen Schornstein und liegt in einem Hafen. Großvater kann sich nicht erinnern, wie der Hafen heißt. Es ist ein Hafen irgendwo in Südamerika.

»Weißt du, mein Junge, früher, da war es doch etwas anders«, sagt Großvater und erzählt, wie er einmal versucht hat, auf das Dach der Welt zu steigen.

In Südamerika gibt es Berge, die sind so weit oben, dass die Luft ganz dünn wird. Dort liegt eine einsame Ebene, das Dach der Welt. Zwei Wochen ist Großvater unterwegs gewesen, und nur weil er ein so guter Läufer war, hat er das Dach der Welt schließlich gesehen. Es lag in der Ferne und Großvater musste den Kopf heben und die Augen vor der Sonne schützen. Doch da konnte er es schon nicht mehr aushalten in der dünnen Luft. So hat Großvater das Dach der Welt nur gesehen, aber oben war er nicht.

Solche Geschichten erzählt Großvater, doch Vater sagt, das Dach der Welt befände sich in Asien und da sei Großvater nie gewesen. Vater und Großvater streiten sich oft. Zum Beispiel, weil Großvater beim Essen schlürft. Großvater schlürft wirklich. Seine Hand zittert und deshalb muss er sich dicht über den Teller beugen. Und dort schlürft er. Der ganze Tisch wackelt und Vater vergeht der Appetit. Großvater aber hat in seinem Leben Menschen getroffen, die haben noch viel lauter geschlürft, dagegen sei er richtig leise. Wenn sich Großvater und Vater streiten, brummt Großvater: »Was weißt du denn schon«, und Vater wird ganz rot vor lauter Wut. Auch das Klopfen stört Vater. Da Großvater allein ganz schlecht laufen kann, klopft er mit dem Stock gegen die Wand, wenn er etwas möchte. Selbst wenn Großvater aufs Klo will, muss er mit dem Stock gegen die Wand klopfen. Dann kommt Mama und bringt ihn hin. Vater findet, dass es in dieser Wohnung nur noch klopfe und dass Großvater dabei sei, ein Loch in die Wand zu schlagen. Deshalb mussten wir auch das Morsen aufgeben. Großvater war rich-

tig erstaunt, dass ich noch nicht morsen konnte. »Wie willst du dich zurechtfinden, wenn du nicht einmal morsen kannst«, hatte er gesagt und dann mit dem Stock gegen die Wand geklopft: dreimal kurz, dreimal lang und dann wieder kurz. Das hieß: »S.O.S., Schiff in Not.«
Schließlich malte er mir das Morsealphabet auf einen Zettel:

a ·–	g ––·	o –––	ü ··––
ä ·–·–	h ····	ö –––·	v ···–
b –···	i ··	p ·––·	w ·––
c ·–·	j ·–––	q ––·–	x –··–
ch ––––	k –·–	r ·–·	y –·––
d –··	l ·–··	s ···	z ––··
e ·	m ––	t –	
f ·–·	n –·	u ··–	

Nachdem ich es begriffen hatte, stürzte ich in mein Zimmer und morste zurück. Es war wunderbar.
Ich morste:
»Alles in Ordnung? Wie geht es dir?«
Und Großvater morste:
»Sehr gut. Land in Sicht!«
Ich morste:
»Ist es Südamerika?«
Und Großvater morste:
»Südamerika, Kapitän!«

Danach brach der Kontakt ab und man hörte Vater herumschreien. Auch Großvater schrie und stampfte mit seinem Stock auf den Fußboden. »Er ist nie zur See gefahren. Was weiß denn der schon«, sagte er böse, als Vater das Zimmer verlassen hatte. Vater war wirklich ungerecht. Am Abend aber entschuldigte er sich bei Großvater und Großvater nickte.
Sie sind beide stur, sagt Mama und macht sich Sorgen. Großvater ist Mamas Vater. Manchmal nennt sie ihn auch Gérard. Dabei heißt

Großvater in Wirklichkeit Gerhard, aber Mama nennt ihn Gérard, weil Großmutter ihn auch so genannt hat. Großmutter hieß Gisela und wenn Großvater von ihr redet, sagt er Giselle. Gérard und Giselle, das passt gut zusammen.

Wenn Großvater in seinem Zimmer vor seinem grünen Dschungel sitzt, stützt er den Arm aufs Fensterbrett und denkt nach. Er möchte gern ein Stück spazieren gehen, nur um das Haus, weiter nicht. Das ist sein Wunsch, aber Mama versucht es ihm auszureden. Es sei zu anstrengend. Wir wohnen im dritten Stock und das ohne Fahrstuhl. Wie soll Großvater da die ganzen Treppen steigen?

Dafür erzähle ich Großvater vom Berg über der Stadt und Großvater will alles genau wissen. Oben auf dem Berg pfeift der Wind, doch oft ist es auch ganz still. »Von dort oben kannst du die ganze Stadt sehen, auch unser Haus.«

»Auch das Haus?«, staunt Großvater, das hätte er nicht gedacht.

Ich beschreibe ihm, wo unser Haus liegt, wenn man vom Berg nach unten schaut. Es ist gar nicht weit, nur die Straße entlang, gleich das zweite Haus. Großvater dreht sich um und blickt in den Hof. Nach einer Weile schließt er das Fenster und zieht den Vorhang zu. Er ist müde und für heute will er nicht mehr viel reden.

Ich sitze oben auf dem Berg über der Stadt und denke an das Schiff mit dem riesigen Schornstein. Es ist losgefahren und nicht wiedergekommen. Jetzt liegt es irgendwo auf dem Grund des Ozeans und um den Schornstein herum schwimmen die Fische. Mit einem U-Boot könnte man es vielleicht finden. Ob Großvater sich freuen würde?

Als Großvater noch Koch auf dem Schiff war, hat er sogar fliegende Fische gesehen. Es waren so viele Fische, dass sich der ganze Himmel verfärbte. Da mussten alle Matrosen zum Fischfang an Deck und Großvater hat mit der Bratpfanne in seiner Kombüse gestanden und überlegt, wie er die Fische zubereiten soll.

Die Matrosen aber haben nicht einen einzigen Fisch gefangen und darüber ärgert sich Großvater heute noch. »Stell dir vor, nicht einen einzigen haben sie mir gebracht, dabei hätte man nur die Hand ausstrecken brauchen.«

Nebenstehendes Bild
von Jutta Bücker

Die Fische waren aber glitschig und rutschten den Matrosen durch die Finger und als Großvater endlich mit der Bratpfanne aus der Kombüse kam, sah er die Fische in der Ferne davonfliegen.
Ich verstehe Großvater. Sicher hätte ich mich genauso geärgert, doch in unserer Stadt gibt es keine Fische, nicht einmal das Meer. Nur Häuser gibt es und Straßen und den Berg. Von hier oben kann man sogar den Marktplatz sehen und hinter der Stadt beginnen die Felder.
Ich zähle die Autos, die durch unsere Straße fahren, doch bald habe ich genug davon.
Ich bin ganz allein auf dem Berg. Im Sommer, in der Hitze, war hier nie viel los. Dieses Jahr bleiben wir in der Stadt. Mit Großvater kann man keine Reisen machen und ohne ihn auch nicht.
Als ich nach Hause kam, merkte ich gleich, dass etwas passiert war. Mama hatte verweinte Augen und saß am Küchentisch. »Großvater geht es nicht gut«, sagte sie, »wir mussten den Arzt bestellen.«
Der Arzt hat Großvater eine Spritze gegeben und lange mit Mama gesprochen.
Jetzt liegt Großvater in seinem Zimmer, und wenn es nicht besser wird, holen sie ihn ins Krankenhaus. Vater sagt, dass Großvater zähe ist und wer zähe sei, der komme immer wieder auf die Beine.
Da Großvater nicht mehr aufs Klo gehen kann, haben wir in der Apotheke ein Nachtgeschirr gekauft. Vater hat das Bett von Großvater gedreht. So kann Großvater in seinen Urwald schauen und die Blätter rauschen hören. Ich durfte nur kurz zu ihm.
»Na, Kapitän, alles klar?«, hat mich Großvater gefragt und dann die Augen geschlossen.
Über dem Stuhl hing sein grünes Hemd und auf dem Stuhl lag der Stock. Großvaters Gesicht sah gar nicht mehr so schrumplig aus, vielleicht, weil er schon wieder schlief.
In der Nacht träumte ich von Großvater. Großvater hatte eine rote Turnhose an und neben ihm stand das königliche Rennpferd und wieherte. Die Beine von Großvater aber wurden immer länger und länger, so dass das Rennpferd nach oben schauen musste. Und dann lief Großvater los, schneller als irgendeiner sonst und viel schneller als das

königliche Rennpferd. Und die Menschen jubelten und jubelten und riefen: »Gérard! Gérard!«
Als ich am Morgen aufwachte, war mein Schlafanzug durchgeschwitzt. Ich zog mich an und ging in die Küche. Mama machte das Frühstück: zwei große Schnitten für mich und eine kleine für Großvater. Sie schnitt einen Apfel in Scheiben und kochte Kaffee. Mama sagte, ich solle nicht so laut sein, doch das war ich gar nicht.
Vater und ich haben die Bank vor unserem Haus neu gestrichen. Wir haben es für Großvater getan, damit er auf der Bank sitzen kann, wenn er wieder gesund ist. Von der Bank aus sieht man die ganze Straße und sogar ein Stück vom Berg.
Ich habe Vater überredet, die Bank blau-weiß zu streichen. Erst war Vater dagegen, aber jetzt findet er die Bank auch schön. Es ist eine richtige Seemannsbank geworden, wie auf einem Schiff. Großvater wird sich freuen.
Die Bank steht im Vorgarten und am Nachmittag kann Großvater dort im Schatten sitzen. Mama sagt, die Bank sei die wundervollste Bank, die sie je gesehen hat und eine schönere gäbe es in der ganzen Stadt nicht.
Im Zimmer von Großvater riecht es nach Medizin. Großvater muss im Bett bleiben und meist hat er die Augen geschlossen. Seine Stimme ist leise. Wenn ich aus der Schule komme, erzähle ich Großvater, was mir so einfällt. Von der Schule und vom Berg und dass ich einmal Flieger werden will. Dann würde ich ganz hoch fliegen, ganz, ganz hoch, höher als die höchsten Berge.
Großvater meint, das sei ein guter Beruf. Flieger würden immer gebraucht und es gäbe nur wenige Berufe, die immer gebraucht würden. Flieger sei so ein Beruf und deshalb müsse man entweder Flieger werden oder Koch.
Der Arzt kommt fast jeden Tag. Wenn er gegangen ist, sitzt Mama in der Küche und weint. Ich verstehe nicht, wieso Mama weint und Großvater versteht es auch nicht. Mama aber sagt, das sei nun mal so, und dann weint sie noch mehr.
Großvater hat sich verändert. Er redet nur noch wenig. Vieles von dem, was er erzählt, kenne ich bereits. Manchmal merkt er das und bricht

mitten im Satz ab. »Kennst du schon, Kapitän – oder?«, sagt er dann und schaut mich an.
Mir macht es nicht so viel aus, wenn Großvater sich wiederholt, aber Großvater ärgert sich.
Die Geschichte vom Dach der Welt habe ich jetzt oft gehört, wenigstens viermal.
Wenn ich die Augen schließe, kann ich uns beide sehen. Großvater und ich stehen vor dem Dach der Welt und schauen in die Sonne. Wir sind seit vierzehn Tagen unterwegs und es ist nur noch ein kleines Stück. Großvater sagt, dass wir das schaffen. Wer bis hierher gekommen ist, der schafft den Rest auch. Um uns herum liegen die Berge und weit hinter uns das Meer. Das Meer sieht aus wie ein dünner blauer Strich. Irgendwo schwimmt das Schiff mit dem riesigen Schornstein. Es wird losfahren und nicht wiederkommen. Wir aber drehen uns um. Ich frage Großvater, ob er noch Luft bekommt und Großvater nickt. Großvater ist ein guter Läufer. »Was denkst denn du«, sagt er und ich spüre seine Hand. Großvaters Hand ist warm und ganz leicht.

Hanne Kulessa

Jannas Fragen an ein kleines, mit Buchstaben besticktes Kissen

Wenn ich dich anschaue, sagt Janna, dann denke ich: Du bist zu klein, um meinem Kopf ein Ruhekissen zu sein.
Du bist zu klein, um wirklich nützlich zu sein.
Wenn ich meinen Kopf auf dich lege, sagt Janna, dann denke ich: Du bist so groß wie die Welt. Du bist so groß wie die Welt, weil man aus deinen Buchstaben alle Wörter formen kann: Alle, die ich kenne und alle, die ich nicht kenne.
Aus dem Alphabet machst du die Welt. Aber wie?
Ich lege meinen Kopf auf deine Buchstaben und die Buchstaben wan-

dern in meinen Kopf. Nicht in einer Reihe, nicht von vorne nach hinten, sondern einzeln, einer von da, der nächste von dort, einer aus der ersten, einer aus der dritten Reihe. Warum kann man aus vierundzwanzig Buchstaben so viele Worte, so viele Sätze machen? Worte und Sätze, die ich verstehe und die ich nicht verstehe. Verstehst du?
Ich schreib einen Brief. Ich schrieb einen Brief. Und wie viel Zeit ist dazwischen vergangen?
Ich habe gelogen. Warum?
Ich habe nicht gelogen. Warum nicht?
Lügen die Buchstaben, die Worte, die Sätze?
Die Frau setzt sich auf den Rücken des Vogels und fliegt mit ihm davon. Wohin?
Ist das wirklich wahr?
Ich bin alleine zu Hause. Ich habe Angst.
Stimmt das?
Nein, das stimmt nicht.
Oder vielleicht doch.
Ich strecke die Arme aus und laufe auf meine Freundin zu, weil ich mich freue, sie zu sehen. Sie sieht mich nicht. Ich laufe an ihr vorbei. Hat sie mich übersehen? Wo laufe ich hin?
Dort ist es leer und kalt.
Wenn ich meinen Kopf auf dich lege, ist es warm. Wärmen die Buchstaben? Gibt es gute und böse Worte? Können Sätze verletzen?
Du hast an mir vorbeigeguckt.
Hast du mich nicht gesehen?
Magst du mich nicht?
Ich will Wahrsagerin werden. Aber ich habe keine Glaskugel, ich weiß auch nicht, was die Linien in der Hand bedeuten. Ich sehe die Sterne und ich finde sie schön. Findet man die Wahrheit in den Sternen, in der Hand, in der Kugel, in der Welt?
Ist die Wahrheit in mir drin?
Ist die Wahrheit in dir drin?
Und die Lüge?
Du bist ja nur ein Kissen. Zu klein, um nützlich zu sein.

Christine Brand

Ortfried Pörsel

Teetrinker

Eine Tasse Tee?
Okay.

Zwei Tassen Tee?
O je!

Drei Tassen Tee?
Nee!

V. Ballhaus

Wolfgang Mennel

Die 15 schönsten Befehle aus dem Tierreich

Affe mich in Ruhe!
Bär dich vor den Bienen!
Dachs ins Bett!
Taube das Radio aus!
Hyäne gefälligst woanders!
Antilope dich aus dem Staub, aber flott!
Hai dich nicht zu weit ins offene Meer hinaus!
Giraffe nicht in fremden Dingen herum!
Fuchs uns endlich los!
Hirsch deinen Mund!
Biber mir nicht in die Suppe!
Wolf mir die Schuhe!
Tiger deine Mütze auf, bei der Kälte!
Hund nicht so laut!
Katze mich endlich schlafen!

Uta Mauersberger
Helge Tschirner und Bruno Dyballa

Bruno ist ein feiner Kerl. Und alles an ihm ist groß, das kühne face, die runden Augen, die Wummernase. Selbst die Hände sind groß genug, um notfalls ein Klassenzimmer in Einzelteile zu zerlegen. Aber das Auffälligse an Bruno ist sein Hintern. Wenn er läuft, denkt man, er würde einen Trick anwenden und ihn extra rausstrecken. Ich muss mich zwingen wegzugucken.

Bruno hat einen Haufen kleiner Geschwister, die an seinen Beinen kleben, an seinen Schultern hängen und auf seinen Schuhen stehen. Er darf sie überallhin mitnehmen. Ich habe ihn einmal Fußball spielen sehen vor dem Weingärtentor. Jetzt gehe ich immer dorthin einkaufen in einen Tante-Emma-Laden, der nie das hat, was ich besorgen soll. Dabei liegt er drei Haltestellen weiter. Ich muss sehr lange laufen. Dann reicht der Nachmittag grade so, um noch bei Helge vorbeizugucken.

Helge wohnt bei seiner Oma. Er darf alles. Er erzählt wilde Geschichten, die hinten und vorne nicht zusammenpassen. Von Leuten, die getrocknete Fledermäuse an ihren Ohrläppchen hängen haben und in Glaucha wohnen. Und von Lehrern, die zu Pfingsten Turnschuhe kochen. Außerdem kennt er einen Mann, den seine Katzen aufgefressen haben. Aber der Schärfste von all seinen Bekannten ist er selbst. Bei der Klassenfahrt bestand er auf grünen Brötchen zum Frühstück. Er ist ein Spinner. Er erzählt mir haarklein und entsetzlich genau, wie er jetzt, am Montag, ein Segelflugzeug zu Bruch gefahren hat. Und ich lache ihn nicht etwa aus, sondern möchte ihn umarmen.

Also mich hat's voll erwischt. Ich weiß nicht, wie das passieren konnte. Ich habe mich in Helge Tschirner und Bruno Dyballa verliebt, in beide zusammen. Sie sitzen ganz hinten in der Fensterreihe, nebeneinander. Helge hat schwarzes Haar, Bruno ist blond. Bin ich plemplem, weil ich mich gleichzeitig in zwei Jungs verliebt habe? Ich bin wirklich richtig fertig und verwirrt. Ich kann nicht mehr schlafen. Es ist halb eins, unser Fernseher rauscht. Ich schicke Vati ins Bett und setze mich aufs Fensterbrett und um mich herum ist Nacht. Die Sterne zittern, wenn man hochguckt. Die Bäume sind so still wie ihre Schatten. Gegenüber, Nr. 7, schwingt die Haustür auf, aber niemand kommt raus. Nur ferne Radios flüstern. Kann ja sein, dass Helge noch unterwegs ist. Unter mir schnüffelt ein kleiner Wind übern Bürgersteig. Mein Nachthemd knistert. Dann fackelt Ecke Torstraße eine Mülltonne ab. Und drei verspätete Lastwagen donnern vorüber. Absätze klappern. Helge meint, bei Dyballas hört man sogar nachts die Computer schmatzen. Und nun lausche ich. Ich hab ja 'ne Macke, als ob davon was zu hören wäre! Es ist halb fünf. Wer Bürgersteige stehlen will, muss sich beeilen. Der Mond eilt durch die letzte Wolke. Es ist halb sechs und die Vorhänge seufzen. Ich bin todmüde und sehe wie eine Qualle aus.

Aber auch Helge kommt völlig verknittert in die Schule. Er blinzelt ins Licht und sagt: »Ich habe diese Nacht einen Waffenhändler kennengelernt, der in einem Schrank wohnt. Wir haben alle Klamotten erschossen und uns prima unterhalten.«

Sofort will ich mehr hören. Helge lacht und bittet um meine Hausaufgaben. Bruno taucht auf, frisch wie ein polierter Engel. Bruno ist mir ein Rätsel. Ich kann nicht von ihm träumen, weil ich mir nicht vorstellen kann, wie er lebt. Dyballas sind Katholiken, und die sind in unserer Gegend so rar wie Außerirdische.

Ich hab keine Ahnung, wie das weitergehen soll. Aber wenn es möglich ist, zwei Jungs auf einmal zu lieben, ist das Leben ja toll. Wer weiß, was da noch alles passieren kann. Ich bin sehr gespannt.

Michèle Lemieux

Jürg Amann
Das Märchen von der Welt
(Nach Georg Büchner)

Es war einmal ein armes Kind, das hatte keinen Vater und keine Mutter mehr. Die waren gestorben. Alles war tot und niemand mehr auf der Welt. Da ging das Kind hin und weinte Tag und Nacht, so lange, bis es keine Tränen mehr hatte. Es war ganz allein auf der Welt. Und weil auf der Erde niemand mehr war, wollte es in den Himmel gehen. Es hatte gehört, dass die Menschen, die die Erde verlassen, in den Himmel gehen. Und weil der Mond über dem Horizont es so freundlich anschaute, ging es zuerst zum Mond. Aber als es endlich zum Mond kam, war der Mond nur ein Stück faules Holz, an den Enden dünn, in der Mitte dick, dessen Fäulnis in der Allnacht grünlich schimmerte. Oder eine abgegriffene, wertlose Kupfermünze, von Rost und Grünspan zerfressen, von jemandem weggeworfen, die im fernen Licht der Sonne ein wenig aufleuchtete. Oder ein angebissener und liegen gelassener Apfel, ein wenig eingeschrumpft, dem Schimmel und Würmer den Rest gegeben hatten. Da wollte das Kind weg vom Mond, der nur ein Stück faules Holz oder rostiges Blech oder verschrumpelter Apfel war, und hinüber zur Sonne, die dort groß am Himmel stand. Aber als es zur Sonne kam, war die Sonne eine verwelkte Sonnenblume, die den Kopf hängen ließ, um deren braungoldene Waben wie Bienen die Sterne tanzten. Oder ein verdorrter Strauß Margeriten, den jemand zu geben oder zu nehmen versäumt hatte, die vor lauter Durst und Trockenheit vergilbt und struppig und staubig geworden waren. Oder ein vertrockneter Kranz von Schlüsselblumen, der nach dem Maitanz abgelegt und vergessen worden war. Da wollte das Kind fort von der Sonne, die eine verblühte Sonnenblume war oder ein trockener Blumenstrauß oder ein verlegter, trauriger Blütenkranz, und weiter hinaus zu den Sternen, die um sie herumtanzten und herumschwirrten. Aber als es zu den Sternen kam, da waren die Sterne weder Sterne noch Bienen, die um Sonnenblumen oder Blumensträuße oder Blumenkränze herumtanzten oder herumschwirrten, sondern nur kleine silberne und goldene Mücken, und sie tanzten und schwirrten auch gar nicht, sondern waren angesteckt, wie der Neuntöter sie, bevor er sie frisst, auf die Dornen des Schlehdornhags steckt oder auf die Stacheln der Stachelbeere. Oder Goldstaub von den Flügeln von Schmetterlingen, die im Flug vom Sturm zerrissen worden waren und der nun durch die Luft langsam zu Boden fiel. Oder Staub, den der Wind von der Landstraße aufgewirbelt hatte und der sich nun grau auf das Hellgrau der Milchstraße legte. Da wollte das Kind weg von den Sternen, die nur Mücken oder Staub oder Dreck waren, und zurück auf die Erde, die da unten auf dem Boden der Finsternis lag. Aber als es endlich vom Himmel wieder zurück auf der Erde war, da war die Erde ein umgestürzter Hafen, aus dem die Milch herausgelaufen war oder die Brühe oder die Tunke. Und das Kind war ganz allein auf der Welt oder auf dem umgestürzten Topf oder Hafen. Und da setzte es sich hin auf den zerbeulten Rand der Welt oder des Topfs oder Hafens und weinte wieder Tag und Nacht, solange es Tränen hatte. Und wenn es noch nicht gestorben ist, dann sitzt es da noch und ist ganz allein.

Josef Guggenmos

Man findet ihn nicht überall

Man findet ihn nicht überall,
den schön gewachsnen Bergkristall.

Hoch oben, zwischen Felsgeröll
liegt einer, einsam, bergbachhell.

Schon hundert Jahre liegt er hier.
Des Weges kommt ein Murmeltier.

Es schaut nur kurz mal hin und spricht:
»Pfff!« Ja, so sagt's. Deutsch ist das nicht.

Der Bergkristall, er liegt noch dort.
Gelangten wir an diesen Ort,

wir hielten an, wir riefen froh
das kurze deutsche Wörtlein: »Oh!«

Skizze von Dorothea Göbel

5. Kapitel

Rätsel und Geheimnisse

»Außerirdischer Besuch« *Erich Kissing*

Reinhold Ziegler
Der Mann auf dem Berg

Auf einem sehr hohen Berg stand eine kleine Hütte. In diese Hütte zog ein Mann, der von Lärm und Stadt und Autos und Menschen die Nase voll hatte und nur noch allein sein wollte. Er setzte sich im Yogasitz vor die Hütte, schaute nach Osten, wo gerade die Sonne aufging und dachte an nichts.

Er hatte noch keine siebeneinhalb Minuten dort gesessen, als ein fremder Mensch in pink-gelb gestreiftem Bergsteigeranzug sich neben ihn stellte. »He du mit deinen verbrezelten Beinen, was machst du hier oben?«, fragte er.

»Ich blicke nach Osten«, antwortete der Mann.

»Ah! Und sonst? Wovon lebst du?«

»Von Luft und Sonne!«, sagte der Mann auf dem Berg, weil er hoffte, der andere würde nun endlich aufhören zu fragen.

»Super! Wahnsinn!«, rief der andere aber, zog ein Handy aus der Jacke und rief seine Kumpels an. »He Leute, das müsst ihr sehen. Hier oben hockt einer mit Brezelbeinen, schaut nach Osten und lebt von nix!«, schrie er in den Hörer.

Kurz darauf kamen ein Dutzend Männer und Frauen in knallbunt gestreiften Bergmonturen hochgeklettert. Sie stellten sich um den Mann auf dem Berg und fragten ihm ein, zwei Löcher in den Bauch.

Der Mann antwortete nichts, nur nach einer Weile, als es ihm zu viel wurde, sagte er leise: »Psst!«

»Psst«, riefen sich jetzt die Leute zu, »seid doch mal ruhig, der braucht doch seine Ruhe!«

Sie setzten sich im Kreis um den Mann auf dem Berg, versuchten ihre Beine zu verbrezeln und schwiegen ein paar Minuten in die Sonne. Dann fing einer an, in seinem Rucksack nach etwas zu suchen. »Luft und Sonne, echt Wahnsinn, ich pack das nicht«, sagte er, holte eine Flasche Bier und zwei Fischbrötchen raus und fing an zu essen. Weil es immer Hunger macht, wenn einer anfängt, wühlten sie jetzt alle in ihren Rucksäcken herum, bis zwischen ihnen und rund um den Mann auf

dem Berg eine Flasche Bier, zwei Fischbrötchen, sieben Müsliriegel, vier Dosen Energydrink, eine Tafel Nougatschokolade, ein kaltes Kotelett, zwei McDonalds Bicmäc, ein Sixpack Cola light, fünf halbe Hähnchen, eine Flasche Berggeist, sieben zuckerfreie Kaubonbons und dreizehn hart gekochte Eier lagen.
»Greif doch zu!«, sagten sie zu dem Mann.
»Das ist es nicht, was ich brauche«, sagte der Mann auf dem Berg langsam und verzweifelt.
»Das ist es nicht, was er braucht!«, wiederholten einige der Außenrumsitzer ehrfurchtsvoll, und einer war so beeindruckt, dass er sich den Satz in sein Bergtagebuch schrieb.
Am Nachmittag wurden die Bergsteiger vom nach Osten Schauen müde. »Also Servus, war echt Spitze!«, riefen sie und verschwanden.
Der Mann auf dem Berg atmete tief durch, nahm einen Schluck Wasser, räumte die leeren Dosen und Eierschalen weg und setzte sich dann mit verbrezelten Beinen in Richtung Westen, wo eigentlich die Sonne untergehen sollte.
Stattdessen tauchte dort nach einer Weile ein Hubschrauber mit der Aufschrift *TV-NEWS* auf. Er landete knapp neben der Hütte auf dem Berggipfel, und als sich der Staub gelegt hatte, konnte der Mann auf dem Berg sehen, dass aus dem Hubschrauber ein Kameramann, ein Tonmann und ein Mikrofonmann herauskletterten. Der Pilot blieb im Hubschrauber sitzen und rauchte eine Marlboro nach der anderen, denn sein Job war das Fliegen und nicht das Fragen. Die anderen aber gingen zu dem Mann rüber und erzählten eine Stunde lang, wer sie seien und was sie schon alles in ihrem tollen Leben gemacht hätten. Dann fragten sie ihn kurz, wer er sei, ob er tatsächlich von Luft und Sonne lebe, wie man am besten den Yogasitz erlernen könne, von welchen Vögeln diese Eierschalen stammten, ob man den inneren Frieden nur auf Berggipfeln fände, ob er zu ihrer nächsten Talkshow käme, wie er es mit den Frauen halte und bei welcher Bank er sein Konto habe, damit sie ihm das Honorar überweisen können.
Der Mann auf dem Berg wartete, bis sie alles gefragt und sich selber die richtigen Antworten gegeben hatten, dann schaute er dem Hubschrau-

ber nach, wie er nach Westen in der Sonne verschwand. Er räumte die leeren Zigarettenschachteln beiseite und legte sich schlafen.

Am nächsten Morgen wurde er von lautem Hämmern geweckt. Ein Stück unterhalb hatten Männer begonnen, eine zweite Hütte zu bauen. Sie nagelten gerade ein Schild *Zum Mann auf dem Berg* über die Tür, verkauften Videos, Fotos und Kassetten von ihm, gaben Kurse in Beine verbrezeln und ermahnten jeden der täglich tausend Besucher, ruhig zu sein, um den Mann auf dem Berg nicht zu stören.

Der aber hatte genug. Er packte seine sieben Sachen zusammen, stieg ab ins Tal und suchte sich in der Stadt eine Wohnung. Er kaufte sich einen Farbfernseher, einen Ledersessel, einen Kühlschrank, einen Computer, einen Gameboy, ein Faxgerät und ein Telefon.

Der Fernseher lief den ganzen Tag, doch das Telefon klingelte nie. Kein Mensch kam ihn besuchen, wollte mit ihm reden oder etwas von ihm wissen. Er setzte sich mit verbrezelten Beinen auf seinen Ledersessel und war so allein, dass er fast verrückt wurde.

Harald Grill

übermorgen

wenn die bäume
alle fort sind

dann müssen wir
uns aufstellen

die hände ausbreiten
wie äste

die füße müssen
wurzeln schlagen

und aussehen müssen wir
als wären wir noch am leben

Karoline Elke Löffler

Nebenstehendes Bild »Kraft der Eiche« von Ludek Pesek

Mustafa Haikal
Der Piff! Paff! – Elefant

»Piff! Paff!« maulte der Elefant und war schon wieder zwei Zentimeter kleiner.
Zwei Zentimeter sind bei einem Elefanten nicht viel, vor allem bei einem so großen Elefanten wie dem Piff! Paff!-Elefanten.
Der war überhaupt das größte Tier im Zoo, noch vor den Flusspferden und weit vor den Krokodilen.
Nur – dass er immer kleiner wurde, jeden Tag ein Stück.
Erst fiel das gar nicht auf. Niemand rechnete damit.
Doch der Zoodirektor hatte so ein Gefühl.
Auch die Flusspferde wunderten sich.
War der Elefant etwa krank?
So ein riesiger Elefant und auf einmal das?
»Piff! Paff!«, maulte der Elefant und konnte es kaum fassen.
»Nanu«, flüsterten die Nilpferde und verschwanden im Wasser.
Bald wurde das Elefantenhaus zu groß.
Da zog der Elefant um.
Erst zu drei Eseln.
Dann zu den Ziegen.
Selbst dort blieb er nicht lange.
Zum Schluss schrieb der Zoodirektor ein Schild.
Darauf stand: »Zwergelefant. Bitte nicht füttern!«
Wer hätte das gedacht!

Skizze Dorothea Göbel

Gerhard Roth
Die Tabakdose

»Eine Frau fand nach dem Tod ihres Mannes auf dem Dachboden eine silberne Tabakdose. Nein, ihr Mann hatte niemals eine solche Tabakdose besessen, dachte sie. Auch sein Vater konnte kaum etwas damit zu tun gehabt haben (er hatte ja nie geraucht oder geschnupft). Die Dose war mit fremden Wörtern beschriftet, die sich die Frau nicht erklären konnte. Zuletzt fiel ihr ein, dass im Krieg ein gefangener Franzose im Haus gelebt und bei der Arbeit geholfen hatte. Es war ein kleiner, dunkelhaariger Mann gewesen, so hatte man erzählt, der bei Kriegsende verschwunden war und von dem man nichts mehr gehört hatte. Die Frau öffnete die Tabakdose und entdeckte darin nichts als einen aufgemalten Sternenhimmel. Sie erkannte die Sonne, die Planeten und (recht nachlässig gemalt) verschiedene Sterne und beschloss, die Dose bei Gelegenheit zu verkaufen. Am Abend putzte sie das Gehäuse, und sobald sie die Sonne berührte, war die wirkliche hinter den Berggipfeln verschwunden. Die Frau hielt es für einen Zufall und berührte den Mond. Wie groß war ihre Verwunderung, als der Mond am Himmel plötzlich verschwand. Sie versuchte es nochmals, ließ den Mond in der Tabakdose los und berührte ihn sodann mit dem Finger, und sofort erschien und verschwand er wieder. Dasselbe geschah mit den Sternen: Hielt sie nur einen Finger auf sie, erloschen sie am Himmel, um (kaum hatte sie wieder ihren Finger von der Abbildung auf der Tabakdose genommen) auch schon wieder zu erscheinen.

Zunächst bemerkte niemand etwas davon. Als aber plötzlich die Sonne vom Himmel verschwand (nicht sich verdunkelte, sondern einfach nicht mehr zu sehen war und sich augenblicklich tiefste Nacht über die Erde senkte), schrieben Zeitungen, forschten Wissenschaftler und grübelten Philosophen und Theologen über ein nahes Ende der Welt. Niemand ahnte, dass eine Witwe den Schlüssel zu dem Geheimnis in ihren Händen hielt. Die Witwe war zum Glück eine gute Frau, und sie machte nur spärlichen Gebrauch von ihrer Macht. Gerade, wenn sie sich über etwas ärgerte, ließ sie für einen Augenblick die Sonne verschwinden, oder wenn sie sich schämte und natürlich auch wenn sie traurig war. Mit den Sternen hingegen spielte sie bisweilen nach Herzenslust, weshalb die Astronomen in ihren Observatorien ganz aus dem Häuschen gerieten. Eines Tages vergaß sie die Tabakdose – nachdem sie für kurz die Sonne hatte verschwinden lassen – auf der Hausbank, und in der Nacht kam der Fuchs und nahm sie mit in seinen Bau. ›Ei, was hast du da herangeschleppt‹, rief der Dachs, sein Nachbar im Bau, ›wozu brauchst du eine Tabakdose?‹ – ›Ich bin froh, dass ich ein Fuchs bin, denn ich habe mit dieser Tabakdose alle Macht über die Menschen‹, entgegnete der Fuchs. ›Wenn ich will, kann ich die Sonne verschwinden lassen und die Sterne und den Mond, und ich kann die Menschheit in tiefste Verzweiflung stürzen. Ich aber will die Tabakdose vergraben.‹«

Gudrun Pausewang

Schlagzeilen

MINISTER FIEL TOT VOM SCHIMMEL
AMERIKAS BABYS ZU FETT
PROPHET FUHR SENKRECHT GEN HIMMEL
KRIEGT BUNDESWEHR LEUCHTBARETT?

MADONNENBILD TRÄNT NUR FREITAGS
FRANZOSE BISS HUND INS BEIN
BONN: STREICHUNG DES ERSTEN-MAI-TAGS?
GEN-KREUZUNG MENSCH–SCHWEIN GING EIN

DREI BRAUER IN KESSEL ERTRUNKEN
SYMPHONIKER: ZOFF UM FAGOTT
URAN-TRANSPORTER GESUNKEN
VIER TOTE: STRYCHNIN IM KOMPOTT

LOCH NESS: NESSIES SCHWANZ GESICHTET
OZONLOCH REICHT SCHON BIS BAD BOLL
NOTSTAND: UNSER KANZLER GEFLÜCHTET
DREI TORE FÜR DEUTSCHLAND – TOLL!

Im Namen stecken mehrere Begriffe … F. K. Waechter

Peter Schultze-Kraft
Die beseelte Lagune

Immer, wenn ich auf einem internationalen Kongress einen kurzen Job als Aushilfskellner ergattere, lerne ich die interessantesten Leute kennen. Den japanischen Konservenfabrikanten zum Beispiel, der am Montag und Dienstag und auch an den übrigen Tagen Haifischflossensuppe, Heringssalat und marinierten Lachs bestellt und den Tischnachbarn die Vorzüge seiner supermodernen Fischereiflotte erklärt, besonders die elektronisch gesteuerten Netze. »Mit dieser Flotte«, sagt er stolz, »kann ich doppelt so viele Fische fangen, wie in den Weltmeeren leben!«

»Und dann«, unterbricht ihn der schweigsame Typ am Tischende, »was essen Sie dann?«

Alle Augen richten sich auf den braun gebrannten, hageren Mann mit den weißen Haaren und jugendlichen Bewegungen. Er ist ein Forscher aus Südamerika und gilt als Eigenbrötler – aber jetzt taut er auf:

»Ich will Ihnen von einer Lagune erzählen, die im tropischen Tiefland Kolumbiens liegt und die die Indios den ›See, der kommt und geht‹ nennen. In der Regenzeit schwillt diese Lagune an und im Sommer, wenn das Wasser verdunstet und die Erde austrocknet, schrumpft sie – es ist wie Atmen. Beim Verdunsten entstehen an den Rändern Tümpel, in denen die Fische eingeschlossen werden. Das ist die Stunde der Vögel, vor allem der Reiher, die sich mit ihren langen Beinen in die Tümpel stellen und mit ihren langen Schnäbeln nach den Fischen schnappen. Sie hinterlassen ihre Ausscheidungen und geben so dem Ökosystem etwas von dem zurück, was sie entnommen haben.«

Ein solcher Gedanke ist dem Konservenfabrikanten noch nie in den Sinn gekommen. Er sieht aus, als ob er nicht mit den Ohren, sondern mit dem Mund zuhört. Der Forscher berichtet weiter:

»Die Fische, die die Reiher übrig gelassen haben, verenden, wenn die Tümpel austrocknen. Sie verwesen und dienen den Gräsern und Kräutern, die jetzt aus dem Boden schießen, als Nährstoff. Auf dem Land um die klein gewordene Lagune macht sich eine üppige Pflanzenwelt breit, die ganze Völker von Ameisen, Termiten und Käfern anlockt. Rinder sind zum Weiden gekommen; ihre Kuhfladen bleiben so lange liegen, bis sie in der nächsten Regenzeit von der wiederkehrenden Lagune geschluckt werden, zusammen mit den Pflanzen, die der Som-

mer hat wachsen lassen, und den kleinen Tieren, die der ansteigenden Flut nicht entkommen konnten. Sträucher und Bäume bekommen nasse Füße, lassen ihre Samen und Früchte in die Lagune fallen und füttern damit die Fische sowie die Seerosen und Unterwasserpflanzen, die sich auf dem Spiegel und am Grund der Lagune entfalten – und die ein paar Monate später, in der Dürre des nächsten Sommers, wieder eingehen und von neuen Gräsern und Kräutern abgelöst werden.«
»Das ist ja ein irrer Betrieb rund um die Uhr«, sage ich unwillkürlich, obwohl es mir nicht zusteht, in die Unterhaltung der Gäste einzugreifen.
Der Forscher nickt mir zu. »Die Lagune ist ein lebendes Wesen«, sagt er, »die Fische und Vögel und Ameisen und Würmer und Gräser und Kräuter und Blumen und Bäume sind ihre tausend Seelen. Alles, was stirbt, gibt zugleich wieder Leben. Aber dieser wunderbare Kreislauf von Kommen und Gehen kann nur funktionieren, wenn Nehmen und Geben sich die Waage halten und das Gleichgewicht der Natur nicht durch Raubbau gestört wird. Verstehen Sie, was ich meine?«
»Und wo genau liegt diese Lagune?«, will, gleich Feuer und Flamme, der deutsche Reiseveranstalter wissen, der in einem Sweatshirt mit dem Aufdruck ›Yak & Yeti Adventure Tours‹ für sein Geschäft wirbt.
»Das bleibt besser ein Geheimnis«, sagt der kolumbianische Forscher und empfiehlt sich auf die vornehme, altmodische Art: »Germán Galvis, zu dienen.«

Roswitha Fröhlich

Oder oder

Jetzt
oder nie?
Oder so
oder wie?
Oder nein
oder ja?
Oder hier
oder da?
Oder gleich
oder bald?
Oder heiß
oder kalt?
Oder kühl
oder mild?
Was gilt?

Gerald Jatzek

Wutsprüche

Krokodil und Krokodil,
erstens brüll ich, wann ich will!
Krokodil und Krokodiller,
zweitens brülle ich immer schriller!
Krokodiller, Riesenzahn,
drittens fange ich erst an!
Riesenzahn und Krokodil,
nachher bin ich
wieder still.

Papan

Ingrid Huber

Eine Schultasche voller Fragen

Wer hat wohl
das Lineal
erfunden?
Wer
den Bleistift
den Radiergummi
den Hefteinband
den Füller?
Wer
die Tintenpatronen
die Kreide
und
die Schultafel?

Waren das
Lehrer oder Schüler?
Wurden sie
reich dabei?
Berühmt
sicher nicht
Oder gab es
einmal
einen Herrn oder Frau
Kreide
(Ich kenne zufällig einen
mit diesem Namen.
Er sagt, er war es *nicht*)

V. Ballhaus

Gerald Jatzek

Drei Verschwundene

Du kennst den Egel, den Igel,
kennst du die anderen auch?
Den Agel
(schlank wie ein Nagel),
den Ogel
(breit wie ein Kogel),
den Ugel
(mit seinem Kugelbauch).

Der Ogel, der Ugel, der Agel
verzehrten drei Teller voll Spargel.
Der Agel, der Ogel, der Ugel
erklommen sodann einen Mugel.
Da packte ein riesiger Vogel
den Ugel, den Agel, den Ogel.

Seit damals sind sie verschwunden.
Und nur der Igel
erblickt sie im Spiegel
in mondhellen, späten Stunden.

Max Kruse

Mein Haus

Dies ist ein Haus,
dies ist mein Haus
und niemand soll drin wohnen
als ich und du
und Müllers Kuh
und tausend Kaffeebohnen.
Doch Schwirrlefips
und Schwarlefaps
und Trippeltrips
von Trappeltraps,
die sollen mich verschonen!

Hanna Johansen

Zwei Mäuse

Wir haben zwei Mäuse, Schwestern,
mit zierlichem Ohr und Schwanz,
und bewunderten bis gestern
den melancholischen Glanz

der schwarzen Augensterne.
Man sah auf den ersten Blick,
sie hatten einander gerne
vom Zahn bis zum Lendenstück.

Sie wuchsen täglich geschwinder,
die Hirse schlug ihnen gut an,
die eine bekam sechs Kinder,
und die andere war ein Mann.

E. Moser

Erwin Moser

Schwipp-Schrack

Der Schwipp-Schrack
klackt
und sein Bruder,
der Twist,
ungeschickt wie er ist,
kippt in einen
Topf mit Lack.
Mist!

Zwei stehen, zwei gehen,
rat, was ist das?

Die Last wird müde,
der Lastträger nicht.

Ein Stück Butter im Brunnen.

Ein großer Baum
mit nur zwei Blätter

Was bringt dich
an alle Enden der Welt,
ohne daß du dich
von der Stelle bewegst?

Der Nichtlebendige schleppt
die Lebendigen.
Was ist das?

Ich hab' was in der Tasch'
und hab doch nichts drin.
Was ist das?

Wenn ich nur wüß
wer das ist,
der immer mit zwei Löff

Rate, was ich hab' vernommen:
Es sind 18 fremde Gesellen
ins Land gekommen,
zu malen schön und säuberlich,
doch keiner einem anderen glich,
all' ohne Fehler und Gebrechen,
nur konnte keiner sprechen.

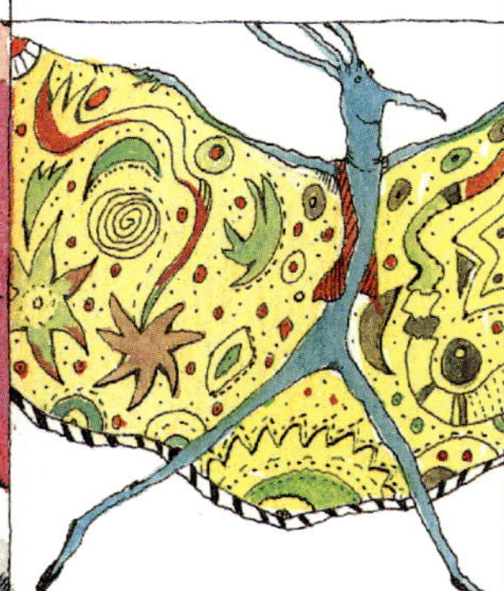

Ritt ein Männlein über Land,
gewickelt und gewackelt,
hat ein Kleid von lauter Tand,
gezickelt und gezackelt.

Kleine weiße Vögel,
sie lassen sich nieder,
und die Zäune sind voll davon,
da kommt der Glänzende
und ißt sie alle auf.

Rate, was ist das
Gott sieht es nicht n
der König sieht's se
und der Bauer sieht's a

Rätselfragen
und Bilder
von Christine Brand

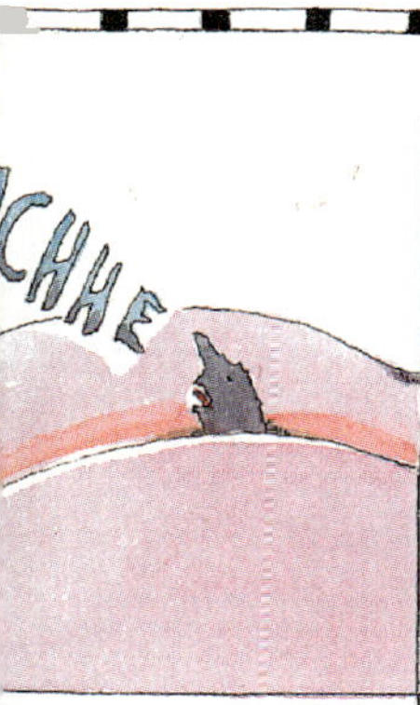

…gen zwei Berge nebenei-
…nd im Tale schreit's juchhe.

Was hängt an allen Dingen?

Das Feld ist weiß,
die Saat ist schwarz.

Es steht am Rain,
hat die Wampen voll Stein.

…chwarzer Rabe krächzt,
…ganze Wald beugt sich.
Was ist das?

Ein langer, langer Vater,
eine lange, lange Mutter,
und viele, viele Kinder.

Was geht so hinweg,
daß man es nicht wieder
zurück bekommen kann?

Ich habe ein rotes Kälblein,
wieviel Stroh ich ihm vorlege,
es frißt alles auf?

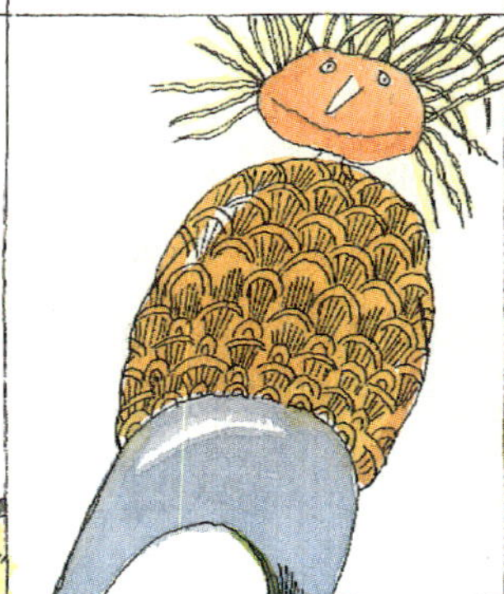

… Morgen auf vieren,
Mittags auf zweien,
Abends auf dreien.

Eine zweikrallige Gabel,
auf der Gabel ein Bienenstock,
auf dem Bienenstock ein Knäuel,
auf dem Knäuel ein Wald,
und in dem Wald viele Vögel.

Wenn ich Wasser habe,
so trinke ich Wein,
wenn ich kein Wasser habe,
so trinke ich Wasser.

Ohne Kopf und ohne Schwanz,
ohne Knochen bin ich ganz;
ich gefalle warm und kalt,
bin beliebt bei jung und alt.
Wenn man mich bereitet hat,
ißt sich jeder reichlich satt,
und ist fröhlich in sein' Haus
von dem schönen Schmaus.

Rätsellösungen Seite 349

Hubert Schirneck

Der Hahn hat verpennt!

Zu dem kleinen Bauernhof, auf dem sich das Folgende abspielte, gehörten zwei kleine Felder, eine Scheune und, an das Wohnhaus angebaut, ein Stall, in dem nur wenige Tiere ihr Zuhause hatten: eine Kuh, ein Schwein, zwei Hühner (ein weißes und ein braunes), ein Haflinger, eine Ziege, ein Hahn, ein Schaf. Jedes dieser Tiere war für irgendetwas gut: die Kuh für die Milch, die Ziege für den Ziegenkäse, der Haflinger als Zugtier, das Schwein für die Küchenabfälle, das Schaf zum Blöken und Grasfressen, der Hahn zum Stolzieren und die Hühner für den Hahn. Und für die Frühstückseier natürlich.

Zu dieser Tierfamilie gehörte ferner eine Katze, die allerdings selten zu Hause war. Meistens befand sie sich auf Reisen oder auf Mäusejagd.

Man führte ein bescheidenes, arbeitsreiches Leben. Im Frühjahr wurde gesät, im Herbst wurde geerntet. Und in den langen Winternächten kuschelte man sich aneinander: im Haus die Menschen, im Stall die Tiere. Es ging alles seinen ruhigen Gang und eigentlich geschah nie etwas Aufregendes. Bis eines Tages …

… bis eines Tages der Bauer erwachte und bemerkte, dass ihm die Sonne bereits auf die Nase schien. Er erschrak bis ins Mark und war eins, zwei, drei auf den Beinen. Denn das durfte ja wirklich nicht sein: dass der Bauer sich noch im Bett räkelte, während die Sonne schon hoch am Himmel stand und fröhlich ihre Bahn zog. Es muss erwähnt werden, dass die Leute damals noch keine Wecker hatten. Sie wurden kurz vor Tagesanbruch vom Hahnenschrei geweckt.

Der Bauer hatte noch nie verschlafen, denn sein Hahn war normalerweise sehr zuverlässig. Seine Stimme galt als die kräftigste in der ganzen Umgebung. An diesem Morgen war offensichtlich irgendetwas nicht in Ordnung. Der Bauer zog sich rasch an und lief hinüber in den Stall. Die Tiere schliefen noch. Nur die Kuh war schon wach. Sie war ohnehin ein Morgenmuffel und heute machte sie ein besonders mürrisches Gesicht, weil ihr Euter noch voll war. Sie begriff nicht, warum so lange niemand kam, um sie zu melken.

Der Bauer suchte nach dem Hahn, konnte ihn aber nirgends entdecken. Was war geschehen? War er etwa ausgerissen und in die weite Welt gezogen? War er vielleicht einem fremden Huhn nachgelaufen? Womöglich hatte ein Spitzbube ihn gefangen, um ihn irgendwo an einem stillen Örtchen zu rupfen?

Dann aber fand er den Hahn ganz hinten in einer Ecke des Stalles. Dort lag er und schnarchte vor sich hin. Jetzt war die Sache klar: Der Hahn hatte verpennt! Zum ersten Mal in all den Jahren hatte er nicht beim ersten Sonnenstrahl gekräht! Ein Skandal!

Inzwischen hatten sich die anderen Tiere von ihren Nachtlagern erhoben. Alle standen sie um den Hahn herum und trauten ihren Augen nicht. Und jedes musste natürlich seinen Senf dazugeben.

»Nanu«, blökte das Schaf.

»Unglaublich«, grummelte der Haflinger.

»Nicht zu fassen«, quiekte das Schwein.

»Ich glaube, die Welt geht unter«, meckerte die Ziege, die ein wenig zum Pessimismus neigte.
»Ist mir egal«, maulte die Kuh. »Hauptsache, vorher melkt mich noch jemand.«
»So ein Penner«, sagte das weiße Huhn.
»Penner?«, sagte das braune Huhn schnippisch. »Ein Hahnrei ist er. So.«
»Tja, ich glaube, er wird alt«, sagte der Bauer. »Wenn er uns in der Früh nicht mal mehr wecken kann, dann werden wir ihn wohl schlachten müssen.«
»Schlachten?«, riefen alle Tiere wie aus einem Mund.
»Natürlich«, sagte der Bauer. »Wer zu nichts mehr taugt, wird geschlachtet. Soll er sein Futter umsonst bekommen?« Damit wandte er sich ab, um endlich die Kuh zu melken.

Durch die Stimmen war der Hahn jetzt doch erwacht. Er rieb sich die Augen und sagte gähnend: »Was ist denn das für ein Lärm hier?«
»Na, was wohl?«, sagte das weiße Huhn. »Du hast verpennt, du Hahn, du!«
»Hahaha«, sagte der Hahn und bei sich dachte er: Jungejunge, so einen ulkigen Traum haben wir ja noch nie gehabt. Dann aber merkte er, dass es doch kein Traum war, sondern Wirklichkeit. Die bittere, unbarmherzige Wirklichkeit. Er sprang auf, hüpfte nervös im Stall herum und stammelte dabei: »Verschlafen … ich, der Hahn … Gottogottogott … wie konnte das bloß passieren … heller Tag … ich muss krähen … kiker … kiri … rekiki … was nun … ich bin erledigt …«

Vor Aufregung fiel ihm nicht einmal ein, wie man richtig kräht. Dabei war er doch ein Profi.

Dem Haflinger wurde das alles zu bunt. »Jetzt hör endlich auf, hier herumzutoben!«, sagte er. »Das bringt doch nichts.«

Der Hahn hielt inne und setzte sich ins Stroh, den Kopf gesenkt. Ein Häufchen Elend.

»Das Schlimmste weißt du ja noch gar nicht«, fuhr der Haflinger fort. »Der Bauer ist sehr böse auf dich und er will … nun ja … er will …«

»Er will dich schlachten«, sagte das braune Huhn, nicht ohne eine gewisse Schadenfreude in der Stimme.

»Gottogottogott«, jammerte der Hahn. Sämtliche Federn standen ihm zu Berge.

»Oh, oh, die Welt geht unter«, meckerte die Ziege.

»Gar nichts geht hier unter«, fuhr das Schaf dazwischen. »Noch ist nicht aller Tage Abend. Ich schlage vor, wir gehen jetzt erst einmal an die Arbeit. Mittags treffen wir uns zu einer Versammlung. Bis dahin überlegt jeder, was wir unternehmen können. Irgendetwas wird uns schon einfallen.«

»Eine gute Idee«, sagten die Hühner. »Es wird Zeit, dass wir Frühstückseier legen. Sonst werden wir auch noch geschlachtet.«

So trennten sie sich also und bis zum Mittag ging jeder seiner Beschäftigung nach.

Die Versammlung fand wegen des schönen Wetters nicht im Stall, sondern unter freiem Himmel statt, und zwar auf dem Hof neben dem Misthaufen. Als Erster ergriff der Haflinger das Wort: »Meine lieben Freunde. Auch wenn mancher von uns den Hahn manchmal nicht so gut leiden mag, weil er so eitel ist und sich für den Dorfschönsten hält, so sind wir uns doch in einem einig: Er darf nicht geschlachtet werden!«

Es gab ein zustimmendes Gemurmel und das Schwein sagte: »Genau so ist es. Wir alle gehören zusammen, und wenn einer in Gefahr ist, müssen die anderen ihm helfen. Im übrigen möchte ich an dieser Stelle bemerken, dass ich mindestens ebenso schön bin, wenn nicht schöner. Ich habe sogar Borsten. Das nur nebenbei.«

»Deine Borsten stehen im Moment nicht zur Debatte, Schwein«, sagte

der Haflinger. »Die Lage ist sehr ernst. Hat jemand einen Vorschlag?« Eine Weile herrschte Schweigen. Niemand schien einen Ausweg zu wissen. Dann sagte die Ziege: »Wie wär's, wenn wir den Bauern schlachten würden?«

»Hahaha«, sagte die Kuh.

»Ich finde das auch nicht sehr witzig«, sagte das Schaf. »Ich denke, wir müssen den Hahn verstecken.«

»Aber wo soll ich denn hin?«, gab der Hahn zu bedenken. »Etwa auswandern? Irgendwann findet er mich ja doch. Und dann macht der Metzger einen Sonntagsbraten aus mir.«

»Ich habe da eine viel bessere Idee«, sagte die Kuh.

»Erzähl!«, riefen die anderen.

»Ihr wisst doch, dass ich immer sehr früh wach bin, manchmal schon vor Sonnenaufgang. Das kommt daher, dass morgens mein Euter sehr voll ist. Davon wache ich meistens auf, weil es dann anfängt wehzutun. Ich könnte doch einfach den Hahn wecken, er kräht beim ersten Sonnenstrahl und der Bauer hat dann keinen Grund mehr, ihn zu schlachten.«

Das war einleuchtend und der Vorschlag wurde einstimmig angenommen. Jetzt mussten sie nur noch beim Bauern die Begnadigung des Hahns erwirken. Gemeinsam gingen sie zu ihm – außer dem Hahn, der versteckte sich im Stall.

»Was ist denn hier los?«, fragte der Bauer verblüfft, als er die ganze Tiergemeinde versammelt sah. »Und wo ist der Hahn? Ich habe den Metzger schon angerufen.«

»Wir haben mit dir zu reden«, sagte der Haflinger, den sie als Sprecher gewählt hatten. »Wir sind der Meinung, dass du den Hahn nicht gleich so hart bestrafen sollst, nur weil er ein einziges Mal verschlafen hat. Wahrscheinlich ist das nur die Frühjahrsmüdigkeit. Das vergeht wieder.« Dass die Tiere sich so für ihren Gefährten einsetzten, rührte den Bauern und er sagte: »Vielleicht habt ihr Recht. Gut, er darf am Leben bleiben. Ich hoffe nur, das kommt kein zweites Mal vor.«

»Bestimmt nicht«, sagte der Haflinger. Und alle waren froh, vor allem der Hahn.

Der Hahn hätte am nächsten Morgen wahrscheinlich wieder verpennt. Er war so sehr von Frühjahrsmüdigkeit ergriffen, dass er sich ständig schlapp fühlte und nur herumtorkelte. Aber zum Glück gab es ja noch die Kuh. Sie wurde rechtzeitig wach und alles geschah wie besprochen: Sie weckte den Hahn, er krähte beim ersten Sonnenstrahl und weckte damit den Bauern. Der war's zufrieden und kam rechtzeitig auf das Feld zum Säen. Dass sich der Hahn danach gleich wieder hinlegte, war nicht weiter schlimm. Denn seine Aufgabe hatte er ja erledigt.

Das ging ungefähr eine Woche gut. Dann wurde aber auch die Kuh von der Frühjahrsmüdigkeit angesteckt. Vielleicht hatte sie auch in jener Nacht nicht so viel Milch produziert wie sonst und das pralle Euter hatte sie nicht aufgeweckt. Eines Morgens jedenfalls erwachte sie erst, als die Sonne schon durch die Stallfenster hereinschien. Erschrocken fing sie an zu muhen, so laut sie konnte. Der Hahn schreckte hoch und krähte wie ein Verrückter, mehrmals nacheinander. Aber natürlich zu spät. Der Bauer war sehr ergrimmt. Er war sauer wie ein ganzer Topf Sahne. Fuchsteufelswild kam er in den Stall gerannt, aber der Hahn, dem vor Schreck der Hahnenkamm erblasst war, konnte rechtzeitig fliehen.

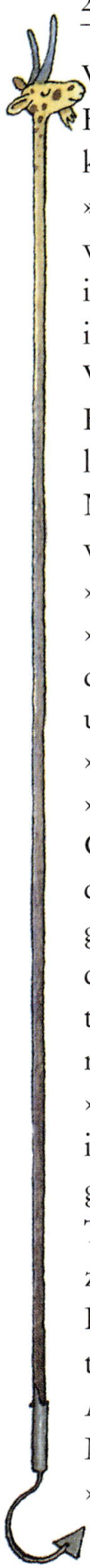

Wieder baten die Tiere den Bauern, noch einmal Nachsicht mit dem Hahn zu üben. Und sie wollten darauf achten, dass es nicht mehr vorkäme.
»Na gut«, sagte der Bauer besänftigt. »Aber beim nächsten Mal, dann wehe! Dann ist er ein toter Mann ... äh ... ein toter Hahn. Dann gehe ich auf den Markt und kaufe mir einen neuen, jungen Hahn. Das könnt ihr ihm ausrichten.«
Wieder mussten die Tiere beratschlagen. Diesmal half das Schwein dem Hahn aus der Klemme. »Wisst ihr«, sagte das Schwein, »ich kann in letzter Zeit sowieso schlecht schlafen. Manchmal liege ich die halbe Nacht wach. Vielleicht habe ich etwas Falsches gegessen. Heutzutage weiß man ja sowieso nicht mehr, was alles im Futter drin ist.«
»Komm endlich zur Sache«, sagte das Schaf.
»Ja, nun ja, ich meine, wenn ich sowieso wach bin, dann könnte ich doch frühmorgens die Kuh wecken. Die Kuh kann den Hahn wecken und der Hahn kann krähen.«
»Weiß Gott, das ist eine blendende Idee«, sagte der Haflinger.
»Ganz entzückend«, meckerte die Ziege.
Gesagt, getan. Das Schwein weckte die Kuh, die Kuh weckte den Hahn, der Hahn krähte. Alles war wieder in Butter. Aber leider nicht sehr lange. Nach drei Tagen wurde auch das Schwein von der rätselhaften Müdigkeit ergriffen. Eine regelrechte Epidemie war das. Klar, was passierte: Der Bauer verschlief, tobte, wollte den Hahn einfangen, der Hahn riss aus, der Bauer musste besänftigt werden.
»Dies ist aber wirklich jetzt das allerletzte Mal«, drohte der Bauer. Aber im Grunde seines Herzens war er ja doch ein guter Mensch und ließ sich ganz gern dazu überreden, dem Hahn zu verzeihen.
Trotzdem hatten die Tiere wieder dasselbe Problem: Wie den Hahn zum Krähen bringen? Aber da gab es ja noch die Ziege ...
Der nächste Morgen: Die Ziege weckte das Schwein, das Schwein weckte die Kuh, die Kuh weckte den Hahn, der Hahn krähte. Wunderschön. Alles paletti. Das ging ungefähr fünf Tage gut. Dann lag die Ziege eines Morgens wie tot im Stroh. »Ach, ich fühle mich so matt«, jammerte sie. »Ich glaube, die Welt geht unter.«

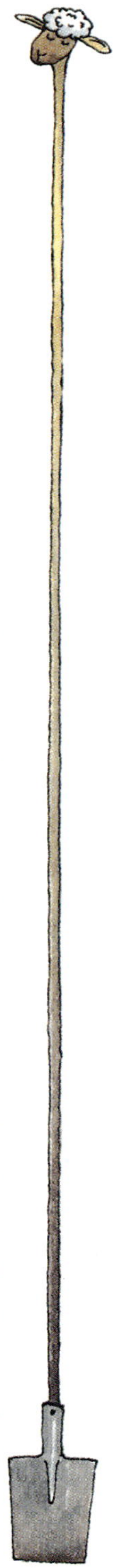

Da hörten sie den Bauern schon fluchen. Der Hahn stob davon und ward für den Rest des Tages nicht mehr gesehen …

Für die Ziege sprang das Schaf in die Bresche. Das ging so: Das Schaf weckte die Ziege, die Ziege weckte das Schwein, das Schwein weckte die Kuh, die Kuh weckte den Hahn, der Hahn krähte. Und legte sich danach gleich wieder hin.

Das Schaf hielt nur zwei Tage durch. Na ja, nicht jeder ist ein Frühaufsteher. Das Folgende kennen wir schon.

»Aber diesmal, diesmal«, schimpfte der Bauer und hob drohend den Finger, »war es wirklich das allerallerletzte Mal.« Aber das sagte er ja immer.

Als nächster war der Haflinger dran. Das Aufsteh-Ritual im Stall wurde immer komplizierter: Der Haflinger weckte das Schaf, das Schaf weckte die Ziege, die Ziege weckte das Schwein, das Schwein weckte die Kuh, die Kuh weckte den Hahn, der Hahn krähte. Und krähte, dass es eine Freude war. Der Bauer kam mit der Arbeit auf dem Feld gut voran. Friede, Freude, Eierkuchen. Ungefähr vier Tage. Dann fand der verpennte, vor Wut zitternde Bauer den Haflinger eines Morgens in seiner Box, an die Wand gelehnt wie der besoffene Gaul von einem besoffenen Cowboy. Klarer Fall von Frühjahrsmüdigkeit.

»Jetzt werde ich die Sache mal in die Hand nehmen«, sagte das weiße Huhn und haute mit der Kralle auf den Tisch, es war ein sehr resolutes Huhn.

»Ach, wie willst du das denn machen?«, fragten die anderen, denn sie waren sehr neugierig.

»Ganz einfach. Ab morgen stehe ich als Erste auf. Kein Problem für mich. Ich wecke also den Haflinger, der Haflinger weckt das Schaf, das Schaf weckt die Ziege, die Ziege weckt das Schwein, das Schwein weckt die Kuh und die Kuh weckt den Hahn, damit dieser Trottel krähen kann. Und ich werde garantiert nicht verpennen. Das verspreche ich euch!«

Zu viel versprochen. Auch das tapfere Huhn blieb von der allgemeinen Frühjahrsmüdigkeit nicht verschont. Und der arme Bauer fing langsam an, verrückt zu werden. Denn für einen Bauern ist es das Schlimmste,

was überhaupt passieren kann, wenn er verpennt. Oder fast das Schlimmste. Und das gleich mehrmals in einem einzigen Frühjahr.

Jetzt blieb nur noch das braune Huhn übrig, um den Weckdienst zu übernehmen, und es hielt ganz genau vier Tage durch. Frühjahrsmüdigkeit, dagegen gibt's keine Pillen.

Den Rest kennen wir: Bauer tobt, Hahn rennt, dass die Fetzen fliegen, und so weiter. Diesmal war es aber wirklich schon haarscharf. Der Bauer hatte das arme Federvieh schon fast im Sack.

An diesem Tag trafen sich die Tiere zu einer großen Krisensitzung, denn jetzt war kein Tier mehr da, das die anderen wecken konnte. Die Katze war auf Wanderschaft.

Als alle Tiere endlich beisammen saßen, ergriff der Haflinger das Wort. Das Sprechen bereitete ihm etwas Mühe, weil er zwischendurch immer wieder gähnen musste, aber den anderen ging es nicht besser.

»Liebe Freunde«, sagte er. »Die Lage ist ernster denn je. Die Geduld des Bauern ist am Ende. Ich fürchte, wenn wir ihn noch ein einziges Mal verschlafen lassen, dann blüht uns allen etwas.«

»Aber was sollen wir denn tun, wenn wir alle so müde sind?«, warf das Schaf ein.

»Er hat Recht«, sagte das Schwein, »die Frühjahrsmüdigkeit war noch nie so schlimm wie in diesem Jahr. Woher das bloß kommt …«

»Ich sage euch, die Welt geht unter«, sagte die Ziege und warf dabei einen ängstlichen Blick zum Himmel. »Zuerst werden wir alle sehr müde und dann geht die Welt unter.«

Dass sie von den anderen nur ausgelacht wurde, schien die Ziege überhaupt nicht zu beirren.

»Jetzt bleibt doch mal sachlich, Leute«, sagte der Haflinger. »Irgendetwas müssen wir unternehmen.«

Alle versanken in brütendes Schweigen. Da kam, ein Liedchen pfeifend, der Hahn über den Hof spaziert.

Er machte einen sehr fröhlichen Eindruck. Ich glaube, wenn Hähne Hosen tragen würden, dann hätte er die Hände in den Taschen gehabt.

»Was ist denn mit dir los?«, rief das weiße Huhn spöttisch. »Hast du denn gar keine Angst mehr vor dem Bauern?«

»Haha, der Bauer«, lachte der Hahn, »bis der nur auf den Gedanken kommt, mich zu fangen, bin ich schon über alle Berge.«
»Heißt das, du bist wieder gesund?«, fragte das Schwein.
»Wie neu geboren. Ich könnte Bäume ausreißen. Frühjahrsmüdigkeit ade. Aber ihr seht nicht so besonders aus, wenn ich mir die Bemerkung erlauben darf. Bissel müde, was?«
So viel Frechheit machte die anderen natürlich sprachlos und so war es kein Wunder, dass der Hahn das Kommando übernahm. »Also, ich bin wieder auf dem Posten. Ab morgen früh könnt ihr euch voll auf mich verlassen.«
»Und was heißt das?«
»Morgen wecke ich das braune Huhn, damit es nicht wieder verpennt!«
»Na, hoffentlich«, sagte der Haflinger gähnend. »Damit erkläre ich die Versammlung für geschlossen. Ich lege mich ein Stündchen aufs Ohr.«
Am nächsten Morgen: Der Hahn weckte das braune Huhn, das braune Huhn weckte das weiße Huhn, das weiße Huhn weckte den Haflinger, der Haflinger weckte das Schaf, das Schaf weckte die Ziege, die Ziege weckte das Schwein, das Schwein weckte die Kuh und die Kuh wollte den Hahn wecken, da bemerkte sie, dass er schon wach war. Das verstand sie natürlich überhaupt nicht und auch die anderen Tiere waren reichlich verwirrt. Da standen sie extra alle so früh auf, um den Hahn zu wecken, und dann war er schon auf? Was hatte das zu bedeuten?
In diesem Moment bemerkten sie die Katze, die ganz still auf einem Balken saß und das Treiben beobachtet hatte.
Sofort war sie von den anderen umringt. »Wo warst du denn?«, wollten sie wissen.
»Ach, ich habe nur eine kleine Reise nach Norwegen gemacht, zu den Fjorden. Aber wie ich sehe, hat sich hier inzwischen einiges verändert.«
»Wieso verändert?«, fragte das Schaf.
»Na ja, ich meine bloß, ganz offensichtlich seid ihr alle verrückt geworden, während ich weg war.«
»Was hat denn das zu bedeuten?«, fragte das Schwein ziemlich böse, denn wer lässt sich schon gern als verrückt bezeichnen.

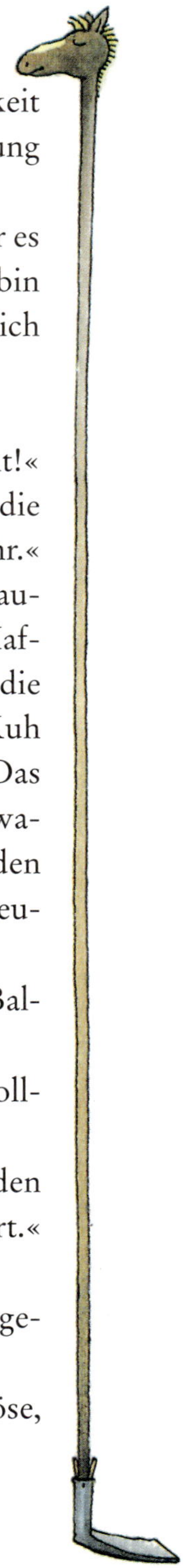

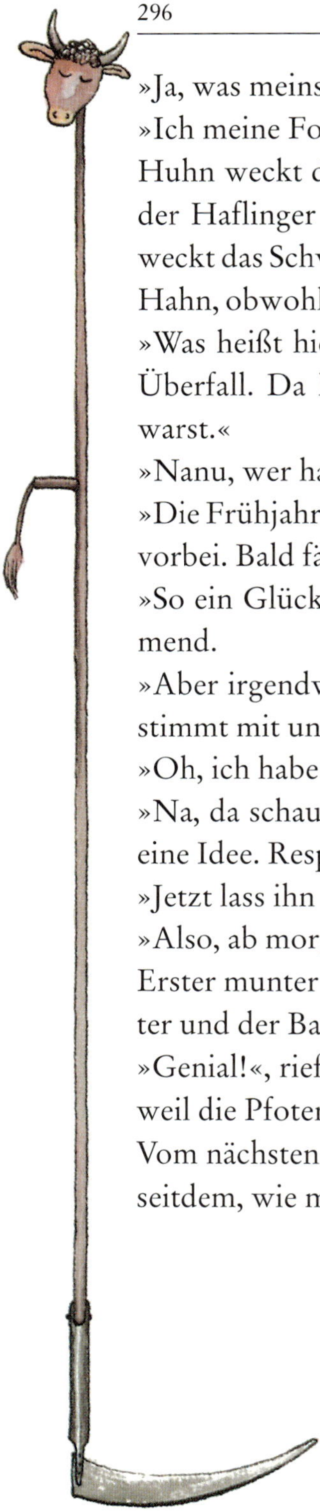

»Ja, was meinst du damit?«, wollten auch die anderen wissen.
»Ich meine Folgendes: Der Hahn weckt das braune Huhn, das braune Huhn weckt das weiße Huhn, das weiße Huhn weckt den Haflinger, der Haflinger weckt das Schaf, das Schaf weckt die Ziege, die Ziege weckt das Schwein, das Schwein weckt die Kuh und die Kuh weckt den Hahn, obwohl der schon längst munter ist. Ziemlich meschugge, was?«
»Was heißt hier meschugge?«, fragte das Schwein. »Wir hatten einen Überfall. Da kannst du gar nicht mitreden, wenn du in Norwegen warst.«
»Nanu, wer hat euch denn überfallen?«, fragte die Katze.
»Die Frühjahrsmüdigkeit«, sagte der Haflinger. »Aber damit ist es jetzt vorbei. Bald fängt der Sommer an.«
»So ein Glück«, meckerte die Ziege und die anderen nickten zustimmend.
»Aber irgendwie hat die Katze Recht«, sagte das Schaf. »Irgendetwas stimmt mit unserem Weck-System nicht.«
»Oh, ich habe da eine blendende Idee«, rief der Hahn.
»Na, da schau her«, sagte das braune Huhn spöttisch, »der Hahn hat eine Idee. Respekt.«
»Jetzt lass ihn doch erst mal reden«, sagte das Schwein.
»Also, ab morgen«, sagte der Hahn, »werde ich, weil ich ja sowieso als Erster munter werde, gleich krähen. Dann werdet ihr alle davon munter und der Bauer und die ganze Umgebung. Wie findet ihr das?«
»Genial!«, riefen alle wie aus einem Mund. Die Katze putzte sich derweil die Pfoten und grinste in sich hinein.
Vom nächsten Tag an war alles wieder wie vorher. Und der Hahn soll seitdem, wie man hört, nie wieder verpennt haben.

Bilder von Verena Ballhaus

Rosemarie Künzler-Behncke
Markus mag Maja

Seit einer Woche fühlte sich Markus richtig schlecht. Schon lange wusste er, wie sehr er Maja mochte. Und jetzt war er draufgekommen, dass Ralf die ganze Zeit zu Maja hinüberstarrte – Stunde für Stunde.
Markus wusste nicht mehr, was um ihn herum geschah. Er konnte nur noch kontrollieren, wie oft Ralf zu Maja hinübersah und ob Maja sich nach Ralf umdrehte.
Aber Maja war nichts anzumerken.
Markus tat richtig das Genick weh, weil er ständig den Kopf zwischen Ralf und Maja hin und her drehen musste.
Auf dem Heimweg sagte Ralf zu Markus: »Ich glaube, Maja mag mich nicht.«
Markus fühle sich auf einmal richtig gut. Warum sollte Maja eigentlich Ralf mögen, dachte er. Vielleicht mochte sie doch ihn lieber, obwohl sie sich nichts anmerken ließ.
»Woher weißt du das?«, fragte Markus.
Ralf war verblüfft. »Gute Frage, ich weiß es gar nicht. Mensch, klasse! Vielleicht mag sie mich ja doch!«
Markus spürte einen Druck auf dem Magen. Jetzt ging es ihm wieder schlecht.
Zwei Tage später sagte Ralf auf dem Heimweg: »Stell dir vor, Maja mag mich.«
»Wie kommst du darauf?«, fragte Markus.
»Weil sie mit mir ins Kino geht.« Ralf grinste Markus an.
»Sie geht mit dir ins Kino?«, stammelte Markus. Er konnte es nicht fassen. Er hoffte, die Erde würde sich auftun und ihn verschlucken.
»Ist was?«, fragte Ralf.
Markus schüttelte den Kopf. Was sollte schon sein?
»Übrigens – sie geht nur mit mir ins Kino, wenn du auch mitkommst«, sagte Ralf.
»Was?« Markus fühlte sein Herz klopfen.
»Ja, du sollst mit ihrer Freundin Lisa gehen.«

Markus starrte Ralf an. »Ich will aber nicht mit Lisa ins Kino.«
»Schade«, sagte Ralf. »Dann muss ich jemand anders fragen.«
Markus fühlte sich schlechter als je zuvor. »Warte«, sagte er. »Ich glaube, ich komme doch mit.«
»Na, also«, feixte Ralf. »Dann bis nachher.«
Am Nachmittag machte Markus sich auf den Weg zum Kino. Ralf, Maja und Lisa warteten schon. Sie kauften Eintrittskarten. Wie im Fieber ging Markus neben Lisa her. Er sah Maja nicht ein einziges Mal an. Er setzte sich neben Lisa, starrte nach vorne und wartete auf das Ende des Films. Warum war er eigentlich gekommen? Er war wütend auf sich selbst. Vor seinen Augen flimmerte es. Er hatte keine Ahnung, worum es in dem Film gegangen war. Ihm war abwechselnd heiß und kalt. Vielleicht wurde er krank?
Als sie wieder auf der Straße standen, war ihm schlecht. Er stürzte davon.
Am nächsten Morgen wartete Maja vor der Schule auf Markus. »Was war denn los?«, fragte sie. »Ich dachte, du gehst mit mir ins Kino und Ralf geht mit Lisa – so wie es verabredet war?«
»Was?« Markus war fassungslos. »Du wolltest doch mit Ralf ins Kino, und ich sollte mit Lisa gehen.«
Maja schüttelte den Kopf.
»Heißt das, du wolltest eigentlich mit mir ins Kino?«, fragte Markus.
Maja nickte.
»Ach, Maja …«, sagte Markus. »Ich wollte dir schon lange sagen, dass ich … dass ich …«
»Ich mag dich auch!«, sagte Maja.

Reiner Kunze
Vom freundlichen Nachbarn

Der Nachbar schafft die Nachbarschaft,
dies Schaffen wolln wir ehren
und ihm ein lieber Nachbar sein
und seine Freuden mehren.

»Gute Bürger und geklonte Kartoffeln« — *Willi Glasauer*

Werner Dürrson

Sonne 2000

Alle Tage weckt sie
mit ihren Strahlen die Erde.

Jedem Käfer im Gras
allen Blättern am Strauch
bringt sie Wärme und Licht.

Am schwülen Sommertag
hitzegeladen
zünden die Wolken den Blitz.

Winters entfernt sie sich weit –
aber ihr Feuer schlummert
im Scheit, im schwarzen Gestein.

Bliebe sie aus
bald zögen Kälte und
tödliche Nacht ins Haus.

Ingrid Huber

Riesenaufwand

Aufstehn
rausgehn
Weltentdecken
ist für Erwachsene
ein Schrecken
Da wird
geplant, gepackt und gebucht
Das Auto gewienert
der Stadtplan gesucht

Ein Riesenaufwand
Warum denn bloß?
Ein Kind
dagegen
steht auf und
geht los

Filmstory
E. T. Der Außerirdische

E. T. The Extra-Terrestrial

R: Steven Spielberg
B: Melissa Mathison nach einer Idee von Steven Spielberg
K: Allen Daviau, John Fleckenstein, John Connor
M: John Williams
D: Henry Thomas (Elliott), Dee Wallace (Mary), Peter Coyote (Keys), Drew Barrymore (Gertie), Robert MacNaughton (Michael)

Geheimnisvoll beginnt der Film inmitten eines Waldes: eine lichtdurchflutete Raumstation, einige Wesen huschen durch das Unterholz, Geräusche, Menschen kommen, die Wesen flüchten in das Raumschiff und entfliehen, doch einer bleibt zurück, weil er sich im Wald verirrt hat. Elliott, ein zehnjähriger Junge, der mit seinem älteren Bruder Michael und seiner Schwester Gerti in einem der vielen Suburbs von Los Angeles lebt, holt abends für die Famile Pizza, hörte Geräusche im Schuppen und trifft auf den zurückgelassenen E.T., einen verschrumpelten außerirdischen Zwerg mit großem Kopf und kleinem Körper. Beide finden zueinander, Elliott versteckt den Außerirdischen im Haus, weiht seine Geschwister ein. E.T. lernt sprechen und lässt magische Fähigkeiten erkennen. Doch seine Existenz bleibt nicht unentdeckt, die Behörden suchen nach ihm, er gilt als Gefahr. E.T. hat Heimweh und bastelt sich einen Funkapparat, um Kontakt aufzunehmen.

Am Halloweentag wagen sich die Kinder mit ihm ins Freie, im Wald sendet E.T. Signale ins Weltall. Als die Kinder mit ihm zurückkommen, haben die Verfolger das Haus schon eingekreist und durch Plastikplanen von der Umwelt isoliert. Mediziner untersuchen den Außerirdischen, doch dieser stirbt. Als Elliott noch einmal zum toten E.T. kommt und ihm zuflüstert, dass er ihn liebt, erwacht dieser wieder zum Leben. Die Kinder können mit ihm entkommen und bringen ihn auf ihren Fahrrädern zum Landeplatz des Raumschiffs, das ankommt, ihn aufnimmt und mit ihm entschwindet. Zum Abschied berührt er mit seinem langen Zeigefinger Elliotts Stirn und gibt ihm als Vermächtnis mit auf den Weg: »Ich bin immer bei dir.«

Diese Begegnung mit den Außerirdischen knüpft an die positive Wertung der Lebewesen aus dem All in Spielbergs Film *Close Encounters of the Third Kind* (*Unheimliche Begegnung der dritten Art*, 1979) an. Der Film *E. T.* wendet das Science-fiction-Genre ins Märchenhafte. Die Titelfigur, nach menschlichem Ermessen sehr alt, wirkt wie ein Kind mit seinen zarten, oft überlangen Gliedmaßen und dem großen Kopf. Seine Geschichte handelt von der Suche nach Harmonie und Wärme und trifft damit in der Familie des kleinen Elliott auf einen nötigen Kontrast, weil sich Elliotts Familie gerade aufzulösen beginnt: Der Vater verlässt die Frau mit den Kindern, um bei einer Freundin zu leben.

E.T. Der Außerirdische Vor einem Riesenmond hebt sich der Schatten des kleinen Jungen auf seinem Fahrrad ab (Henry Thomas), der auf der Lenkstange E.T., das außerirdische Wesen mit den großen Augen, aus der Haft der Erwachsenen entführt. Das Wesen kann die Schwerkraft überwinden, man sieht es, sie fliegen. Spielberg inszeniert ein Science-fiction-Märchen, das jedoch weniger tricktechnisches Spektakel als vielmehr romantische Fabel sein will, manchmal ironisch, nicht selten sentimental.

Auffällig ist die religiöse Aufladung der Geschichte durch die Verwendung christlicher Motive. E.T., der aus einer anderen Welt auf die Erde kommt, verkörpert in vielem die Geschichte Jesu: Er kommt zu den Menschen und lebt unter ihnen, sie scheiden sich in ›Gläubige‹ und ›Ungläubige‹. E.T. ist wundertätig, kann Blumen erblühen lassen und Wunden heilen, lässt die Fahrräder der Kinder auf der Flucht in den Himmel fliegen, er stirbt, ersteht wieder zum Leben auf und fährt gen Himmel. Eine besondere Lichtregie unterstützt diesen Eindruck, wenn die Außerirdischen in ein gleißendes Licht gehüllt sind, und ihr rot durch den Körper hindurchschimmerndes Herz erinnert gar an Herz-Jesu-Darstellungen.

Trotz solcher Bezüge ist die Geschichte jedoch vor allem eine Kindergeschichte, die von den Sehnsüchten und Ängsten der Kinder handelt, für die die Gefahren nicht so sehr von außen, sondern aus der Erwachsenenwelt kommen. Konsequent wird der Film aus der Perspektive der Kinder aufgenommen, also aus niedrigen Kamerastandpunkten. Wiederholt zeigt der Film, dass Kinder andere Bedürfnisse haben als sich durch Fast food abfüttern und mit Technospielzeug ablenken zu lassen. Es gibt eine Suche nach Geborgenheit, menschlicher Zuneigung und Zärtlichkeit, die mit einer solchen Geschichte angesprochen wird. Die abenteuerlichen, lustvoll erlebten Geschichten auch anderer Spielberg-Filme zeichnen sich zudem dadurch aus, dass sie im Alltag der Zuschauer ansetzen, dort einen Einstieg ermöglichen, um desto deutlicher ins Reich des Wunderbaren und des Glücks aufzubrechen. Auf paradoxe Weise verköpert gerade der außerirdische E.T. menschliche Eigenschaften wie Nähe und Zuneigung. Jan-Uwe Rogge hat den Erfolg des Films damit erklärt, dass er die Sehnsucht nach der Wiederherstellung narzisstischer Ursituationen anspreche, dass psychische Krisensituationen durch Medienhelden wie E.T. und Elliott mit ihren grandiosen Abenteuern mit Sinn gefüllt werden. Zum Faszinosum von E.T. tragen die inszenatorische Perfektion, das Spiel mit kameraästhetischen Mitteln, der Einsatz von special effects und die gesteigerten Strategien der Illusionierung bei, die die Zuschauer in eine filmische Welt eintauchen lassen, die alle Anzeichen ihrer künstlichen Herstellung sorgfältig verbirgt. So entsteht eine Traumwelt, die gleichzeitig mit der amerikanischen Gegenwart zu tun hat und in dieser als funktionale Ergänzung erscheint. Der Film, dessen Herstellung 10,3 Mio. Dollar kostete, spielte allein in den ersten drei Jahren über 200 Mio. Dollar ein. Er erhielt vier Oscars für die technische Realisierung und Spielberg wurde die UN-Friedensmedaille verliehen.

Knut Hickethier

R = Regie / B = Buch
K = Kamera / M = Musik
D = Darsteller

»Holz« *Foto M. M. Than*

Matthias Duderstadt
Tisch

Das Holz ist alt.
200 Jahre lang
Hing es im
Abzug einer Räucherkammer.
Wie alt der Baum war
Von dem es stammt
Weiß ich nicht zu sagen.
Aber an den Jahresringen
Sehe ich: Auch er war alt.
Ein Tischler hat das
Holz auf einer
Baustelle gefunden
Dunkelbraun, fast schwarz
Lag es zwischen Spanplatten
Weggeworfenen Kühlschränken
Mörtelresten und Bierflaschen.
Hat es aufgesägt, gehobelt, gesäumt
Bis er Bohlen hatte, aus denen er
Einen ovalen Tisch baute
Der noch heute riecht
Nach Wurst, Schinken, Rauch
Und dunkel ist wie
Eichenholz sonst nie.

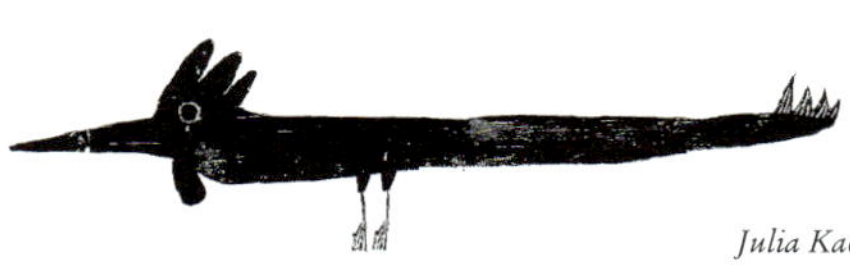

Julia Kaergel

Sigrid Heuck
Ein Brief aus Afrika

Daloa, Elfenbeinküste, den 18. Okt. 1995

Lieber Timmy!
Wir haben Mali inzwischen verlassen und befinden uns jetzt in einem Land, das »Elfenbeinküste« heißt. Angeblich soll es hier früher einmal viele Elefanten gegeben haben. Hoffentlich erwartest du von mir keine Berichte von wilden Safaris, federgeschmückten Stammeshäuptlingen oder Jägern, die nur mit einem Speer bewaffnet auf Löwenjagd gehen. Die Abenteuer, die man heute in Afrika erlebt, unterscheiden sich wesentlich von denjenigen der früheren Reisenden. Es sind oft nur kleine Dinge, deren Entdeckung oft mit einer abenteuerlichen Geschichte verknüpft ist. So klein wie die Perle, die ich bei einem Händler in Korhogo erstand.
Korhogo ist eine Provinzstadt im Norden der Elfenbeinküste. Es gibt einen Markt dort, zwei Hotels und eine Straße, an deren Rand einige Händler ihre Verkaufstände aufgebaut haben. Sie bieten Holzschnitzereien, gewebte Decken, Töpfe und Schmuck an. Da ich schon lange auf der Suche nach etwas war, das ich der Mami mitbringen könne, sah ich mich bei ihnen um und entdeckte nach einer Weile in einer Schachtel voller Krimskrams eine schon etwas verwitterte alte Glasperle. Sie war blau mit zwei oder drei weißen Punkten, ungleichmäßig rund und schon ein wenig beschädigt. Der Händler versicherte mir, dass es eine sehr, sehr alte Perle sei. (Das sagen sie immer, wenn sie viel Geld für etwas haben wollen.) Wir feilschten ein bisschen. Schließlich wurden wir handelseinig und ich steckte meinen Fund in die Tasche.
Aufgehalten durch unzählige Polizeikontrollen fuhren wir von Korhogo aus nach Süden auf einer Straße entlang der Grenze zu Liberia. (Du kannst auf dem Atlas nachsehen, wo das liegt!) Manchmal winkten uns die schwer bewaffneten Polizisten nur durch, aber manchmal auch nicht. Dann mussten wir unsere Pässe herzeigen. Bei einer dieser Kontrollen waren sie gerade mit einigen Kindern beschäftigt. Die Kinder waren schrecklich mager. Ihre Arme und Beine bestanden nur noch

aus mit Haut überzogenen Knochen und ihre Bäuche waren unnatürlich aufgedunsen. Die großen Augen schienen keine Tränen mehr zu haben, die sie weinen konnten. Jedes Kind trug eine mit Punkten verzierte Perle um den Hals, ähnlich jener Perle, die ich in Korhogo erstanden hatte. »Flüchtlinge aus Liberia«, erklärte uns der dicke Polizist. »Ihre Eltern schicken sie über die Grenze, in der Hoffnung, dass sie bei uns etwas zu essen bekommen. Doch wir schicken sie gleich wieder zurück.«

»Kann man gar nichts für sie tun?«, fragte ich ihn entsetzt.

»Das geht Sie nichts an!«, wies er mich drohend zurecht. »Fahren Sie weiter!«

An diesem Abend stiegen wir hier in Daloa ab. Außer uns befand sich in unserem Hotel nur noch ein Gast. Es war ein Mann in einem weiten afrikanischen Gewand. Nach dem Abendessen kam ich mit ihm ins Gespräch. Und weil es mir nicht gelang, die hungrigen Augen der kleinen Flüchtlinge zu vergessen, unterhielten wir uns über den Bürgerkrieg und die Hungersnot in Liberia. »Ach ja!«, seufzte mein Gesprächspartner. »Was dort geschieht, ist schlimm. Dagegen hilft ihnen nicht einmal ein Zaubermittel gegen den bösen Blick.«

»Zaubermittel?«, fragte ich ihn verwundert.

»Ist Ihnen nicht aufgefallen, dass jedes von ihnen eine Augenperle um den Hals trägt?«, sagte er. »Ihre Eltern haben sie ihnen umgehängt, weil sie fest davon überzeugt sind, dass sie ihre Kinder vor allem Bösen bewahren. Doch bevor die Polizisten die kleinen Flüchtlinge über die Grenze zurückschicken, nehmen sie ihnen die Perlen ab und verkaufen sie an einen Händler.«

Da zeigte ich ihm meine Perle. Er drehte sie hin und her und betrachtete sie lange. »Ja, das ist eine von ihnen, eine sehr alte und sehr wertvolle sogar. Meines Erachtens nach kommt sie aus Nordafrika, vielleicht sogar aus dem alten Ägypten.«

Ich fragte ihn, woher er das wüsste. Da erklärte er mir, er sei ein Geschäftsmann aus Abidjan und immer auf der Suche nach alten Dingen. »Auch heute noch«, fuhr er fort, »laufen viele Frauen mit Ketten herum, an denen einzelne Perlen bis zu zwei- oder dreitausend Jahre alt

sein können. Obwohl die meisten von ihnen aus Glas sind, bedeuten sie für die Menschen hier das Gleiche wie für uns Geld. Sie kaufen Salz damit ein, Baumwollstoff, ein Messer oder andere nützliche Dinge. Viele Perlen wurden in Venedig hergestellt, andere in Amsterdam oder Antwerpen. Weiße Kaufleute brachten sie auf ihren Schiffen mit und tauschten sie gegen Elfenbein, Palmöl oder auch Sklaven ein. Danach gingen sie von Hand zu Hand durch die Oasen der Sahara, vom Indischen Ozean bis zum Atlantik und vom Mittelmeer bis zum Kap der guten Hoffnung. Manchmal begruben die Leute ihre Toten mit ihnen, weil sie glaubten, dass ihm die Perlen den Eintritt ins Jenseits erleichterten. Perlen aus blauem Glas waren besonders beliebt und solche mit Punkten, die an Augen erinnern, halten sie auch heute noch für magisch und zauberkräftig.«
Das war also der Grund, warum jedes der Kinder so eine Perle trug. Und deshalb, Timmy, werde ich die Perle, die ich in Korhogo erstand, doch nicht der Mami schenken, sondern sie bei uns zu Hause so teuer wie möglich zu verkaufen versuchen. Dann werde ich noch etwas Geld auf den Erlös legen und alles einer der Hilfsorganisationen überweisen, die sich um hungernde Kinder kümmern. Verstehst du das?
Alles Liebe, dein Vater.

Günther Feustel

Schneeschnittmusterwiese

Weiße Wiese, Zeichenblatt,
weil der Schnee alles zugeschneit hat.
Es kommen die Krähen, das schwarze Gepluster,
und staksen ein spinniges Krähenmuster.
Und der Hase, Bein um Bein,
druckt Striche und Punkte mitten hinein.
Ganz winzige Trippelschneisen
tupfen die Meisen.
Schnittmuster in den Schnee
zeichnen Wildschwein und Reh.
Und am Morgen kannst du lesen,
wer nachts auf dieser Wiese gewesen.

M. Schweitzer

Erwin Grosche
Übermütige Sätze

Die Tür war nicht nur geschlossen
sie ging auch nicht auf

Es war nicht nur am regnen
man wurde auch nass

Das Auto war nicht nur kaputt
es sprang auch nicht an

Ich hatte nicht nur Hunger
ich bekam auch nichts zu essen

Ich war nicht nur am Weinen
ich hatte auch Angst

Ich war nicht nur allein
es sprach auch niemand mit mir

Die Geschichte war nicht nur zu Ende
sie hörte auch auf

Bilder von Juli A. Wittkamp

Peter Maiwald
Der Wortmacher

Worte macht er, blaue, gelbe
(manchmal gleiche, nie dasselbe)
Koseworte, schlimme Flüche
kluge Worte, hanebüchne
Worte, die sehr bitter schmecken
Worte, die den Mund sich lecken
Worte, die auf Zungen liegen
Worte, die das Ohr betrügen
Worte zum Herunterschlucken
Worte zum Zusammenzucken
Witzesworte, Worteswitze
Donnerworte, Blitzwortblitze
alte Worte, unerhörte
klare Worte und verstörte
reiche Worte und sehr arme
kalte Worte und sehr warme
Worte, um die Welt zu messen
Worte, um nichts zu vergessen
Worte, Worte ohne Ende
daß das Zauberwort sich fände …
(Aber kommt ein Kind zu Wort
wirft er alle seine fort.)

Mustafa Haikal
Verschwunden

Haben Sie Clara gesehn?
Unsere Riesenschlange?
Gestern lag sie auf der Gardinenstange,
heut ist sie weg.

Sie muss nach unten gekrochen sein,
sonst wär sie noch da,
wo ich sie gestern sah.
Viereinhalb Meter im Stück
sind nur mit Glück zu bewegen.

Doch bleiben Sie ruhig sitzen,
es wird uns nichts nützen,
wenn Sie hier stehn.
Haben Sie Clara gesehn?
Irgendwo muss sie doch stecken,
wir müssen entdecken,
wo sich was wölbt.
Vielleicht unterm Sofa
oder daneben?
Könnten Sie kurz die Beine anheben?
Das letzte Mal war sie Monate weg,
lag hinter dem Küchenschrank,
bis wir sie Gott sei Dank
gefunden haben.
Wenn sie satt ist,
ist das kein Problem.
Haben Sie Clara gesehn?

Das arme Tier wird verhungern,
viereinhalb Meter Länge
und das in der Enge.
Ich bitte Sie!
Viereinhalb Meter im Stück
sind nur mit Glück zu bewegen.
Wie denn? Was denn?
Sie wollen schon gehn?
Haben Sie Clara gesehn?

Kornelia Birkenfeld

Heiner Feldhoff
Entstehung eines Wortes

Wie im Flug huschte Angelas Kugelschreiber übers Rechtschreibblatt. Neugierig schaute der Deutschlehrer auf sie herab und sah, dass sie, bevor sie sich endgültig entschied, ob in die jeweilige Textlücke *das* oder *dass* einzusetzen wäre, zunächst in alle Leerstellen *da* schrieb, *da*, *da*. Dadaismus! rief er bewundernd. Bewundernd schaute Angela zu ihm hoch: Da hat der gute Lehrer für sie ein neues Wort erfunden!

Erwin Grosche

Der Schlafbewacher

Schlafbewacher
bewachen den Schlaf
von allen,
die gerne schlafen.

Der kleine Tobias Rehnhagen
wird manchmal geplagt von
kleinen, bösen Träumen.
Manchmal träumt er, dass es in
seinem Schlafzimmer gerade
anfängt zu regnen, wenn er am
Einschlafen ist.

Hier hilft der Schlafbewacher.
Der Schlafbewacher bewacht
nicht nur den Schlaf
von Tobias Rehnhagen,
sondern hält für alle Fälle
auch noch einen Regenschirm
über den Einschlafenden.

Oma Gersdorfer kann manch-
mal nicht einschlafen, da sie
manchmal vor dem Einschlafen
an einen leckeren Wackelpud-

Norman Junge

ding mit Vanillesoße denken
muss und dann vor Hunger
kaum zum Schlafen kommt.

Hier hilft der Schlafbewacher.
Der Schlafbewacher bewacht
nicht nur den Schlaf
von Oma Gersdorfer,
sondern kocht ihr auch noch
vorher einen leckeren Wackel-
peterpudding mit Vanillesoße.

Die kleine Constanze Ege-
bracht schläft nicht gerne ein,
wenn nicht ab und zu kleine
Geräusche das Schlafzimmer
beleben.

Hier hilft der Schlafbewacher.
Der Schlafbewacher bewacht
nicht nur den Schlaf
von der kleinen Constanze
Egebracht, sondern summt
auch ab und zu ein kleines Lied
und lässt alle zwei Stunden
zwei wunderschöne Nachtfal-
ter durch das Zimmer flattern.

Manche Beamten schlafen ger-
ne und lange im Büro, gerade
während der Arbeitszeiten.

Hier hilft der Schlafbewacher.
Der Schlafbewacher bewacht
nicht nur den Schlaf
von allen Beamten,
sondern pfeift auch ganz kurz
und schrill,
wenn sich der Chef dem müden
Treiben nähern sollte.

Eine der Hauptaufgaben der
Schlafbewacher ist es,
die örtlichen Blaskapellen-
vereine
darin zu unterrichten,
wie man zur allgemeinen
Schlafenszeit
auch leise Musik machen kann.
Danach bewacht der
Schlafbewacher
natürlich auch den Schlaf der
örtlichen Blaskapellenvereine.

Das ist ja alles ganz gut und
schön, wer aber bewacht den
Schlaf von Schlafbewachern?
Den Schlaf von Schlafbewa-
chern bewachen
Schlafbewacherschlafbewacher,
ist doch klar.

Simone Klages

Josef Guggenmos

Man braucht sie tausendmal am Tag

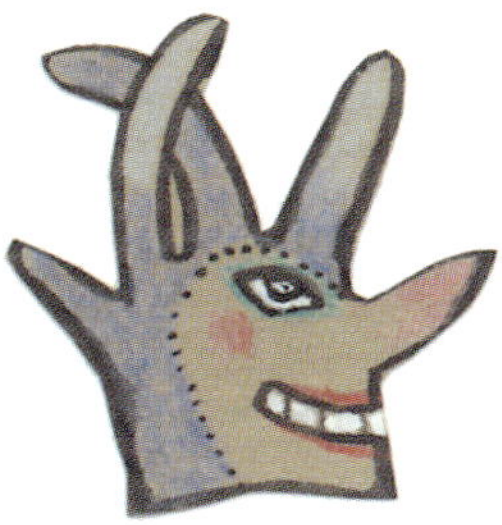

Man braucht sie tausendmal am Tag.
Oft gibt man einem andern sie,
einem, den man gerne mag.
Doch kommt sie uns abhanden nie.

Wenn du sie schließt, machst du die …
Was aber tust mit dieser du?
Mit dieser haust du auf den Tisch
(wenn es sein muss, ab und zu).

Bilder von
Christine Brand

(die Hand, die Faust)

Karla Schneider
Dora und Uscher, eine Eulengeschichte

Sobald der Tag vorbei ist und es angenehm schummrig wird, verlässt tief im Gehölz Dora ihren Schlafbaum. Bedächtigt schwebt sie aus dem Wald heraus, bewegt langsam die Flügel.

Die Wiesen waschen sich mit Tau. Es duftet nach hundert Kräutern. Dann zieht der Abendnebel weiße Vorhänge über die Wiesen.

Drinnen im Wald bellen die Fuchskinder, die mit ihren Eltern ausgehen dürfen. Doras Kinder sind allein zurückgeblieben. Sie fiepen und starren mit Augen wie goldene Knöpfchen über den Nestrand. Manchmal klettern sie auch schon in den Zweigen herum.

Dora ruft nach Uscher. Er ist schon so lange weg. Die Kinder haben Hunger.

Der Ruf ist weithin zu hören.

Hu-huu-uck! Uscher antwortet. Er taucht aus dem Schwarz der Bäume. Über ihm ist der Himmel blaugrün, mit einer Handvoll verstreuter Sterne darin.

Doras Augen sehen alles, trotz der Dunkelheit. Sie sehen, weil es dunkel ist. Dora verfolgt Uschers Flug. Sie fliegt, sacht und weich, bis sie Uscher erreicht hat. Zwischen seinen Federhandschuhen hält er das Essen für die Kinder.

Nebeneinander kehren beide zum Wald zurück.

Gelbgrau und flusig wie Distelflaum hocken alle vier Kinder im Nest. Ungeduldig fauchen sie vor sich hin: Huschi der Erste, Huschi der Dicke, Huschi die Vorletzte und Huschi der Kleine. Als sie den Flügelschlag der Eltern hören, fangen sie an zu fiepen. Sie recken die Hälse und schubsen einander vor Gier. Huschi der Erste steigt sogar auf den Nestrand.

Uscher setzt sich auf einen Ast und Dora reißt einen Bissen nach dem anderen von seiner Jagdbeute ab. Häppchen um Häppchen stopft sie in die kleinen Schnäbel. Denn füttern lassen sich die vier Huschis nur von Dora, ihrer Mutter.

Uscher knackt mit dem nun leeren Schnabel. Dann schwingt er sich wieder davon, zwischen den Stämmen hindurch. Hu-huu-uck! Bis bald!

Inzwischen ist der Mond aufgestiegen. Mit weit geöffneten Augen, die empfindlich sind und wachsam, fliegt Uscher über feuchte Teppiche aus Klee und Wiesenblumen. Er zieht seine Runden über den Feldern. Er kreist über Gebüschen, die einzeln stehen, und streift die Weißdornhecken entlang.

Die Federohren, die keine Ohren sind, sträuben sich wie die Zipfel einer Mütze. Uscher lauscht auf die Geräusche der Nacht.

Das Heidekraut raschelt unter den Sprüngen des Iltis. Es knackt das trockene Reisig, wenn die Rehe sich zum Äsen hinaus auf die Wiesen begeben. Eine Igelfamilie trippelte hintereinander über den Weg. Sogar die Mäuse unter den Grasbüscheln kann Uscher hören, als liefen sie auf hölzernen Sandalen. Die Kinder von Dora und Uscher betteln. Das Häppchen hat sie nicht satt gemacht. Wieder zieht Dora los und ruft Uscher. Immer ist Dora in Unruhe, immer in Sorge.

Auch Dora trägt die Nacht viele Laute zu. Unter Baumstümpfen und Steinhaufen kriechen die Erdkröten hervor. Schwerfällig hüpfen sie vorwärts. Laufkäfer hasten über die Halme und an den Stengeln entlang. Ohrwürmer krabbeln die Rinde der Bäume empor. Und was da so vorsichtig reißt und rupft, sind Feldhasen.

Viele sind in der Nacht unterwegs und jeder tritt leiser auf als der andere. Doch Doras und Uschers Ohren entgeht nichts.

Endlich sind die Bäuche der Kinder gefüllt.

Wie Wasserfarbe sich ausbreitet auf nassem Papier, wächst das Tageslicht an der östlichen Seite des Himmels. Huschi der Erste, Huschi der Dicke, Huschi die Vorletzte und Huschi der Kleine kneifen die Augen zusammen. Vater und Mutter bleiben jetzt bei ihnen für viele Stunden. Dicht an den Stamm der Kiefer gedrückt, schlafen Dora und Uscher beim Nest. Doch ihr Schlaf ist leicht und die Wachsamkeit dauert an.

Ein Geräusch kommt aus der Mitte des Waldes. Es hört sich an, als krätschten eine Million Eichelhäher auf einmal. Dann ist es wieder still. Plötzlich rauscht es von weither wie ein tiefes Seufzen. Danach erzittert der Waldboden, als stampfe ein Riese mit dem Fuß auf.

Uscher blinzelt. Er dreht den Kopf, bis es aussieht, als habe er das Gesicht im Rücken. Auch Dora fühlt sich gestört. Doch beide rühren sich nicht von der Stelle. Von unten gesehen gleicht ihr Gefieder der Rinde. Immer näher kommt das Geräusch. Immer wieder erzittert der Waldboden. Und jedes Mal saust es vorher, als fege ein Sturm vorbei. Dann setzt das grässliche Kreischen wieder ein, direkt unter der Kiefer.

Aufgeschreckt schlagen Dora und Uscher mit den Flügeln. Sie sind fast blind am Tage.

Dann stöhnt die Kiefer. Ihr Stamm mit der borstigen Krone trennt sich vom Wurzelstumpf. Ächzend neigt sich der Schlafbaum samt Dora und Uscher und dem Nest zur Seite.

Mit Augen, die heftig blinzeln, flattern Dora und Uscher jetzt auf. Das Nest mit ihren Kindern aber saust immer rascher nach unten, dem Boden zu. Der Baum fällt. Dora und Uscher suchen verwirrt im Blätterhaus einer Buche Schutz. Das Tageslicht sticht in ihre Nachtaugen. Die gefällte Kiefer liegt in der grellen Sonne. Nichts würden Dora und Uscher jetzt sehen können und niemanden finden.

Schrilles Gezeter der Meisen und Finken setzt ein. Sie versammeln sich um Dora und Uscher. Weg da! Packt euch fort!

Dora und Uscher rühren sich nicht. Sie bleiben und warten darauf, dass es dämmert. Doch das dauert noch lange. Beim Fall der Kiefer hat es Doras und Uschers Kinder aus dem Nest geschleudert.

Huschi der Erste findet sich in einer weich gepolsterten Mulde wieder. Sofort hoppeln drei Tiere herbei. Sie sind nicht viel größer als Huschi der Erste. Sie scheinen auch noch nicht fliegen zu können. Ja, sie haben noch nicht einmal Federn. Dafür sind ihre Ohren sehr lang.

Huschi der Erste faucht die fremden Tierkinder an. Er schlägt mit dem Schwanz einen runden Fächer auf, um sie zu erschrecken. Dann fängt er jämmerlich an zu fiepen. Aber niemand tut ihm etwas. Niemand will ihn mit Flügelschlägen und Schnabelhieben vertreiben. Leider denkt auch niemand daran, ihn zu füttern. Keiner bringt ihm ein Bätzchen Fleisch.

Huschi der Dicke ist auf einem Hügel gelandet. Rings um ihn wurrlt und wimmelt es durcheinander. Er macht ein paar Hopser dahin, wo der Schatten liegt. Aber immerzu krabbelt etwas über seine Zehen. Er tritt von einem Fuß auf den anderen, doch das Krabbeln will nicht aufhören.

Ganz leise beginnt er zu fiepen. Er fiept Stunde um Stunde. Neugierige Amseln hüpfen am Boden entlang. Jedes Mal, wenn er Flügel hört, wird Huschi der Dicke munter. Er reckt sich und zeigt sich. Er fiept lauter und noch kläglicher. Aber nie ist es Dora, nie Uscher.

Huschi die Vorletzte hat ein paar Purzelbäume geschlagen und rappelt sich hoch. Die Farnkräuter haben ihren Sturz aufgefangen. Huschi die Vorletzte flattert ein bisschen, versucht auch ein bisschen zu laufen. Immer wieder bohren sich ihre Krallen in den weichen Waldboden. Und immer wieder fiept sie mit durchdringender Stimme. Sucht denn keiner nach ihr?

Endlich ist der Wald aus Farnkraut zu Ende. Vor ihr beginnt ein Gebirge aus Wurzeln. Tapfer erklettert Huschi die Vorletzte eine Wurzel nach der anderen. Sie arbeitet sich durch bis zum Stamm des Baumes, dem die Wurzeln gehören. Sie muss hinauf. Dahin, wo die grüne Krone des Baumes beginnt. Dort oben ist ihr Zuhause, das Nest. Dort oben sind Dora und Uscher. Niemand hat es ihr gesagt, aber sie weiß es trotzdem. Ein Eichhorn wetzt an der Rinde auf und ab. Huschi die Vorletzte beobachtet es mit blinzelnden Augen. Dann tut sie es ihm nach. Sie ist Doras und Uschers klügstes Kind. Mit ihren acht nadelspitzen Krallen hakt sie sich an der Borke fest und nimmt auch den ebenso spitzen Schnabel zu Hilfe. Oft droht sie abzurutschen, dann kratzt und schabt sie wie wild. Bald wird sie zu Hause sein. Dann kann sie sich ausruhen. Endlich sind die ersten Zweige erreicht. Aber die Blätter sehen ganz und gar nicht aus wie das Grün der Kiefer.

Huschi der Vorletzten tut der Schnabel weh vom Festhalten am Stamm. Sie ruft und fiept. Dora soll kommen und sie zum Nest hin geleiten. Aber Dora meldet sich nicht.

Langsam fängt Huschi die Vorletzte an zu schwanken. Sie hat keine Kraft mehr. Flatternd saust sie dem Erdboden zu. Die ganze mühselige Kletterpartie war umsonst. Huschi die Vorletzte ist so betäubt, dass sie einschläft.

Huschi den Kleinen hat es am weitesten fortgeschleudert. Er wackelt in den Blumen herum, die auf der Waldlichtung wachsen. Plötzlich versinkt sein linker Fuß in einem Erdloch. Das Loch ist so tief, dass das ganze linke Bein nachrutscht.

Huschi der Kleine zieht hastig sein Bein heraus. Aus dem Loch krabbeln pelzige Flügeltiere. Sie brummen zornig, weil der Fuß von Huschi dem Kleinen in ihre Honigvorräte und in ihre Kinderstube getreten ist. Sie werfen sich vorm Eingang der Höhle auf den Rücken und zücken ihre Stacheln. Das wagst du nicht noch einmal!

Aber Huschi der Kleine merkt nicht, wie wütend die Hummeln auf ihn sind. Gerade bepudern ihm ein paar Blüten das Gesicht. Ein Stück weiter zerstrobeln ihm Rispen die Federchen. Überall kitzeln ihn Glöckchen und Blättchen und Körbchen. Die Sonne scheint ihm auf den Kopf. Und um seine empfindlichen Ohren burrt und zirpt es.

Unter den blauen Akeleien bleibt Huschi der Kleine hocken. Er kneift die Augen zusammen, streckt sich und ruft dringlich um Hilfe. Er ist Doras und Uschers jüngstes Kind. Sechs ganze Tage ist er nach Huschi dem Ersten aus dem Ei geschlüpft. Vier Tage nach Huschi dem Dicken. Und zwei Tage nach Huschi der Vorletzten. Er ist der Schwächste und Kleinste. Aber seine Hoffnung ist riesengroß und hält an bis zum Abend.

Lange bevor es richtig schummrig ist, fliegen Dora und Uscher los, ihre Kinder zu suchen. Sobald sie von der Buche herunter sind, verstummt auch das Alarmgeschrei der kleinen Vögel.

Huu-hu-huck! Uscher schwebt niedrig über dem Unterholz und ruft. Gwhujo! Immer wieder lockt Dora ihre verloren gegangenen Kinder. Gwhujo!

Huschi der Dicke wird als Erster gehört und gefunden. Er ist von dem Ameisenhaufen heruntergerutscht und hockt nun zwischen den Fingerhutstauden. Dora fliegt hinab und besänftigt ihn.

Uscher sucht die anderen. Da erspäht er die Mulde mit den jungen Hasen. Sie haben sich zusammengeduckt und warten auf die Hasenmutter. Die kommt erst zu ihnen, wenn es richtig dunkel ist. Mitten unter den Hasenkindern sitzt Huschi der Erste und schreit aus voller Kehle.

Die Rufe der Eltern haben ihn mutig gemacht.
Uscher fährt aus der Luft herab. Die Hasenkinder stieben vor Schreck auseinander. Huschi der Erste wird beruhigt. Bald werden die Eltern wiederkommen und Futter mitbringen, bald, bald.
Dora und Uscher suchen weiter. Zwei Kinder fehlen noch.
Ganz feucht vom Tau zappelt Huschi der Kleine Dora entgegen, als sie sich zu ihm niederlässt.
Uscher macht sich an die Arbeit. Er besorgt Essen und füttert ein Kind nach dem anderen. Huschi der Erste, Huschi der Dicke und Huschi der Kleine müssen die Nahrung so schlucken, wie Uscher sie ihnen bringt. Dora hat keine Zeit, ihnen Häppchen abzureißen. Als sie noch im Nest wohnten, bekam jedes Kind einen Bissen von jeder Beute. Jetzt vergeht eine lange Zeit, weil Uscher immer nur ein Kind auf einmal füttern kann.

Bild von
Reinhard Michl

Noch immer hat Dora keine Spur von Huschi der Vorletzten gefunden. Sie fliegt so tief es geht und stößt ihren Lockruf aus.
Huschi die Vorletzte, die vom Baum gefallen war, antwortet erst nach langer Zeit. Sie antwortet schrill und verzweifelt. Sie reckt sich im Springkraut. Fast sind es kleine Sprünge, die sie macht.
Nicht nur Dora hat das Fiepen gehört. Jemand schleicht sich durch das Springkraut an. Er bringt mit der buschigen Rute die Blätter zum Rascheln. Seine Augen funkeln grün.
Uäg-uäg-uäg! Mit wilden Wutschreien stößt Dora steil nach unten. Sie hat die Krallen in der Gebärde des Zupackens ausgestreckt. Falls der Fuchs es wagt und ihr Kind schnappt, wird er es bereuen.
Aber der ist schlau. Als er Doras glühende Augen über sich sieht, verzichtet er auf die Beute. Mit einem Satz taucht er ins Gebüsch. Sich auf einen Kampf mit Doras Fängen einzulassen – so dumm ist er nicht.
Dora kann zufrieden sein. Alle vier Kinder sind jetzt gefunden. Und alle vier sind sie heil und ganz. Dennoch weiß sie vor Sorge nicht aus noch ein. Wie leicht kann der Räuber wieder kommen! Vielleicht holt er sich gerade Huschi den Ersten oder Huschi den Dicken oder gar Huschi den Kleinen. Sie fiepen so laut und unbekümmert in die Nacht und Uscher ist unterwegs auf Futtersuche. Auch für Iltis und Marder oder für den Habicht sind Doras Kinder jetzt ein leichter Fang.
Dora kann sich nicht entschließen, Huschi die Vorletzte allein zu lassen. Sie ruft Uscher.
Uscher kommt. Er hat auch einen Happen dabei für das hungrige Kind. Aber er kann nicht bleiben.
Über den Wiesen, über den Maisfeldern und Rapsfeldern, über den Hafer- und Weizenschlägen jagt Uscher nach Mäusen. Dora fliegt reihum zu jedem Kind. Sie beruhigt und vertröstet.
Die Nacht ist schon zur Hälfte herum. In kaum zwei Stunden wird es hell. Vom ersten Sonnenstrahl an aber werden Dora und Uscher wieder den Schatten suchen müssen und die Kinder sich selbst überlassen. Wenn ihnen bis dahin kein rettender Einfall kommt.
Huschi die Vorletzte will nicht, dass Dora sie immer wieder allein lässt. Sie hat es satt, zwischen den klitschnassen Pflanzen zu warten. Sie

will ins Nest zurück. Irgendwo hoch oben im Geäst eines Baumes, das weiß sie, ist ihr Zuhause. Also wird sie es auch finden.

Als Dora die Flügel hebt, um nach ihren anderen Kindern zu sehen, hopst und flattert Huschi die Vorletzte hinter ihr her. Wieder beginnt sie am ersten Baum, den sie erreicht, emporzuklimmen. Sie hakt die Krallen in die Rinde. Sie fasst mit dem Schnabel nach, zieht sich ein Stückchen hoch. Sie flattert und hakt sich fest.

Als Dora das sieht, wird sie plötzlich sehr aufgeregt. Diesmal schaut sie nur kurz nach, ob die drei anderen Kinder noch wohlbehalten an ihrem Platz sind. Dann durchstreift sie mit lautlosem Flug das Stangenholz.

Auf einer Eiche erspäht Dora endlich etwas. Sie kreist ein paar Mal um die gewaltige Krone mit den Blattbüscheln und kundschaftet. Es ist ein großes Nest. Genau so eins, wie sie braucht. Ein Elsternnest ist es nicht, denn es fehlt das Dach, das sich die Elstern aus dornigen Reisern flechten. Vielleicht ein Krähenhorst oder ein Eichhörnchentobel. Aber die wichtigste Frage ist: Wohnt jemand darin?

Kurz entschlossen, denn schon verliert der Himmel über dem Wald seine Nachtfarbe, setzt sich Dora auf den fremden Nestrand. Sie ist reichlich zerzaust, die leere Wohnung. Wahrscheinlich hat in diesem Frühjahr überhaupt niemand darin genistet.

Dora lockt Uscher herbei. Es dauert ein wenig, denn er ist weit draußen über den Feldern gewesen. Gemeinsam begutachten sie das alte Krähennest. Die Kinder sind lebhaft. Das neue Heim wird allerhand aushalten müssen.

Dann sind sie sich einig. Eine bessere Möglichkeit bietet sich so schnell nicht. Ab jetzt sieht Uscher nach den Kindern. Dora hat anderes zu tun. Als Erstes bringt sie Huschi den Dicken dazu, ihr zu folgen. Er ist der Schwerste und Trägste von allen Geschwistern. Mit einem Bissen im Schnabel fliegt Dora niedrig vor Huschi dem Dicken her. Begierig auf sein Fleisch, mit lautem Fiepen, wuselt er der Mutter nach. Warum stellt sie sich auf einmal so an?

Am Wurzelgebirge der Eiche angelangt, stopft Dora die verdiente Belohnung in die Kehle von Huschi dem Dicken. Aber an Ausruhen darf er immer noch nicht denken. Dora klettert und hangelt ihm ein Stück vor. Huschi der Dicke stellt sich dumm. Aber die Mutter hat nun genug Lehrerin gespielt und verschwindet. Sie hat ja noch mehr Kinder. Als Dora Huschi den Ersten bis zur Eiche gelotst hat, hängt Huschi der Dicke schon einen Meter über dem Waldboden.

Huschi der Erste begreift viel schneller, was Dora von ihm verlangt. Mit dem Bruder auf den Fersen gibt Huschi der Dicke sich noch mehr Mühe. Es hilft doch sehr, wenn man ein bisschen flattert beim Klettern. Über den höchsten Waldwipfeln ist der Himmel bereits hellgrau wie das Gefieder der Ringeltauben.

Uscher lockt Huschi die Vorletzte hinter sich her. Sie hat den kürzesten Weg zur Eiche und das ist gut so. Denn Huschi die Vorletzte hat fast alle ihre Kräfte verbraucht. Auch beim zweiten falschen Baum ist sie beinah bis zur Krone hinaufgelangt. Doch Uscher, statt ihr den Weg durch die Äste und Zweige bis zum Nest zu zeigen, ist immer nur rufend am Boden entlang gestrichen. Da hatte Huschi die Vorletzte gar nichts mehr verstanden und sich einfach fallen lassen. Der zweite Plumps.

Sehr erschöpft und ohne Mut tapert sie hinter Uscher her durch das Blaubeerkraut. Der Schnabel tut ihr weh und ihre Krallen sind ganz zittrig. Selbst zum Fiepen ist sie zu matt. Nur den Kopf reckt Huschi die Vorletzte, damit sie Uscher ja nicht aus den Augen verliert.

Währenddessen müht sich Dora um ihren Kleinsten. Er ist gar so ungeschickt. Beständig gerät er ins Trudeln und kippt vor lauter Ungestüm auf die Seite. Er verfängt sich in Brombeerranken und verirrt sich im Farnkraut, das über ihm zusammenschlägt.

Dora hat ihre Ohren überall. Aber jetzt, gegen Morgen, sind nicht mehr so viele Nachtjäger unterwegs. Ein Glück, denn Huschi der Kleine fiept so laut, dass man es in einem Umkreis von fünf Meilen hören muss. Ein Kampf bis aufs Blut mit einem Iltis – das hätte Dora jetzt gerade noch gefehlt.

Als sie mit Huschi dem Kleinen im Schlepptau den neuen Nestbaum erreicht, sitzt Uscher oben im Blätterdach. Der sanfte Morgenwind lässt es wiegen und wogen wie ein grünes Meer.

Halblaut gibt Uscher die Richtung an: Hier ist es, hu-uck! Nur weiter, nur hierher! Denn Huschi der Dicke und Huschi der Erste sind fast am

Ziel. Bloß noch ein paar schwierige Äste sind zu überwinden. Vorsicht! Ein Ausrutscher und sie landen unten im Gras.
Huschi die Vorletzte plagt sich noch in der Mitte des Stammes. Sie ist ein gutes Beispiel für Huschi den Kleinen. Aber der fiept weinerlich und drängt sich an Dora. Er will nicht mehr. Dora ruft Uscher. Ratlos umflattern beide Eltern ihren Jüngsten.
Jetzt leuchtet es über den Wipfeln von Osten her rosa. Der Himmel schiebt das Ringeltaubengrau beiseite, als schlüpfe er aus einer alten Haut. Die Nachttiere begeben sich zur Ruhe. Die ersten Vogelstimmen flöten den Morgen ein. Immer mehr wachen auf und jeder Vogel singt ein anderes Lied.
Dann kommt die Sonne. Wie eine Welle rollt ihr Licht über den Wald. Dort, wo die Bäume nicht ganz so dicht stehen, schießen goldene Wasserfälle durchs Laub.
Auf den Spinnennetzen funkeln die Tautropfen. Und auf jedem Blatt, auch auf dem kleinsten, liegt ein Diamant. Dora und Uscher kneifen geblendet die Augen zusammen.
Huschi die Vorletzte hat endlich die Baumkrone erreicht. Torkelnd vor Müdigkeit hangelt sie sich von einem Ast zum nächsten. Beim neuen Zuhause warten Dora und Uscher und machen ihr mit leisen Rufen Mut. Huschi der Kleine hockt mitten in einem runden Fleck Sonnenlicht. Das behagt ihm gar nicht. Empört dreht er der Sonne den Rücken zu und sträubt den Schwanz zu einem Rad, um sie zu erschrecken. Probeweise kratzt er mit dem Schnabel an der Borke. Eichenstämme sind wie gemacht für Eulenkinder, die noch nicht fliegen können. Je älter die Eichen sind, umso aufgerissener ist ihre Borke. Wie bei einem Bauernbrot. Richtige kleine Straßen bilden sich, die ineinander laufen. Auf dieser lockeren Borke kann sich einer, der Krallen hat, wunderbar festhaken.
Huschi der Kleine jammert noch einmal so laut er kann. Aber niemand erbarmt sich seiner. Nur ein Zaunkönig beschwert sich über den Fremdling im distelflaumgrauen Kleid. In seinen Augen ist Huschi der Kleine ein Ungetüm und hat hier nichts zu suchen. Huschi den Kleinen stört es nicht, von so einem Winzling wie dem Zaunkönig herun-

tergeputzt zu werden. Seine Verlassenheit ist so groß, dass für kein anderes Gefühl mehr Platz ist.
Einen oder zwei Schrittchen den Stamm hinauf kann er ja mal wagen. Jetzt den Schnabel zu Hilfe nehmen. Flattern, Gleichgewicht halten und gleich noch zwei Schritte. Jetzt wieder mit dem Schnabel hochziehen und dabei flattern, das gibt Halt unter den Flügeln.
Kratzend und schabend arbeitet Huschi der Kleine sich aufwärts. Er will dahin, wo die anderen sind, die ihn alle im Stich gelassen haben. Über ihm wölbt sich das riesige Laubhaus der Eiche. Wo wohnen die Eltern? Äste gehen vom Stamm aus und von den Ästen wiederum Zweige, alle sind bebüschelt und verdecken Huschi dem Kleinen die Sicht.
Als sein schriller Ruf an Doras Ohr gelangt, erkennt Dora, dass auch ihr Jüngster es geschafft hat. Sofort verlässt sie ihren Platz dicht am Stamm.
Von beiden Eltern geleitet, erreicht endlich auch Huschi der Kleine das neue Zuhause. Er wurstelt sich über den Nestrand zu den Geschwistern hinein. Er ist zu erledigt, um Hunger zu haben.
Huschi der Erste, Huschi der Dicke und Huschi die Vorletzte schlafen längst. Doras und Uschers Glück aber hat die Gestalt einer hundertjährigen Eiche. Die hält in ihrer grünen Hand ein altes Krähennest mit den allerschönsten, klügsten und mutigsten Kindern der Welt.

Peter Jepsen

Weihnachtswunsch für Schiffe und Lokomotiven

einen roten Schornstein

und für mein Ruderboot
auch

W. Rudelius

Karlhans Frank

Wunder in allen Dingen

Kind im Manne,
Frosch in der Kanne,
Krokodil in der Wanne,
Katze im Haus,
Käse in der Maus,
Au in der Laus,
Liebespaar im Baum,
Küken im Flaum,
Wolkenbruch im Traum,
Popel im Tuch,
Geschichten im Buch,
Böses im Fluch,
Gutes im Töpfchen,
Schlechtes im Kröpfchen,
die ganze Welt im Köpfchen,
Floh im Ohr,
Knabe im Moor,
Rosen im Kanonenrohr …

Rosita Davidson

Fragen einer Ananas

Eine goldgelbe Ananas
fragte sich einst:
Ei-die-was!
Was soll denn das?
Wieso bin ich eine Ananas?
Wieso bin ich kein Haus,
kein Pfirsich, keine Maus?
Wieso bin ich nicht blau,
wieso heiß ich nicht Frau,
wieso nicht Auto oder Hund,
wieso bin ich gelb, wieso nicht bunt?
Wieso wachse ich und werde gegessen,
woher komm ich, wer bin ich,
hab ich alles vergessen?
Wer Antworten weiß
auf all meine Fragen,
der soll sie doch
gefälligst sagen!

Salah Naoura

»Hoffnung ist das Ding mit Federn«

Die Dichterin Emily Dickinson

Nach dem Tod von Emily Dickinson im Jahre 1886 entdeckte ihre Schwester in einer kleinen, verschlossenen Truhe einen Schatz: unzählige Zettel, Schnipsel und gefaltete, zusammengeschnürte Blätter, die übersät waren mit Gedichten. Niemand wusste, dass Emily fast ihr ganzes Leben lang ununterbrochen geschrieben hatte – 1775 Gedichte waren es insgesamt!

Die wenigen Menschen, denen sie einige ihrer Verse schickte, fanden ihre Art zu dichten merkwürdig und man versuchte sie zu verbessern: Die Reime waren nicht immer perfekt, ihre Sätze brachen oft ab und sie machte viel zu viele Gedankenstriche, sagte man. Aber Emily wollte keine perfekten Verse schreiben, sondern ihr kam es mehr auf die Gedanken an – deswegen hat sie ihre Poesie fast niemandem gezeigt.

Geboren wurde Emily Dickinson 1830 in der kleinen Stadt Amherst im amerikanischen Bundesstaat Massachusetts. Sie hat ihr Geburtshaus nie für lange verlassen und fast ihr ganzes Leben dort verbracht. In Amherst nannten die Leute sie die »Einsiedlerkönigin«, denn je älter Emily wurde, desto mehr zog sie sich in sich zurück. Ab ihrem dreißigsten Lebensjahr bekam sie fast niemand mehr zu sehen, denn Emily blieb immer zu Hause. Zum Spazierengehen reichte ihr der Garten und sie fand es völlig überflüssig auszugehen oder zu verreisen, denn in ihrer Phantasie konnte sie überall sein:

Ich sah noch nie das Meer –
Ich sah noch nie ein Moor –
Und stelle doch mir Heidekraut
Und eine Welle vor.

Ich sprach noch nie mit Gott
Im Himmel – war nie dort –
Und weiß doch sicher wie ein Kartograph
Um diesen fernen Ort –

Edward Dickinson, Emilys Vater, war ein sehr religiöser Mensch und las der Familie jeden Morgen und jeden Abend aus der Bibel vor. Auch Emily glaubte an Gott, aber sie machte sich lieber ihre eigenen Gedanken und ging nicht gerne in die Kirche – für sie war Gott überall in der Natur, nicht in einem dunklen Gebäude. Vater Edward war ein angesehener Anwalt und Politiker, ein ernster Mann, der es zu etwas gebracht hatte. Er sah es nicht gerne, wenn Emily ihre Zeit mit Lesen »verschwendete«. Sie schreibt über ihn: »Es gibt bei uns

jetzt nicht viel zu lachen, es ist ziemlich alles nüchterner Ernst und wir lesen kaum Gedichte, da Vater beschlossen hat, dass so ziemlich alles das *wirkliche Leben* ist. Zwischen Vaters wirklichem Leben und *meinem* kommt es manchmal zu Zusammenstößen …«
Emily fand nur wichtig, was ein Mensch denkt. Sie wollte nichts Besonderes sein und es war ihr egal, was jemand nach außen hin darstellte, wie er aussah oder hieß:

Ich bin Niemand! Und wer bist du?
Ebenfalls – Niemand? Gehörst du dazu?
Dann sind wir ja schon zwei!
Nur nichts verraten, sonst ist es vorbei!

Wie öde, wenn man – Jemand – ist!
Wie laut – tagaus, tagein –
Um Beifall wie ein Frosch im Sumpf
Den Namen auszuschreien!

Emily Dickinson

Über Emilys Mutter (sie hieß ebenfalls Emily) ist fast gar nichts bekannt, aber offenbar haben die beiden sich nicht so gut verstanden, denn Emily schreibt: »Ich hatte nie eine Mutter. Ich nehme an, eine Mutter ist jemand, zu dem man läuft, wenn man in Not ist.«

Als Kind war Emily witzig und übermütig, aber später wurde sie immer schüchterner. Weder sie noch ihre Schwester Vinnie haben je geheiratet – nachdem die Eltern gestorben waren, lebten sie weiter zusammen in ihrem alten Haus und gleich nebenan wohnten ihr Bruder Austin und seine Frau. Emily kümmerte sich um den Garten, las viel und hing ihren Gedanken nach. »Wie können die meisten Menschen ohne irgendwelche Gedanken leben? … Woher nehmen sie die Kraft, am Morgen ihre Kleider anzuziehen?«, schreibt sie. Unbegrenzte Zeit für ihre Gedanken und Träume zu haben – das bedeutet für Emily »Freiheit«.

Könnte ich mal hier mal da
Wie eine Biene sein
Und besuchen, wen ich mag
Und wäre sonst allein

Und flirten mit den Blumen
Und heiraten nach Lust
Und überall ein bisschen sein,
Wo ich nicht bleiben muss

In ihren Gedanken hat Emily Dickinson alles, was sie umgab, immer wieder neu betrachtet. Wie ein Maler, der seine Farben mischt, konnte sie Dinge verknüpfen, die in Wirklichkeit nichts miteinander zu tun haben, und ihnen dadurch einen neuen Sinn geben – die Hoffnung zum Beispiel beschreibt sie als einen kleinen, tröstenden Vogel in der Seele des Menschen:

»Hoffnung« ist das Ding mit Federn –
Das in der Seele summt –
Und ohne Worte Lieder singt –
Und niemals ganz – verstummt –

Und Stürme leise übertönt –
Und nicht so leicht erschrickt –
Ein kleiner Vogel, der versöhnt
Und dir Wärme schickt –

Ich hörte ihn im Land aus Eis –
Durch Meere schwommen wir –
Doch nahm in größter Not dies Tier
Kein Krümchen je von – mir.

Dass Emily auch witzig sein konnte, sieht man im folgenden Gedicht, dem Brief einer Fliege an ihre Freundin:

Biene! Ich erwarte dich!
Gestern traf ich wen,
Den du auch kennst, sagte ihm,
Dich zu seh'n wär schön.

Die Frösche kamen letzte Woche
Alle gut nach Haus.
Die meisten Vögel sind zurück,
Der Klee sieht saftig aus.

Ich hoffe, dass ich richtig liege
Und von dir bald Antwort kriege.
Noch besser: Komm doch her!
Alles Liebe,
Deine Fliege

Je mehr Emily für sich blieb, desto neugieriger wurden die Leute in Amherst. Manche kamen mit kleinen Geschenken zu Besuch, um einen Blick von ihr zu erhaschen. Aber dann öffnete Vinnie die Tür und Emily blieb oben in ihrem Zimmer. Fremde interessierten sie nicht. Aber sie schrieb sehr viele Briefe an Freunde. »Ein Brief ist unser Erdenglück …«, hat sie gesagt. Und immer wählte sie ihre Worte sehr genau, denn für sie war jedes Wort etwas Besonderes:

Sprich ein Wort,
Und es ist fort.
Sagt man.
Ich sag: Ein Wort
Wird erst
Lebendig dann.

Und über das Lesen dichtete sie:

Kein Schiff trägt uns gleich einem Buch
Ins Land der Phantasie.
Kein Pferd springt leichter als Papier
Mit zarter Poesie.
Die kostenlose Reise bleibt
Selbst Ärmsten nicht verwehrt.
Wie einfach doch der Wagen ist,
In dem die Seele fährt.

Warum Emily Dickinson lieber für sich allein geblieben ist, weiß niemand genau. Aber für sie lag der Sinn des Lebens schon in den ganz kleinen, unscheinbaren und alltäglichen Dingen, mit denen sie sich immer wieder neu beschäftigte. »Es ist so erstaunlich, dass man lebt – für etwas anderes bleibt kaum noch Zeit«, hat sie gesagt. Zu denken und zu dichten war für sie ein Abenteuer mit unzähligen Möglichkeiten. Gedanken waren ihre Freiheit und die Phantasie war ihr Zuhause.

Nachdichtungen von Salah Naoura

Catrin Steffen

Straßenbilder

Catrin Steffen

Mein erstes Straßenbild malte ich für das Cover einer Schallplatte, das war in einer wenig belebten Seitenstraße in Berlin Moabit. Sieben Stunden hockte und kniete ich auf dem Bürgersteig. Am Abend hatte ich ein kreideverschmiertes Gesicht, rote Backen von der Sonne und – am nächsten Tag – einen Riesenmuskelkater von der ungewohnten Haltung. Ich hatte etwas vom Lebensrhythmus der Straße mitbekommen, war zweimal beschimpft worden (wegen der Schmiererei, die sei nämlich verboten!) und hatte die neunjährige Paula mit den hellen Zöpfen und der dunklen Stimme kennengelernt. Zwei alte Frauen, die mir vom Balkon beim Malen zusehen konnten, hatten mir eine Cola und zwei Mark geschenkt. An diesem Tag erwachte meine Begeisterung für das Straßenmalen ...

Auf der Straße zu malen ist spannend, denn man ist ungeschützt (ohne die Schutzhaut einer Werkstatt oder eines Arbeitszimmers). Die Straße gehört allen, jeder kann stehenbleiben, zuschauen, seine Meinung äußern. Manchmal muß ich Fragen beantworten wie: Was soll das denn werden? Warum machen Sie das? Wofür die Mühe, wenn es doch wieder zerstört wird? Es kommen auch Menschen vorbei, die sich sonst nicht mit Kunst beschäftigen, in keine Galerie gehen. Manche bleiben neugierig stehen, beginnen ein Gespräch, andere laufen achtlos oder kopfschüttelnd über das Bild hinweg.

Oft gibt die Umgebung selbst den Anstoß für ein Bild. Mal ist es die Schönheit eines Ortes, die inspiriert, mal seine Häßlichkeit,

Straßenbild »Die Frau und der Drachen«

die nach Poesie verlangt. (Auf den Betonboden einer leerstehenden Fabrik zum Beispiel habe ich eine Zirkusreiterin gemalt.) Auch das Straßenpflaster selbst spielt eine Rolle. Sind die Platten rauh oder glatt (auf glattem Stein verbraucht man weniger Kreide), oder bietet vielleicht der Weg etwas Besonderes, ein Muster, einen Riß, eine Fuge, aus der sich Gras drängt?
Ein Straßenbild beginnt zu leben und wandelt sich fortwährend. Zum Beispiel, wenn das Licht wandert, das Bild plötzlich vom Schatten eines Baumes gestreift wird. Wenn sich die Farben im Wandel des Lichts ändern. Radfahrer Spuren hinterlassen. Sich eine Katze darauf niederläßt. Oder im Herbst goldleuchtende

»Alligatoren in der Kanalisation«

Das schlafende nackte Mädchen malte Catrin Steffen an einem warmen Märztag. Am Abend schneite es, der Schnee schmolz auf den angewärmten Steinen zu Wasser, das in der Nacht gefror. Am Morgen lag das Mädchen unter der dünnen spiegelnden Eisdecke.

Blätter zu Boden segeln und sich auf das Bild ein schwer zu beschreibender Zauber legt.

Wenn ich die Kreide aus der Hand lege und meine Malsachen zusammenräume, ist das auch ein Abschied. So wie in diesem Augenblick werde ich das Bild nie wieder sehen. Das Bild vergeht, wird abgetreten von kleinen und großen Füßen, fortgeweht vom Wind, abgewaschen vom Regen, manchmal auch von einem übereifrigen Hausmeister weggefegt. Auf dem Untergrund verwitterter Bilder kann man neue wachsen lassen, die Formen und Figuren des alten Bildes benutzen, umdeuten, ergänzen. Solche Bilder sind besonders lebendig und geheimnisvoll.

Cordula Tollmien

Die Welt begreifen

Ich laufe meistens mit ausgebreiteten Armen durch die Welt.
Als Kind bin ich immer geschimpft worden deshalb. »Das macht man nicht«, haben die Erwachsenen gesagt. »Lass das!«
Und meine Mutter wollte deshalb nie mit mir auf die Straße gehen. Oder nur, wenn ich die Hände in den Hosentaschen lasse oder auf den Rücken nehme.
Aber wenn ich die Arme nicht ausbreite, wie soll ich dann wissen, wie sich alles anfühlt?
»Du machst alles kaputt mit deiner Betatscherei!«, sagen die Erwachsenen.
Das stimmt nicht. Ich mache nie nie etwas kaputt. Oder nur ganz selten. Ich bin immer sehr vorsichtig beim Anfassen. Vor allem bei den Blumen. Die soll man nur ansehen oder höchstens an ihnen riechen, sagen die Erwachsenen. Viele Blumen riechen aber gar nicht mehr. Doch sie fühlen sich gut an, samtig oder glatt. Manche auch haarig oder schuppig. Ich kann sie daran erkennen.
Auch die Steine und Mauern. Die können rau sein oder rissig, warm oder kalt. Manchmal sind sie auch nass. Ich mag nasse Steine. Manche bröckeln, manche sind steinhart und aus manchen lässt sich Feuer schlagen. Die findet man aber nur am Strand. Nicht auf der Straße.
Und dann erst die Menschen. Das fand meine Mutter immer am schlimmsten, dass ich auch Menschen anfasse. Menschen sind genau wie Sterne oder Blumen. Manche fühlen sich warm an, andere kalt, manche rau, manche rissig, manche glatt, manche stumpf, manche lassen sich gar nicht anfassen. Und andere will man am liebsten gar nicht wieder loslassen. Deshalb laufe ich meistens mit ausgebreiteten Armen durch die Welt. Immer noch.

V. Ballhaus

Ingrid Noll
Unsichtbar

An einem 29. Februar – einem ziemlich seltenen Tag – wurde Lisa geboren. Zu ihrem vierten Geburtstag, so versprach die Patin (eine Fee, ob gut oder böse bleibt offen), habe das Kind einen Wunsch frei. An besagtem Geburtstag kam Lisa in ein Alter, in dem man sich weder Dreirad noch Luftballons wünscht – sie wurde sechzehn.

Die Eltern hatten jahrelang Zeit, ihre Tochter so zu erziehen, dass sie am Ende keine unsoliden Wünsche äußern würde. Ab Lisas fünfzehntem Lebensjahr begannen sie damit, ihr Kind vorsichtig auf den großen Tag vorzubereiten. Der Vater sprach mitunter sehr begeistert von einem Häuschen im Grünen und ließ durchblicken, dass eine gute Tochter familiengerecht entscheiden müsse und Lisa ihre letzten Teenagerjahre dann auch in einem besonders schönen Zimmer verbringen könne. Das eigene Haus war nicht der größte Wunsch der Mutter, eher eine Kreuzfahrt; auch sie meinte, dass alle Familienmitglieder am Wünschen teilhaben sollten, die Reise bliebe dann eine gemeinsame Erinnerung fürs ganze Leben.

Auch Lisa kannte die Lehre aus den Wünsch-dir-was-Märchen: Wie viele ihrer Vorgänger hatten bereits hemmungslos fehlgewünscht, hatten Bratwurst statt der ewigen Seligkeit gewählt! Andererseits lag die ewige Seligkeit in so weiter Ferne, dass ihr im Augenblick Haus oder Weltreise immer noch attraktiver erschienen.

Aber sollte sie sich von den Eltern manipulieren lassen? Schließlich ging es um sie selbst und nicht um die Familie. Lisa geriet so ins Grübeln, dass sie in der Schule ziemlich absackte.

Drei Tage vor dem bewussten Geburtstag litt Lisa unter Schlaflosigkeit, die Eltern und Geschwister wurden von Durchfall und Herzjagen geplagt. Lisa überlegte ein wenig, ob sie sich nicht lebenslange Gesundheit wünschen sollte, aber andererseits war das ein verschenkter Wunsch. Bisher war sie immer gesund gewesen, ohne den ganzen Stress würde sie auch wieder gut schlafen. Schönheit? Klugheit? Sie war weder hässlich noch dumm.

Spaß soll es machen, sagte sie schließlich. Als die gute Fee vor ihr erschien, wünschte sich Lisa, dass sie sich unsichtbar machen könnte.
Am nächsten Tag war Rosenmontag und schulfrei. Lisa lief nicht hinter dem Karnevalszug her wie alle anderen, sondern ging ganz allein in den Wald. Kein Tier würde vor ihr fliehen, wenn sie unsichtbar war. Und tatsächlich – alle Schwere fiel von ihr ab, sie war nur noch ein Windhauch, ein Gedanke. In jeder beliebigen Geschwindigkeit glitt sie durch die Gipfel der Bäume, über Bäche, durch Höhlen und Bergwände. In Ruhe konnte sie verweilen und Tiere beobachten, es war wie im Zoo. Nur anfassen und streicheln, das ging leider nicht. Zum Mittagessen war Lisa wieder am gemeinsamen Tisch zu sehen, sie verriet aber nicht, was sie sich gewünscht und was sie erlebt hatte.
»Ihr werdet schon sehen«, sagte sie – »oder auch nicht«, fügte sie in Gedanken hinzu.
Nachmittags besuchte die unsichtbare Lisa ihre Freundinnen und guckte sich gründlich bei ihnen um, ja – sie las leider auch ein wenig in fremden Tagebüchern und Briefen. Allerdings war das nicht nur witzig und spannend, sondern teilweise auch ärgerlich. Nicht immer schrieb und sprach man nett über sie. Andererseits war es hochinteressant, den anderen Familien in Kochtöpfe und Badewannen zu schauen. Aber als der Vater ihrer besten Freundin über Lisas Papa schimpfte, wurde die Sache unangenehm.
In der nächsten Mathestunde wurde Lisa von einem taktlosen Pauker aus ihren Träumen gerissen und war plötzlich verschwunden. »War sie nicht gerade eben noch hier?«, murmelte der Lehrer und schrieb ungerührt eine Fünf in sein rotes Büchlein. Und so ähnlich erging es Lisa jetzt häufig beim Unterricht. Voller Wut schwebte Lisa wie ein Sonnenstäubchen bei der nächsten Zeugniskonferenz ins Lehrerzimmer. Es gefiel ihr aber überhaupt nicht, was sie jetzt zu hören bekam: unaufmerksam, faul, schwänzt und so weiter. Lisa hätte gern einiges richtig gestellt, aber leider ging das nicht.
Immer weniger hatte Lisa Lust auf die langweilige Schule. Es gab Besseres. Ohne dabei gesehen zu werden, nahm sie die Welt der Erwachsenen unter die Lupe. Im Krankenhaus erlebte sie, wie Menschen ge-

boren wurden und starben, im Park, wie sich die Pärchen liebten. In der Sparkasse war sie bei einem Überfall dabei; zu ihrer Schande sei gesagt, dass sie den Räubern sogar ein wenig half. Sie konnte zugucken, wenn ihre Lieblingsschauspieler und -sänger frühstückten. Sie trieb sich im Gefängnis und im Bundestag herum, sie beobachtete Arme und Reiche in allen Lebenslagen.

Lisa wurde ernster. Das Lachen ihrer Freundinnen kam ihr albern vor, Schule und Mitschüler ödeten sie an. Die Eltern mit ihren gut gemeinten Ermahnungen nervten. So ein Doppelleben war anstrengend, doch es war Lisa nicht mehr möglich, auch nur einen Tag darauf zu verzichten.

Plötzlich beschloss Lisa, Elternhaus, Familie und Schule zu verlassen und für immer unsichtbar zu bleiben. Anständigerweise schrieb sie einen kleinen Brief an die Eltern, sie gehe ins Ausland und man solle sie in guter Erinnerung behalten.

Lisa tauchte eine Weile in fernen heißen Ländern unter, hörte fremde Sprachen und konnte doch nicht gehört werden, sah Glück und Elend dunkelhäutiger Menschen und konnte selbst nicht gesehen werden. Sie entdeckte neue Gerichte, Gerüche, Farben und Laute und konnte doch nicht fühlen, tasten, riechen und schmecken.

Ihre Eltern hatten alles unternommen, um ihre Tochter wieder zu finden – aber einer Unsichtbaren kommt auch der findigste Polizist nicht auf die Spur. Anfangs dachte Lisa nur selten an zu Hause. Hatte sie sich in einem Land genug umgetan, kam das nächste an die Reihe. Nach einiger Zeit war Lisa übersättigt und gelangweilt, fühlte sich innerlich wie tot. Waren Unsichtbare nicht fast wie Tote? Manchmal sah sie Menschen, die sich umarmten und küssten und verspürte einen stechenden Schmerz, weil sie von aller Liebe ausgeschlossen war. Wenn Lisa das warme blaue Meer und badende Kinder sah, dann hätte sie gern geweint vor Sehnsucht. Aber sie konnte weder weinen noch lachen wie ihre Altersgenossen. Sie konnte mit den fremden Menschen kein Fest feiern, nicht in frisches Brot beißen, tanzen, singen, Ananassaft trinken, den Wind in den Haaren spüren, den Regen auf der Haut. Sie konnte noch nicht einmal schlafen und im Traum alles vergessen.

Und plötzlich – in einem fernen Land mitten im Menschengewühl – wünschte sich Lisa mit aller Kraft ihre Sichtbarkeit zurück, nur um heulen zu können. Der Wunsch ging sofort in Erfüllung.
Aber immer noch schien sie keiner zu beachten, als sie schluchzend am Straßenrand kauerte. Endlich kam ein alter Mann und hielt ihre Hand. Lisa erzählte, wie sehr sie anfangs die Unsichtbarkeit ausgekostet habe und wie ihr das Geschenk der Fee nun zum Fluch geworden sei. Immer häufiger musste sie vor den Schwierigkeiten des Lebens weglaufen und immer tiefer wurde ihre Abhängigkeit, sich durch Flucht in die Unsichtbarkeit zu befreien. Unter Tränen bekannte Lisa, dass sie seit einem Jahr von keinem Lebewesen mehr gesehen worden sei.
Der alte Mann, der alle Sprachen verstand, verwandelte sich in die Fee. »Die Einsamkeit im Reich der Unsichtbaren ist nur kurze Zeit schön, dann ist sie schwer zu ertragen. Wenn du dir ein erfülltes Leben wünschst, musst du zu den Menschen zurückkommen und wie alle anderen leben und arbeiten. Du wirst Glück und Leid erfahren, aber so traurig wie jetzt wirst du nie wieder sein.«
Dann verschwand die Fee (oder der Mann). Lisa fühlte sich plötzlich frei und heiter. Sie lächelte in die Menschenmenge hinein und man lächelte zurück. Übrigens musste Lisa eine Klasse wiederholen, als sie wieder zu Hause war. Aber das war in Ordnung.

V. Ballhaus

Bernd Lunghard
Ewiges Rätsel

Was war zuerst da – Ei oder Henne?
Ich fragte mein Huhn und Professor Ordenne.
Mein Hühnchen sagte dreimal Dock dag;
der Professor erklärte den halben Tag.
Doch weiß ich bis heut nicht, was früher vorhanden –
ich habe beide nicht verstanden …

Anja Tuckermann
Sonnenuntergänge

Immer wieder frage ich mich, wie es eigentlich kommt, dass es überhaupt so ein Wort gibt wie verliebt. Vor allem mit *ver*, so wie vertan, verirrt, verwirrt, verlaufen, verloren? Wenn ich verloren bin, woher weiß ich, dass ich verliebt bin? Auf jeden Fall weiß ich: Wenn ich verliebt bin, bin ich verloren. So wie jetzt mit Daniel. Meine Freundin sagt, Theo liebt dich so, warum nimmst du nicht den. Aber das hilft mir auch nicht weiter bei Daniel, in den ich mich verwirrt habe. Theo sitzt im Mathekurs hinter mir und ich spüre die ganze Stunde über seinen Blick in meinem Nacken. Ich stelle mir vor, wie er schmachtet, mit Augen wie ein verwundetes Reh, weil er … tja, er will am liebsten meine Hand halten, in der Pause auf meinem Schoß sitzen, mich nachmittags treffen, wahrscheinlich in seinem Zimmer sitzen zum Schularbeiten machen und mich stattdessen küssen, was man eben so tut. Oder ins Kino, auf den Rummel, auf jeden Fall, alle sollen wissen, dass wir zusammen sind. Will er. Aber ich nicht. Vielleicht fühlt sich das Verliebtsein bei den anderen gar nicht so anders an als bei mir. Eigentlich ist Theo hübsch. Wieso gibt es extra so ein Wort wie Liebe? Magenschmerzen sind Magenschmerzen, Schweißhände sind Schweißhände, und wenn ich auf einen Anruf warte, warte ich. Und die Qual beim Warten ist und bleibt eine Qual, egal ob man sie Liebe nennt oder nicht. Wieso soll Liebe heißen, was Schweißhände sind. Die bekomme ich nicht aus Liebe, sondern aus Angst, dass Daniel nicht anruft. Oder dass er mich nicht will. Manchmal klingelt das Telefon und Theo ist dran. Er sagt: bitte und wann, und ich sage: gar nicht. Dann habe ich Mitleid, er wartet schon so lange auf mich, nett ist er, hübsch ist er, aber er ist es eben nicht. Und ich sage: vielleicht. Dann legt er auf, ich wähle Daniels Nummer und drücke auf die Gabel, bevor es bei ihm klingelt. Wenn er nun auch nur auf diese Weise vielleicht sagt. Schon steht meine Mutter vor mir: Nächstens kannst du mal die Telefonrechnung von deinem Taschengeld bezahlen. Wunderbar, meine Mutter fehlt mir gerade noch. Aber sie verschwindet gleich wieder aus dem Zimmer.

Ist es so, wenn Angst dabei ist, heißt es Liebe?
Früher in der Schule gab es einen Jungen, den musste ich immer angucken. Und was er sagte, fand ich immer gut. Oder lustig. Auch wenn es überhaupt nicht gut oder lustig war. Da kommt verirrt und verliebt zusammen. Merkwürdig, dachte ich, warum guckst du ihn immer an? Weil er so schön ist. Jungen werden ganz und gar verlegen, wenn ein Mädchen sagt: Du bist schön. Als dürften nur Jungen das zu Mädchen sagen. Und nur Mädchen schön sein. Der Junge damals war schön. Ich weiß heute noch genau seine Lippen, den Farbton seiner Haut und den aufgeweichten Daumen, weil er im Unterricht immer daran lutschte. Und dann kam: der Junge sollte mich auch angucken. Aber er tat es nicht. Da fing die Angst an. Bin ich nicht schön genug? Habe ich eben etwas Blödes gesagt? Und vor lauter Angst bemerkte ich gar nicht, das er immer versuchte, in meiner Nähe zu sein. Ich saß zu Hause über meinen Schularbeiten und dachte, was tue ich bloß, wenn er mich nicht mag? Und dachte, was ist bloß mit mir los? Und dachte, wenn das nie vorbeigeht. Ist so verliebt sein? Bin ich etwa verliebt? Ich klappte mein Englischheft zu und dachte: Jetzt bin ich zum ersten Mal verliebt. Aha, so ist das also. Eine Fanfare in meinem Kopf: Tatatataaa! Ich war das erste Mal verliebt. Aber jetzt wurde alles nur noch schlimmer und kein bisschen zum Genießen. Der Junge sollte mich sehen, sollte mit mir spielen, denn damals spielten wir in den Pausen noch Räuber und Polizist, er sollte mit mir sprechen. Und immer, wenn er es nicht tat, dachte ich, er liebt mich nicht, alles in mir schmerzte und mir war zum Heulen zumute. War er mal nicht in der Schule, war der ganze Tag verdorben. So ein Scheißtag, steht dann in meinem Tagebuch. Nichts machte mir dann mehr Spaß, alles, zum Beispiel unter dem Tisch *Bravo* lesen, war blöd, obwohl ich es immer gern getan hatte, bevor ich verliebt war. Dabei wusste der Junge gar nichts von meiner Liebe, denn vor lauter Angst hatte ich es ihm nicht gesagt. Ich wusste ja nicht, wie man das macht. Sollte ich etwa in der Schule zu ihm gehen und sagen: Ich bin in dich verliebt, verknallt, ich liebe dich? Vorher, bevor ich wusste, dass mein Gefühl Liebe heißt, konnte ich einfach hin und fragen: Kann ich deine Englischhausaufgaben abschreiben? Und er sagte ja, dann stand

ich in der Pause an seinem Tisch und schrieb die zehn Sätze schnell in mein Heft. Es war schön, die Hausaufgaben mit ihm zu teilen, neben ihm zu stehen und in der Pause mit ihm zu spielen. Damit war es nun vorbei. Ich brachte kein Wort mehr raus. Und wusste nicht mehr, was ich gern tat. Und mochte nun am liebsten, was er mochte. Ich mochte an ihm alles. Ich kam gar nicht darauf, dass er mich auch so mögen könnte wie ich war. Und findet er mich hübsch?

Heute denke ich, so ein Mist. Jeder zweite Junge versucht ein Mädchen rumzukriegen mit: Du bist so unheimlich schön. Hat dir schon mal jemand gesagt, wie schön du bist? Dann soll ich mich freuen. Und das Blöde ist: Ich freue mich. Mit der Liebe kann man sich ziemlich verlaufen. Als ich den Jungen schließlich irgendwann im Unterricht auf einer Zettelpost fragte, ob ich neben ihm sitzen dürfe und er ja ankreuzte und wir dann miteinander gingen, wusste ich gar nicht mehr, was ich gern tun würde. Und er fragte: Wollen wir was unternehmen, sagte ich: Ja. Er fragte: Was denn? Und ich sagte: Was du willst. Und wenn ihm nichts einfiel, machten wir nichts. Ein Jahr später ging er dann mit meiner Freundin und ich musste mir überlegen, was ich mit meiner Zeit anfange. Und mit den vielen leeren Seiten in meinem Tagebuch. Und ohne Freundin.

Kannst du dir das vorstellen, wenn ich verliebt bin, und irgendwas stimmt nicht, dann ist mir alles andere egal. Da können auf der Welt 95 Kriege sein und die Menschen sich massakrieren, da können sonstwo Bomben hochgehen, ob ich in Englisch eine Fünf auf dem Zeugnis kriege, wenn das Haus über mir zusammenbricht, nichts tut mir so sehr weh, als wenn ich jemanden liebe und glaube, er mich nicht. Noch schlimmer ist: er mich nicht mehr. Das sind solche Schmerzen, da werde ich krank von.

Ich glaube, ich habe mich bei Daniel vertan und verrannt. Nämlich so: Ich möchte mit jemandem zusammengehören. So sehr, dass ich stundenlang am Fenster saß und in die untergehende Sonne starrte. Ich brauchte viel größere Mengen Sonnenuntergänge als so ein Sommer hat. Meine Geschwister, meine Mutter sagen: Die ist verliebt, so wie die immer in die Sonne starrt. Wie heißt er denn? Wann kommt er denn?

Das hätte ich auch gern mal gewusst.
Mit meiner Freundin gehe ich lieber in die Eisdiele als in die Schule. Da sitzen wir und besprechen die Liebe. Und Daniel. Sie hat einen Freund, der küsst sie schon.
Ich streiche über meine Arme. Aber es ist doch immer meine Hand, die ich spüre, eigenhändig auf meiner Haut. Abends liege ich im Bett und kann nicht schlafen, weil ich so gern gestreichelt werden würde. Könnte ich ein Kind sein – da wird man satt, da streichelte mich meine Mutter. Und dann dachte ich: Theo. Mensch, eigentlich ist er nett. Den könntest du lieben. Und hab mich vernarrt in ihn. Weil ich einen Freund haben wollte. Das war ein Trick von meinem Kopf, der mir meldete: Den kannst du doch kriegen, warum nimmst du ihn nicht. Wir gingen auf den Rummel, küssten uns auf dem Riesenrad, ließen uns im Jaguar aneinanderquetschen, aber ich konnte einfach nicht ja sagen. Ich träume von Daniel. Ich warte auf Daniel. Ich erwarte Daniel. Wenn es mal so weit kommt, dass ich ihn berühren darf, küsse ich ihn am Hals. Falls es zu lange dauert, kann ich ihn an seinem Geburtstag umarmen. Aber wenn er mich nicht einlädt. Dann ist mit mir alles aus, dann gehe ich aus. Ich stelle mir mein Gesicht in seiner Hand vor. Ich stelle mir immerzu seine Hände an mir vor. Alles habe ich mir schon vorgestellt. Wie er anruft, du, ich muss dir was sagen. Wann können wir uns sehen? Wie wir uns verabreden auf dem U-Bahnhof und auf dem Weg zum Park nimmt er wie zufällig meine Hand. Dann murmelt er, wie er immer an mich denken musste. Ja, ich auch an dich und so weiter.
Sowas sehe ich vor mir, wenn ich abends im Bett liege und an die Decke starre und meine Stimme in mir Daniel stammelt. Meine Freundin sagt, kannste nich mal von was andrem reden. Und es kam dann, so und anders: Meine Freundin und ihr Freund und Daniel und ich tanzen beim Schulfest. Hiphop haut mir in die Ohren. Daniel mir gegenüber und nimmt meine Hand plötzlich, zieht mich von der metallbeschlagenen Tanzfläche, da stehen wir. Und gehen zum Bus. Außer der zittrigen Haut ist noch, als sei in mir drin das Licht angeknipst. Ich glaube, Verliebtsein ist sowas wie eine Lampe. Vielleicht ist es genau das. Wenn du Strom hast für die Lampe. Also sitzen wir, warten auf den Bus und re-

den, seit wann und wie es kam. Dann küssen wir uns, mir wird schwindlig, ich zittere noch mehr, kann kaum laufen, er bringt mich bis vor die Tür und sagt: Bis morgen.
Daniel und ich ist jetzt öffentlich. Und nun? Muss er für Klausuren lernen. Das muss er. Weiß ich ja auch. Aber. So ein Aber, das wächst sich aus. So lange habe ich gewartet mit Sonne und Hiphop und so weiter und nun soll ich vernünftig sein und weiter warten? Bis seine Eltern nicht da sind, weil ich sonst nicht allein mit ihm im Zimmer sitzen darf und er nicht immer zu mir kommen will. Bis er dies und das fertig gelernt hat. Bis er die Klausur geschrieben hat. Und seinen Freund will er ja auch mal treffen. Er sagt, ich muss auch mal was anderes machen.
Was wir uns jetzt nicht küssen, streicheln, ist verloren, das können wir doch später nicht nachholen. Versteht er das nicht? Meine Mutter sagt: Das Leben geht weiter. Für euch bleibt die Zeit nicht stehen. Du musst auch ans nächste Zeugnis denken.
Ich will aber, was ich zum Leben brauche jetzt. Nicht erst in einer Woche, auch nicht übermorgen oder morgen. Was nützt mir die Zeit zusammen irgendwann. Weiß ich, ob wir uns dann noch wollen? Ich denke immer an eine Blume. Ich war in der Knospe verschlossen und bin rausgestreichelt, aufgeblüht, habe mich ausgestreckt und wo sind jetzt seine Hände? Zurückfalten kann ich mich nicht. Wer kann schon Liebe erklären. Deswegen stehen da ja immer so Sachen mit Blumen in den Gedichten. Ist es noch Liebe, wenn man denkt, man welkt vom Stengel runter?
Meine Mutter sagt: Mensch sag's ihm. Und lass ihn. Wenn nicht, bist du ihn bald wieder los. Stell dir mal vor, er würde dauernd an dir rumziehen. Das würde dich vielleicht nerven. Ich kenn dich doch.
Gut. Ich werd's ihm sagen. Dass ich sogar beim Anblick dieser alten marmornen Statuen im Park, die Liebespaare darstellen, Sehnsucht habe, dass ich sogar auf küssende Münder aus Stein neidisch bin.
Mal sehen, was dann.

Wo?

R.S. Berner

Die Kleine

Zwischen Bergen, liebe Mutter,
Weit den Wald entlang,
Reiten da drei junge Jäger
Auf drei Rößlein blank, lieb Mutter,
Auf drei Rößlein blank.

Ihr *könnt fröhlich sein, lieb Mutter.*
Wird es draußen still:
Kommt der Vater heim vom Walde,
Küßt Euch, wie er will, lieb Mutter,
Küßt Euch, wie er will.

Und ich *werfe mich im Bettchen*
nachts ohn Unterlaß,
Kehr mich links und kehr mich rechts hin,
Nirgends hab ich was, lieb Mutter,
Nirgends hab ich was.

Bin ich eine Frau erst einmal,
In der Nacht dann still,
Wend ich mich nach allen Seiten,
Küß, so viel ich will, lieb Mutter,
Küß, so viel ich will.

Dieses Gedicht von Joseph von Eichendorff (1788–1857) ist ein »Fund« aus einer alten Sammlung, gefunden von Nikolaus Heidelbach, der gleich ein Bild dazu gemalt hat; es sei allen Erwachsenen gewidmet, die in diesem Buch lesen.

Inhalt

Julia Kaergel

Weitere Bilder, Skizzen, Illustrationen, Fotos von:

Alle Texte zum Wiederfinden

Scheffler

Rätsellösung Seite 284
von links nach rechts über zwei Seiten:
Berg u. Tal, Sonne u. Mond / Stuhl u. Mensch / Mond / der Mensch mit seinen Ohren / Furz / Name / Schrift / Hagebutte / Gedanke / Bürste u. Läuse / Loch / Hase / Pfarrer / Leiter / Worte / Feuer / Alphabet / Schmetterling / Schnee / Seinesgleichen / Menschl. Lebenslauf / Mensch / Müller / Wurst.

Quellenvermerk

Die meisten Beiträge (Texte und Bilder) sind Originalbeiträge. Einiges wurde zuvor erstveröffentlicht im Kindermagazin »Der Bunte Hund«, Weinheim. Für alle diese Texte und Bilder liegt die Rechtsvermittlung beim Beltz Verlag, Programm Beltz & Gelberg, Weinheim. Ebenso bei Beiträgen und Bildern, für die der Verlag nur die einfachen Abdruckrechte wahrnimmt. Des weiteren wurden einige Texte bzw. Bilder mit freundlicher Genehmigung in Lizenz übernommen; hierfür gelten folgende Rechtsnachweise.

S. 88 Carl Friedmann, »Wie dem kleinen Simcha, der die Enten liebt, von der Erschaffung der Welt erzählz wird« (Titel vom Herausgeber) aus Carl Friedmann, »Zwei Koffer« (übersetzt von Christiane Kuby), © Gustav Kiepenheuer Verlag GmbH, Leipzig 1996.

S. 300 Knut Hickethier (K. H.), Filmstory »E.T. Der Außerirdische« aus »Filmklassiker«, Bd. 4, © 1995 Philipp Reclam jun. Verlag GmbH, Ditzingen. Filmfoto (S. 301) Filmdokumentationszentrum, Wien.

S. 148 Max Huwyler, »Meine siebzehn Wörter« aus: Walter Flückiger, Max Huwyler, »Welt der Wörter«, Bd. 1, Lehrmittelverlag des Kantons Zürich, 1996.

S. 271 Erich Kissing, »Außerirdischer Besuch« (51° 20° N 12° 23° E), Teil eines Ölbildes © Erich Kissing, Leipzig – Foto von Dieter Kluge.

S. 83 Max Kruse, »Fischwunder« u. S. 283 »Mein Haus« – beide Texte mit Erlaubnis des Autors aus »Gläserner Vogel«, Gedichte, Sonderdruck für Freunde u. Mitarbeiter des Sankt Michaelbundes, 1991.

S. 167 Georg Maurer, »Froher Morgen« aus »Dreistrophenkalender« (1950), © Ges. Werke in zwei Bänden, Mitteldeutscher Verlag, Halle, 1987.

S. 36 Gerhard Roth, »Das Loch im Himmel« u. S. 277 »Die Tabakdose« aus Gerhard Roth, »Landläufiger Tod«, © S. Fischer Verlag GmbH, Frankfurt a.M., 1984.

S. 154 Wolfdietrich Schnurre, »Wahrheit« aus Wolfdietrich Schnurre, »Kassiber und neue Gedichte«, © Paul List Verlag, München, 1979.

S. 115 ff. Abbildungen entnommen aus Karl Valentin, Katalog der Ausstellung zum 100. Geburtstag im Münch. Stadtmuseum 2. Juli – 3. Okt. 1982.

S. 5 (Vorwort) birgt ein doppeltes Zitat von Günter Eich: »... die Welt ist ein Druckfehler« findet sich im Prosastück »Beethoven, Wolf und Schubert« (»Ein Tibeter in meinem Büro«, 1970), ferner »... Die Welt hört nicht auf, das muß man lernen« ist der Schlußsatz von »Fortsetzung«, nachzulesen in »Gesammelte Werke«, Bd. 1, Frankfurt a.M., 1991.

Michèle Lemieux

»›Mache den Anfang mit dem Anfang‹,
sagte der König ernst, ›und lies weiter,
bis du ans Ende kommst; dort höre auf.‹«
Lewis Caroll, Alice im Wunderland

V. Ballhaus

DER BUNTE HUND
ist das Magazin
für Kinder in den besten Jahren